U0143047

素養導向的教學理論與實務
教材分析、教學與評量設計

劉世雄　著

五南圖書出版公司 印行

再版序

本書第一版出版至今近兩年，得到許多教育現場教育工作者的肯定，也收到些許期許與建議；另外，根據筆者這一年多來到教育現場帶領中小學教師以素養導向的教學與評量為主題進行專業成長的經驗，以及這幾年來筆者進行素養導向的教學之研究心得，發現各教育階段的教師對素養導向的教學逐漸投入，不過，部分教師還是對素養有些誤解。部分教師以為有情境事件的描述、以為設計與進行如專題導向學習或問題解決教學法等高層次的教學活動、以為跟閱讀素養直接相關而認為文字量要很多，也以為就是比較難的題目，甚至認為那只是政策推動上的一個階段，學生學習成績還是教師關注、家長關心以及學校招生時最關心的問題。

針對教師對素養導向教學的誤解，本章除了在原有第一章從一般生活現象和處理事件的認知歷程解釋素養的概念外，本書增補第二章，從文獻上的定義解釋素養導向的課程與教學設計的發展過程，並且區別九年一貫課程的能力指標與十二年國教課綱核心素養的差異，以文獻佐證素養是能力的深度學習與延展，是因為社會愈趨複雜而教育需要調整與強化，而非是全新的教育理念。

而針對學生成績是多數人關注的問題，確實如此，但也因為多數的考試測驗逐漸發展為素養導向的評量題目以及素養測驗題，教師更需要了解素養形塑的原理，才能夠在命題上精準地設計合宜的題目，對學生學習成績才有幫助。也因此，本書決定增補一章關於素養測驗題的命題設計，並提供許多實例與解說，教師可以參考使用。

本書第二版增補第二章和第十一章，對教師讀者而言，有其素養教育之最前階段與最後階段之意。最前是理解文獻上的學理基礎，知覺一些觀點的發展脈絡；而最後是因應學生開始接觸素養導向的素養測驗題，教師

除了需要命題參考外，也可以從學生的素養測驗題填答情形回饋與省思自己的教學，切勿怪罪學生成績不好均是學生不努力的問題。

更重要的是，已經有部分研究發現，接受素養導向教學的學生在未來職業工作中，他們的薪級、位階以及被肯定的程度遠高於非接受素養導向教學的學生。學生的未來，教師現在看不見，但教師們現在對學生在素養形塑上的努力，一定對學生未來有幫助，期待各階段的教育工作者得要重視這個研究發現才是。

如同第一版，為了讓教師讀者閱讀後更能遷移到自己的教學情境，本書撰寫時所採用的語句儘量貼近教學實務的用語，也提供許多教育現場的教學實例，即使提及學習理論，也儘量轉化為教學應用原則。不過，偶而會看見「根據筆者的訪談結果」和「根據筆者的觀察結果」等用詞，這是基於筆者的研究發現所轉化的語詞，期待這種具有實證資料的表述，提供教師實踐教學活動時的參考。

再度感謝五南圖書出版股份有限公司的肯定，也感謝這一年多來參與筆者的研究以及提供教學實例的教師，更感謝那些閱讀筆者的書並把筆者的理念分享出去的教育夥伴。不過，即使對第一版的內容已略做部分的調整，仍一定還有未盡詳細之處，敬請讀者不吝提供各種指正。

劉世雄

國立彰化師範大學師資培育中心

2023 年 7 月 15 日於研究室

初版序

　　素養是當代教育的重要議題，不僅國民教育、大學教育，特別是科技大學，也積極地了解素養的意義與內涵，並試著進行素養導向的教學設計，以培養學生面對各種生活挑戰的知能與態度。

　　素養導向的教學不同於能力的教學，兩者之間最大的差異在於素養的形塑需要提供複雜情境，並且引導學生分析情境、找出關鍵要素，並可能提出具有創造思考的問題解決策略，進而面對與解決問題，或完成符合情境需求的任務；而能力通常指的是知道如何並能完成某件事情。或者我們也可以說，在情境任務中需要學習者先分析情境，再發揮能力去解決問題或完成任務。

　　一般教師對素養這個詞並不陌生，也都知道十二年國教課綱是以核心素養架構其內容。不過，筆者這兩年來訪談超過一百位校長或教師，也藉由進入學校帶領教師專業成長時，觀察學校教師對核心素養教學設計的投入情形。筆者發現多數教師都知道核心素養與學習內容和學習表現，也知道核心素養的目標是要培養學生面對生活與未來挑戰的知識、能力與態度，但是在開始備課時，面對課綱或領域綱要（簡稱領綱）內的學習重點，就是不知道如何起頭；有時看了其他專家教師的素養導向教學的教案，對其一個單元動輒有四、五條核心素養和十點以上的學習內容和學習表現，也存有質疑。

　　即使政府辦理許多的研習活動或學校內部也推動相關的措施，接受筆者訪談的教師仍對於素養導向的教學設計具有不確定感，也在素養導向教學的教材內容分析、高層次目標的教學活動以及多層次的評量設計上，很難充分呈現學生面對挑戰之素養導向教學的理念。教師若無法知覺素養在教育活動上的價值性、沒有讓教師體會核心素養在學生面對生活問題的重要性，或者是讓教師嘗試實踐核心素養的課程後沒有產生有意義的知覺，

那麼多數教師在參與核心素養的課程與教學設計之研習後，除了在其教育理念上知覺有某個重要的教育要素外，課堂上的教與學就可能沒有變化。

基於上述的現象與研究心得，也在一些前輩教師的鼓勵下，繼《素養導向的教師共備觀議課》、《素養導向的教學實務：教師共備觀議課的深度對話》之後，開始撰寫素養導向的教學系列之第三本書《素養導向的教學原理與實務：教材分析、教學與評量設計》。第三本書，亦即此本書，特別以教材教法和評量設計進行書寫，有別於前兩本書是以共備觀議課的角度，此本書是以核心素養的形塑理念進行解說，並從學習原理的基礎，系統地提及教材分析、學習目標、教學活動以及素養導向的命題等內容。本書若能與第二本書《素養導向的教學實務：教師共備觀議課的深度對話》搭配，亦即教師在分析教材教法與評量設計之後，能與社群教師進行共同備課、共同觀察學生學習表現以及課後討論可調整之處，必定對教師的核心素養導向教學設計之專業有所提升，也能著實地形塑學生核心素養。

為了讓教師讀者閱讀後更能遷移到自己的教學情境，本書撰寫時所採用的語句儘量貼近教學實務的用語，也提供許多教育現場的教學實例，即使提及學習理論，也儘量轉化為教學應用原則。不過，偶而會看見「根據筆者的訪談結果」和「根據筆者的觀察結果」等用詞，這是基於筆者的研究發現所轉化的語詞，期待這種具有實證資料的表述，提供教師實踐教學活動時的參考。

非常感謝五南圖書出版股份有限公司的賞識，也感謝參與筆者研究以及提供教學實例的教師，更感謝那些閱讀筆者的書並把筆者的理念分享出去的教育夥伴。不過，筆者還是得說，每一本書的發想與寫作，一定也有未盡詳細之處，敬請讀者不吝提供各種指正。

劉世雄

國立彰化師範大學師資培育中心

2021 年 4 月 15 日於研究室

本書導讀

　　本書讀者設定為中小學教師、師資培育學生、大學教師或其他在職訓練課程的教學者，教學設計者可以透過本書的理念，如教材分析、教學方法、評量設計與情境任務的安排，發展素養導向的教學設計。

　　進行素養導向的教學設計之前，教師要先對素養有「感覺」，素養是什麼？素養會發生在什麼地方？素養可以發揮什麼作用？解決生活問題？或因應情境需求完成某些任務？教師若感受到素養在生活中的樣貌，就可以知覺素養的形塑之認知與行動歷程。在設計上，先分析教材內容，找出知識的結構，形成一系列的教學活動；再透過不同層次的評量設計，確認學生的基礎能力和高層次能力之後，提供情境問題或任務，使學生運用那些高層次能力嘗試面對問題與挑戰，最後再察覺素養課程實踐後學生學習上的改變情形。

　　本書基於素養形塑的認知歷程，在撰寫上兼顧實務與學理，以協助教師發展素養導向的教學設計，教師不僅要知道該怎麼做，也要知道為何要那樣做，甚至在遇到困難時能夠知道如何自我調整。本書根據上述理念與發展成五個部分，共十個章節。

第一部分，只有第一章與第二章，屬於素養導向教學的理念、文獻與內涵。

第二部分，包含第三章到第五章，屬於教材內容分析。

第三部分，包含第六章到第八章，屬於學習理論與教學方法。

第四部分，是第九章與第十一章，分別提及學習目標與評量設計。

第五部分，以第十二章的教學活動設計，將上述的內容統合成教學前的教案。

　　簡單來說，本書包含素養導向教學設計的通論、教材、教法、評量與教案設計，各章再說明如下：

　　第一章是以「面對素養導向教學的挑戰」為題，描述核心素養的理念與內涵以及學生在處理問題時的認知思考歷程，讓核心素養具體化；再藉由面對挑戰的認知歷程對照教材教法，提示教師在教學設計上應該注意的內容；另外，素養導向的評量設計不僅可以讓教師提出形塑核心素養的情境問題或情境任務，也可以藉由差異化的評量設計，引導各種程度的學生逐步挑戰高層次的學習活動。第二章以文獻探討為方法，提到素養的定義，特別提到 ability 和 capability 的不同，以及素養的形塑是直接觀察外在行為表現，藉以內推個人在素養形塑後的內在特質；之後，第二章再藉由素養的定義與形塑原則，提及課程內容、教學活動與評量設計的學理基礎，也強調素養形塑過程中的經驗內化的關鍵階段；最後提及包含筆者自己研究以及相關研究可再探討的方向，期待有更進一步的發現。

　　第三章到第十二章即是第一章內容的細節要素。第三章是談及「分析教材內容的元素與結構」，要解決情境問題或完成任務需要策略性知識，而策略性知識是來自於許多核心概念或技巧之間的連結。因此，教師需要能夠分析教材單元中的核心知能，再連結成策略性知識，才能藉此設計情境問題或完成任務。教材內容的重要元素與其組織安排是教師發展素養導向教學設計之必要能力。

　　第四章和第五章之目的在於協助教師分析各學習領域的教材內容，包含各領域教材內容的重要元素與結構。第四章以國語文、英語文和社會領域為主，除了國語文與英語文有別於其他領域的語言技巧與文字篇章外，這些文史領域主要呈現陳述性知識，亦即用文字描述知識的內容較多。教師要引導學生藉由這些知識形塑核心素養，理解對文學中的文化內涵以及社會領域現象與事件之知識結構。

　　第五章則以數理領域和情意與技能相關的領域為範圍，提及數學領域自然科學領域有許多的程序性知識，包含公式、定理、定律等，也包含實驗的設計流程。不過在學習程序性知識之前，教師也需要指導學生核心概念、技巧以及對自然科學現象的察覺。另外，情意領域強調實踐與體

驗、動作技能領域也強調操作與體驗，教師也需要了解實踐與體驗的課程需要的內容組織與結構。

　　部分教師可能知道怎麼教，卻不知道為何要那樣教。當教師觀察專家教師的教學後或者聆聽一場成功的教學經驗分享後，卻在其課堂實踐中挫敗，原因在於教師僅仿效教學模式，忽略學理基礎的指引作用。第六章分別就行為理論、認知理論和建構理論，提出重要的理論知識，再轉化為教學應用原則，提示教師在運用各種教學方法前，可以先理解其理論基礎，再發展教學設計。

　　第七章和第八章除了延伸第六章學理基礎的教學應用原則外，再針對素養導向教學的教材內容結構所涉及核心知能、策略性知識和情境問題或情境任務，分別對照不同的教學方法。教學方法區分為直接教學策略、間接教學策略以及產出型的教學策略。第七章提及前兩者，包含講述、示範、語彙等教學法，適用核心知能的教學，第七章再提及發現、探究、討論等教學法，適用於策略性知識的教學。

　　第八章之重點在於個人面對社會現象、事件和問題進而需要產出觀點時，或需要因應情境改變需要提出計畫時，教師可以採用的教學方法，包含批判思考、問題解決、合作學習、專題導向學習和創造思考等教學方法。由於採用這些教學方法涉及許多因素，多數教師初次採用這些方法時經常會有挫敗感，本書根據研究心得，提醒教師在設計教學步驟時宜注意的細節以及可以再自己調整之處。

　　當教師決定教材內容，也預設教學方法後，可以運用雙向細目分析表撰寫學習目標，並且要對照與課綱領綱中的學習內容和學習表現，第九章就是說明學習目標的設定問題。學習目標包含認知、情意與技能三大領域，每個領域再有其不同層次表現的向度，此章即分別說明各層次目標的內容意涵，也舉出實例讓教師了解學習目標的設定與不同層次目標的採用方法。另外，本章再提及部分教師在撰寫學習目標時的問題以及因應策略。

　　第十章和第十一章涉及素養導向的評量設計，第十章是「編擬素養導向的評量題目」。筆者的研究發現部分教師在策略性知識的評量和情境任務的編擬上，沒有切中核心素養的理念，而且會把情境任務發展成一般的應用題。素養導向的命題是從教材內容分析開始，選定關鍵知能和策略性知識，再以雙向細目分析表設計不同層次的評量目標，再藉此評量目標分別設計核心概念題、策略性知識題以及素養任務題。特別是命題要符合素養導向的層次，如此不僅具有效度，也具有鑑別度。本書在第二版特別新增第十一章「素養測驗題的命題實例與解說」，隨著各種大型考試題目題型的變化，中小學與大學等教育階段的教師開始知覺素養導向的命題之重要性，此章提供符合素養形塑原理的命題實例，並進行命題的解說。在此章內容中也提到部分教師對素養導向測驗題命題的誤解，藉此提出一份素養測驗題命題的自我檢核表，並且提供許多實例與解說，協助教師讀者了解與參考運用。最後本章再提出一份「素養測驗題的命題架構」，再藉由實例指出一份嚴謹以及可說明命題理念的素養測驗題之細節與特徵。

　　最後一章，第十二章是引導教師「發展素養導向教學活動設計」，引導教師將先前九章的內容轉化為一個單元的教學活動設計（教案）。此章首先提及素養導向的教學活動設計是有別於以往，是以情境問題或情境任務引導學生探討的動機，教師再逐步指導學生學習核心知識、討論與建構高層次知識，之後再思考解決情境問題或完成任務。本章也提及教師如何撰寫教案，是以學習目標為基礎，再透過具有標題號且具有教材教法的條列式說明，以活動布局的方式引導學生一步一步往學習目標前進。

　　另外，本書每章之末均設計【教師讀書會或師培生讀書會的參考任務】，各學校或校際社群教師可以參考或略調整，作為社群活動的主題。另外，各師資培育課程的教授可以將此書作為教學原理與實務課程的參考用書，並在引導師培生理解章節內容之後，鼓勵師培生嘗試完成其中的參考任務。

　　本書內容可搭配筆者另外一本書《素養導向的教學實務：教師共備觀議課的深度對話》，若教師具備本書提及素養導向的教學設計能力，再與其他社群教師進行備課、觀議課，透過分享與提煉，教師專業必能提升。而職前師資培育教授也可以將這些理念運用於師培課程，讓師培生儘早了解素養導向的教學設計以及教師社群共備觀議課的運作，以貼近教育現場的需求進行學習。

目錄

面對素養導向
教學的挑戰

　　十二年國民基本教育的課程綱要（簡稱課綱）是以「核心素養」作為課程發展的主軸，有別於傳統的課程標準以及九年一貫課程的能力指標。愈來愈多的教師開始理解課綱的內容，也藉由參與校內外教師專業成長研習，學習素養導向的教學設計之相關作法。

　　在設計素養導向的課程時，須透過領域綱要（簡稱領綱）的學習重點引導課程設計，而學習重點包含「學習表現」與「學習內容」兩部分，並且兩部分之細部內容可以有不同的對應關係（某個學習內容可以對應不同的學習表現），在各學習階段內，可視領域／科目的特性，彈性加以組合。因此，教師宜先了解學習重點的內涵，並且分析學習內容所包含的知能與態度，再思考這些學習內容在學習後所需要的學習表現程度，進行學習目標的設定，進而在教學實踐中形塑學生核心素養。

　　然而，部分教師在轉化課綱與領綱內的學習內容時面臨困難，所幸教師常用的教科書是以學習重點架構進行審查，教師可以從教科書內容分析中察覺領綱內提及的學習重點、學習內容與學習表現。再者，課綱內也提及教師在形塑核心素養時不宜以學科知識及技能為限，應關注學習與生活的結合。換句話說，教科書僅是提供教師發展課程與教學設計時的知能內容，教師需要再設計學習知能與生活結合的學習活動，學生透過學習知能的學習以及在學習活動中的學習表現，形塑核心素養。

　　根據筆者這兩年來的研究與訪談心得，教師對於核心素養的掌握大多停留在課綱或領綱中的文字內涵，較少提出形塑素養「是如何」或「該如何」在教學脈絡中發生的想法。簡單來說，部分教師還沒有充分掌握核心素養的真實意義，缺乏「素養感」，也因為如此，在進行素養導向的教學設計時略有困難。本章作為本書的初始章節，先從素養的內涵談起，讓教師對素養有所知覺，進而連結教科書與教學評量的理念，期待素養導向的教學設計成為教師日常備課與教學的主軸內容。

第一節　核心素養與認知思考歷程

　　核心素養的定義是「一個人為適應現在生活及面對未來挑戰，所應
具備的知識、能力與態度」，教師要能想像核心素養在教學活動中會呈現
什麼樣子，或者是說，教師要知道核心素養在教學中的表徵。本章第一節
從一般生活經驗提素養在生活中的現象，讀者可接續閱讀第二章的學理基
礎，更能明瞭素養的內涵。

每一位教師都有過素養的展現

　　每一位教師都有過素養的展現，或多或少，有些察覺，有些不自覺。
筆者曾經發生過一件事，這件事可以用來敘說素養如何發生在生活中。

　　某一天，我停放在彰師大車棚的機車之機車坐墊不見了，我心裡想：
坐墊不見？誰會偷機車坐墊？原來是我先前兩天打開機車坐墊後沒有完整
下壓關閉，而適逢颱風大風吹，把我的機車坐墊吹斷吹跑了。

　　我牽車到某個機車行，要求換坐墊，談妥價錢後，一個小學徒拿一個
新坐墊準備安裝。機車坐墊只有三個關鍵要素：螺絲安裝固定處、坐墊內
側的勾、機車底座的勾環（鑰匙旋轉後即會彈出）。小學徒很快地把螺絲
安裝固定好，但坐墊下壓時，前後差了 0.5 公分，坐墊內的勾才能勾住機車
座的勾環，小學徒告訴我：「大哥，以後你下壓關閉坐墊時，要用手把坐
墊用力往後拉。」

　　我相當質疑，並且告訴他我不同意這樣的操作。之後，來了一個年紀
較大的機車技師，他跟我說「要不，我把你機車底座的勾環那個洞挖大一
點？」我回應不可能這樣，你們是否有更專業的作法？

　　這句話引出另外一位更資深的技師，他有點不悅地對我說：「那我們
無法修，你牽到別家店去修。」

　　不過，當時我沒有離開，我就不想走，但他們也不理我，就去招呼其
他客人。我在機車店裡到處走到處看，我心裡想著就差個 0.5 公分，是否有
什麼方法可以解決這樣的問題？

> 之後，我看到了螺母（捲入螺絲的圈圈），我把小學徒找來，跟他討論，並且希望他幫我找四個螺母，在裝入機車坐墊螺絲之前先各裝兩個螺母，稍微墊高支點。這小學徒半信半疑，但還是依照我的話去做，而且以很快的速度安裝固定好。
>
> 　裝好之後，把坐墊放下，剛好，坐墊內側的勾剛好卡入機車底座的勾環。

　　以小學徒來說，他具有「工作素養」，但欠缺「職業素養」；而筆者根本不會修理機車，但發現螺母、墊高、0.5 公分等要素，具有些許「生活素養」。

　　「工作素養」是學校裡面將未來工作中需要的技巧知能轉化為課程內容，學生學習之後，在未來工作時遇到這些技巧可以應用的地方，便以快速熟練的速度完成工作；不過，若遭遇到未曾遇過的問題，可能就無法面對與解決。「職業素養」的形塑重點在於培養學生在職業生涯中遇到問題時，能先分析問題的關鍵要素，再主動與先前所學習的知能產生聯想，嘗試提出策略與解決，必要時在解決過程中修正策略。

　　而「生活素養」是一般國民遭遇到問題時需要解決，或者是需要提出某個任務時所需要的知能與態度之整合，不分職業類別，不分世代與情境，泛指一般生活中的任務建構與解決問題。例如：自己規劃五天四夜的國外自助旅行、遭遇到車禍時當下處理以及後續的保險事宜等。如果把生活素養中最具關鍵、最具核心，也認為是在社會中最可能發生的現象與問題，提出來並加以歸類整理，即是「核心素養」，亦即是一種具有核心意義的生活素養。

　　再回到那個修理機車的故事，筆者根本不會修理機車，但運用一般生活物理知識嘗試去思考問題策略，筆者並不知道問題是否能解決，但有嘗試解決問題的態度（故事中提到「我就是不想走」），並運用初淺的物理知識，與機車技師討論及其協助後，問題終於解決。

　　筆者相信每一位教師都曾經有過類似這種成功解決問題的經驗，另有些是規劃某些事情，例如：購買房屋、規劃自助旅行等。可能情境不同、問題不同、解決問題的流程和時間長短不同，或計畫的任務不同，但都有相同的特徵，亦即是面對問題或任務的態度與知能，這不就是「一個人為適應現在生活及面對未來挑戰，所應具備的知識、能力與態度」的生活版本嗎？教師們如果仔細回想那些成功的經驗，就可以感覺到素養的存在，也是本書先前提及的「素養感」。

讓問題解決的經驗發生在課堂學習中

　　有人問筆者：「那是教授您有經驗？」筆者回應不會修理機車；對方再說：「您有問題解決的經驗。」筆者立即說：「那我們可不可以讓我們的學生在課堂中充滿問題解決的經驗？」

　　經驗是解決問題或規劃任務時相當重要的因素，特別是成功或者是經過失敗後而不斷改良的成功經驗。教師如果能讓這些解決問題或規劃任務的經驗出現在課堂中呢？這有兩個想法可提：第一，教師寧願讓學生在課堂中解決問題失敗，也不希望學生在生活中真正面對問題時失敗。在課堂中失敗，有教師協助與激勵改善策略；若在生活中失敗，如果沒有人可以協助或諮詢，往往就會有負向情緒，甚至自我放棄；第二，教師要藉由教材內容的學習知識去設計貼近生活情境的問題與任務，由於教材內容貼近生活情境，讓學生感受到生活問題與所學習知能的關聯，不會再有「所學無用」的感覺。不過，問題解決需要的知能都屬於中高層次，教師得要設計基礎知能和統合知能等層次的學習內容與學習表現活動，這樣才能讓學生不會在遇到困難問題初期產生挫折感，也才能在逐步的學習成就感中，勇於面對問題與解決問題。

　　有些學者提到核心素養的形塑與問題解決的教學方法有關，確實部分如此。人們從小到大、從學習到工作，也包含休閒與健康，總是會面對許多問題，即使想要安排自助旅行、規劃結婚事宜，都可能產出複雜

的問題，需要人們逐一解構情境、分析各面向的要素，不僅要提出解決策略，也要統合思考各策略之間的關係。但值得說明的是，核心素養的問題解決是屬於不明確的問題，且具有複雜性，不會像是數學應用題，只要思考些許公式或技巧即可以解決。學生在面對不明確的問題時，要能先確認問題或反問自己問題，也接著要能有相對應的知能與態度，要把分析思考、統合察覺、評估判斷以及創意設計的高層次能力施展出來。

　　換句話說，教師在設計或實踐素養導向的教學時，目的不是要訓練學生熟練已經學習的知能，而是透過類似的生活情境，讓學生具有運用分析判斷等高層次能力的機會，去解決不熟悉的問題（教師可以從熟悉的問題開始嘗試設計，一直發展到不熟悉的問題）。之後，教師再去喚起學生運用高層次能力的經驗與表現，內化到大腦的長期記憶中。如此，待學生未來面對問題時，就可以習慣地、敏捷地，以及具有毅力地嘗試解決問題與完成任務，畢竟未來會發生的問題不完全會出現在當代生活中。核心素養導向的教學之最終目的並非僅是解決問題，而是透過歷程能力與經驗內化培養學生面對問題與挑戰的知能與態度。

　　因此，教師在素養導向的教學設計時，要在課堂中或在學習過程中讓學生遭遇問題，核心素養的形塑過程就是在學生課堂學習中面對問題與挑戰的經驗。

素養導向的教學可以依循學生的認知思考歷程

　　核心素養的形塑既然是一種問題解決或完成任務的歷程，那在教學時可以依循學生對問題的察覺、思考與問題解決的表現進行設計。

　　當人們面對問題時，一個有效且常用的問題解決認知歷程是：

1. 了解問題情境與分析思考問題的關鍵細節。
2. 連結大腦內與問題相關的知識與能力。
3. 應用與整合所學知能發展問題解決策略。

4. 嘗試解決問題與修正。

5. 評估成效與經驗內化。

　　教師在教學設計時可以將這些解決問題的認知歷程轉化為教學階段與教學步驟。表 1-1 是「問題解決認知歷程」與「教學活動步驟」對照表，而評量活動是包含在教學活動中。

表 1-1 「問題解決認知歷程」與「教學活動步驟」對照表

問題解決認知歷程	教學活動步驟	教學活動設計階段
1. 了解問題情境與思考問題的關鍵細節	教師提示問題或任務情境，引導學生思考關鍵細節。	準備活動（引起動機）
2. 連結大腦內與問題相關的知識與能力	教師指導學生學習與問題相關的知識與能力。	發展活動一（學習核心知能）
3. 應用與整合所學知能發展問題解決策略	教師引導學生將上一階段所學習的知能進行關聯、整合與建立策略性知識（通則、方法）。	發展活動二（學習策略性知識）
4. 嘗試解決問題與修正	教師要求或鼓勵學生運用上述建立的策略性知識去解決問題或完成任務。	發展活動三（解決問題與調整修正）
5. 評估成效與經驗內化	教師引導學生思考問題解決與完成任務的歷程，協助學生將成功經驗轉化為長期記憶。	綜合活動（複習、回憶認知歷程與省思）

　　若將表 1-1 的「問題解決認知歷程」與「教學活動步驟」對照表發展成教學活動設計（教案），就會是準備活動（引起動機）、發展活動一（學習核心知能）發展活動二（學習策略性知識）、發展活動三（解決問題與調整修正）、綜合活動（複習、回憶認知歷程與省思）等五個階段，這有別於早期教案的三個教學設計階段：準備活動、發展活動、綜合活動。

　　將發展活動細分成三個發展活動的原因，是要提醒教師關於問題解決

並非直接讓學生了解問題後直接去解決問題，教師需要指導與問題相關的知能；另外，也要提醒教師，解決問題的知識會有結構和層次，高層次知能一定是由低層次或核心（基礎）知能建立連結，教師得要從基礎知能指導起。如果沒有指導學生基礎核心知能和統合成策略而直接讓學生去解決問題，部分學生可能可以完成，但多數學生可能會有困難，甚至開始厭煩這種核心素養導向的教學活動；反過來說，如果學生了解情境後，在教師指導下先學習核心知能，具備核心知能後再學習高層次的策略性知識便會容易些，也會有學習成就感，再去解決實際的情境問題時，就只要培養問題解決的毅力或挫折忍受力即可。

　　簡單來說，教師需要將學生面對的問題與一般可能的認知思考歷程，搭配學習內容轉變為具有知識結構、知識學習到運用實作、知能建構到態度涵養等具有層次的活動，如此，協助學生將所學習的知能運用在情境問題中。先前也提到，這樣設計的優點是學生會知覺所學習的知能是有用的，也可以培養學生面對問題與解決問題的態度。

第二節　教材教法與學生學習起點

　　教師的教學設計一定包含教材與教法，教材即是教師上課用來呈現且讓學生學習的內容，教材不只是指知識的內涵，學生需要學習的技能與情意態度都屬於教材內容。但僅有教材內容無法設計教學活動，需要考慮國家課程、學生的特質以及未來可能面臨的挑戰，設定教材內容的學習要達到哪一種程度之認知、技能、情意或統合性的學習表現。學習內容與學習表現可以運用雙向目標分析表發展成學習目標，並進一步設計教學活動與評量活動。

　　以國民基本教育而言，教材的主要來源是總綱與領綱中的核心素養以及可對應核心素養的學習內容與學習表現，若教師以教科書為教學設計的主要教材，就需要將設計後的學習目標和領綱相互對照，特別是對照領綱

中的學習表現。教科書多陳述的是學習內容，但不容易檢視此學習內容需要表現到哪一種認知程度，部分教師僅將教科書的內容設定在理解與應用層次的學習目標上，若僅於此，則難以形塑核心素養。教師在確認學習內容後，可以參閱領綱中學習表現的句子內容，有些學習表現包含探究、規劃等高層次的表現，這可以提供教師設計學習目標時的重要參考。

　　當確認學習內容與表現以及設定學習目標後，教師就得要思考教學方法。值得一提的是，每個學校的學生其文化背景、知識起點和學習特質多有不同，教師在分析教科書以及對照領綱的內容後，也要思考學生學習起點，從學習起點開始進行教學設計。

素養導向的教學設計是以處理問題或任務的認知歷程為基礎

　　上一節提到修理機車的實例，也說明素養形塑是在生活情境問題或任務中，而素養導向教學設計是以個人處理問題或完成任務的認知歷程為基礎。若將認知歷程從後面往前推，即是運用策略解決問題、形成策略、具備核心知能、充分了解某個知能的意義；若以教材內容與教學過程而言，則是充分了解某個知能的意義、具備核心知能、形成策略、運用策略解決問題。筆者在前一本書《素養導向的教學實務：教師共備觀議課的深度對話》之第一章提及核心素養導向的教學設計之內容階層圖，如圖 1-1。教師在進行素養導向的教學設計時，宜先分析單元教材內容與確認核心知能和策略性知識。

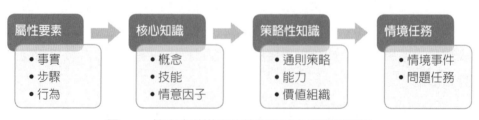

圖 1-1　核心素養導向的教學設計之內容階層圖

分析單元教材內容與確認核心知能策略性知識

　　一般來說，從核心素養、學習重點、學習內容以及學習表現發展教材內容，教師需要對課綱內容充分了解與轉化，才可能變成在課堂中呈現的文字內容、段落結構、圖片圖示以及具有單元或章節範圍的學習評量，但這需要花許多時間，也需要有足夠的課綱解構能力。如果教師缺乏課程轉化與課綱內容解構能力，素養導向的教學設計就無法符合核心素養形塑的真實要旨。當教師對於總綱與領綱的素養解讀能力落差很大時，選用教科書至少可以協助那些課綱解構能力不足的教師發展教材內容。

　　教師可以選用經過審查通過的教科書，教師以往的教學習性也是以教科書的內容當作教材內容，畢竟教科書送審時，審查單位也會從總綱與領綱的學習重點審查其合宜性。當教科書的每個單元都以領綱內容進行發展，以及全部單元最終都合宜地納入領綱中所有的學習內容，教師選用教科書並藉此發展教學活動，至少可以維持特定程度的學習要求。不過，教科書的學習內容並非唯一，教師還得要思考其是否符合學生文化經驗與情境，若有需要，得要增加、補充或調整教科書的學習內容。

　　然而，教師需要分析教科書的單元內容，確認其關鍵核心知能，包含概念、主題、技能、態度，並整合爲通則、方法等策略性知識，這些策略性知識是發展素養導向的情境任務時非常重要的內容，也是未來學生面對各種挑戰時所需要的整合性知識。這部分的內容將在本書第三章中詳細說明。

　　不過，分析教科書內容與確認其關鍵核心知能後，有些需要培養的學習能力不會出現在教科書單元內容內，有些會在教師手冊中描述，另有些得要教師對照領綱中的學習內容與學習表現。換句話說，需要再度強調的是，即使分析教科書內容，也要和領綱進行對照，補充與調整教科書分析後的單元內容結構。

　　核心知能是策略性知識的基礎，而策略性知識是形塑核心素養的重要

學習內容，當學生具備核心知能後，教師要提供學生思考的機會以建立策略性知識；而當學生具備策略性知識後，教師要讓學生嘗試運用所學習的策略性知識在情境任務中去面對問題與解決問題。

不同的核心知能與策略性知識可能有不同的教學方法

根據筆者這兩年來的觀察與訪談，發現部分教師認為他們的教學設計已經符合素養導向教學設計的原則，但事實上並沒有。最常見的是，教師誤以為學生學習生活中的事務、讓學生訪談校外人士、讓學生討論與進行小組合作，或者是讓學生進行探究與調查，即是素養導向的教學活動。這些教學活動僅是一種外在的表徵，教師要理解的是，表面看不到的教學活動設計思維以及這些教學活動的目的，藉此思考在自己的教學情境中，該如何進行素養導向的教學活動。

從本章第一節提到的內容，可以理解素養導向的教學活動具有階段性，以教學設計而言，是準備活動、三階段的發展活動、綜合活動；若以教材內容思考，則是核心知能、策略性知識和情境任務。此外，不同的教材內容宜有不同的教學方法。

筆者經常訪談教師關於素養導向的教學設計之問題，多數接受訪談的教師常提到教學時間不足、需要趕進度，要讓學生思考與討論需要花更多的時間，幾乎無法每個單元好好做到。然而，如果不讓學生花點時間思考策略性知識與情境問題間的關係，學生在生活中、在未來社會中，甚至在考試時，都需要思考，那該怎麼辦？另外，筆者有時候觀課時會發現教師在核心知能上採用遊戲或各種比較機制，花了很多時間讓學生學習單一核心知能，卻沒有提供充分的時間促進學生思考與解決問題。

筆者綜合多年來的研究，或許教師在核心知能教學時，可以採用搭配媒體、教具的講述示範，外加問答，提供學生思考機會的直接教學策略即可，若花太多時間，甚至安排比賽或機制遊戲，可能會影響策略性知識的學習時間。

　　有一個參與筆者研究的教師，上課時依循著備課時的教學設計進行教學，也提出問題讓學生舉手回應，多數學生知道教師的問題後立即舉手回應，有些回應錯誤，有些回應不完整；然而，筆者坐在一位學生旁邊觀課，察覺到一位學生完全沒有舉手和沒有參與師生互動，而是逐字閱讀教師給的參考文章，有時表情還略有所思的樣子。教學者發現這位學生沒有舉過手，因此在提出問題後，對全班說：「現在呢？我要請問一位剛剛都沒有舉手的同學，阿華（化名）你覺得呢？」結果這位學生不僅回答正確，而且其解釋原因的內容非常具有邏輯性。

　　學生在學習內容或對於教師提出的問題進行思考需要時間，特別是具有深度的問題、需要連結兩個知能的問題，以及問題與策略之間的關係，更有些是需要推論事件的發展。如果不給學生時間好好思考或再提供學生討論的機會，光是立即性的師生互動對學習成效助益不大，僅是把學生表面的知覺訊息引導出來而已。

　　筆者經常進入中小學課堂觀課，有些教學者誤解要達到教學成效就需要動態、活潑或學生舉手熱烈發言的樣態，因此設計許多基礎知識問答的比賽活動。雖然這可能只是為了達到教學者自認的觀課效果而進行的教學活動，平時可能沒有這樣做；不過，如果不考慮教材內容的屬性，不僅浪費早就有限的教學時間，也可能讓學生專注在比賽的規則，忽略學習思考，教學成效反而更差。

　　如先前所述，在核心知能上，教師採用搭配媒體、教具、問答、學習單的直接教學策略即可，但策略性知識需要建立核心知能的關聯性，就需要讓學生思考與討論，如果學生沒有在大腦內建立解決問題的策略與通則，在面對情境問題與解決問題時將會產生挫折。不過這得要提醒教師，核心知能雖然採用講述示範等直接教學策略，但這需要將核心知能的細節屬性或步驟講述清楚，屬性細節的理解勝過於活潑的互動。在基礎知能上減少遊戲或比賽規則的適應時間，而多花一點時間讓學生思考策略性知識，培養他們未來面對問題與挑戰時，能靜下心來思考策略與解決問題

的特質。

教師需要知道核心素養與學生學習起點之間的距離

　　十二年國教課綱總綱與領綱提及三面九項的核心素養，亦發展出許多學習重點，並對應學習內容與學習表現，理論上，每一個學生接受國民教育後，均要具備上述提及的核心素養。不過，目標一致，學習的起點與進度可以不一樣，教師需要知道核心素養與學生學習起點之間的距離，發展層次化的學習結構。

　　以核心素養的定義而言，是培養學生在生活情境中面對困難或在未來遭遇挑戰時，可以自己發展策略與解決問題，亦即核心素養的形塑隱含著學生自主、自己引導自己發展學習策略、自我調整等意涵。既是自主與自我導向，教師在進行素養導向的教學設計就需要從學生的學習起點設計，並且設計符合近側發展區的學習進度；而在教學過程中，也要鼓勵學生自我評估與自我調整策略。

　　教師教學設計時宜對學生的學習內容或學習方法提供彈性機制，除了目標一致但進度不同的內容外，也允許學生以自己的興趣、風格或文化條件表現學習結果。學生未來在社會生活中面對問題或遭遇挑戰時，就會以自己的特質或經驗處理，因此，在素養導向的教學設計就需要具有這種彈性；在素養導向的學習評量時，教師也只需要根據學習目標設計通則性的表現即可。

　　另外，部分學生的學習起點比其他人還低，如果素養導向的教學和評量僅有一種方式，對那群低成就的學生將產生比以往更大的挫折，他們會發現班上同學在面對高層次任務時遊刃有餘，自己卻連核心知能的理解或策略性知識的建立都顯現困難。有一個教育危機需要提出，當高層次的認知能力進入國民教育階段，如果教師無法察覺這些現象並設計差異化教學等類似的教學活動，高層次認知課程將會造成愈來愈大的學習落差。為了避免學習落差愈來愈大，也為了符合核心素養的定義，教師在發展素養導

向的教學設計時，要留意學生的學習起點，並以目標一致但學習彈性的原則進行教學活動。

第三節　學習評量與層次化的評量

素養形塑的原理

　　核心素養無法直接教導，是學習者分析情境問題與任務需求後，檢索大腦內所學習過的知能形成策略，加上冷靜、積極與自我激勵等態度，提出合宜的策略，產出更新的觀點、解決問題或完成任務，並在之後，由教師引導學生回憶上述經驗與其態度，促其經驗內化之學習歷程。

　　需要再強調的是教師在教學結束前「引導學生回憶與促進其經驗內化」的重要性。由於素養導向的教學是以情境問題或任務為起點，過程中引導學生思考所學習的相關知能，如此經驗內化的活動可以讓學生將「情境問題任務」與「所學知能」建立關聯，以及養成「面對挑戰時靜心思考進而發展策略」的態度，這是形塑素養的關鍵作為。這些作為也可以逐步改善部分學生遇到困難就放棄的態度，期待他們在社會生活中遭遇問題時能夠運用所學知能面對挑戰。

　　這種「分析情境→檢索知能→形成策略→解決問題→經驗內化」的歷程與其內涵的態度可以稱為「素養形塑的原理」，也對應核心素養的定義「一個人為適應現在生活及面對未來挑戰，所應具備的知識、能力與態度。」

素養導向的教育之價值

　　早期的學校教育缺乏與社會生活和社會工作的連結，經常導致社會人士和企業人士的評論，認為學校教育無法培育社會和工作所需要的人才，從學校畢業到企業工作需要重新訓練，如此也讓工作新鮮人覺得學校

教育沒有用處，無法培養其社會生活與工作的能力。

世界各國教育方案也針對上述情形進行探討，逐步地將社會生活或工作所需要的能力轉化為學校課程的要素，試圖讓學校學生接觸這些要素的學習內容，培養出滿足社會需求的人才。但不管怎麼樣地追求工作內容的轉化，學校教育的功能似乎無法趕得上社會發展的速度以及不斷創新的企業需求。

如果學校教育的目的是為了學生可以面對生活與未來挑戰，上述的問題可能是來自於學校課程轉化的兩個誤解：

第一，誤解社會與企業需求是一種能力，為因應情境要素故將社會與企業所需要的「能力」帶入學校教育「訓練」，如此導致學校畢業的學生即使擁有「能力」，卻無法因應愈來愈複雜的情境，如同我在本章第一節所提及的，只有「工作素養」，欠缺「職業素養」。複雜情境下，工作者需要具備情境分析與判斷的能力，也需要整合相關知能形成策略，並在實踐與省思中調整。重要的是，不同情境就可能會有不同的能力與思維，僅由能力的訓練是不足的。

第二，學校教育的課程內容侷限在學科名稱的定義，若從「國文」、「數學」、「教育心理學」、「電子學」等學科的名稱來看，就會誤解教學的所有內容就是教導該學科的知識，忽略了學科知識在不同情境的詮釋轉化與在實務運用上的價值。舉一個師培課程來說，如果將「教育心理學」改成「學校學生心理與其學習歷程的探討」，可能就會讓授課教師關注到師培生未來在學校工作時，藉由心理學的知識去探討學生學習的歷程。不過，如此的課程名稱一定很難被傳統的觀點接受。

因此，學校教育與課程內容需要透過情境加以詮釋與轉化，教師的教學內容與活動也需要改變，即使課程或科目名稱難以調整，教師需要了解素養的形塑是為了讓學生適應現在生活與未來挑戰，僅有知識和能力的學習是不夠的。學科內容僅是發展素養的基礎知識或者是素養形塑的

起點，教師可以從本節上一個節點「素養形塑的原理」去思考教材內容轉化為素養導向教學活動的合宜性。不過，如同先前所提，解決什麼問題或完成什麼任務不是最終的教學活動，引導學生回憶且將其面對挑戰的經驗內化，逐步培養學生在生活中遭遇問題時，思考策略去面對挑戰與解決困難的素養，才是素養形塑的方法。當學生學習相關知能，在情境中嘗試運用與調整，並且建立「情境分析、知能策略、解決問題或任務需求」的連結，在未來的社會生活或工作中，便可以自我調整各種能力與方法，面對挑戰，這即是素養導向教育的價值所在。

　　素養導向教學之目的在於培養學生面對生活問題與未來挑戰時，能夠思考所學，完成任務與解決問題。但這過程中，卻隱含兩大細節，第一是學習內容的層次結構，從核心知能的理解、策略性知識的建構到情境任務的察覺；第二是學習表現的設計，例如：探究、溝通等高層次的認知能力與表現。因此，在進行素養導向的評量設計時，就需要思考學習內容與學習表現的層次結構，逐步評量，待核心知能確認後，再往高層次知能與表現進行評量。

素養導向的學習評量之原則

　　基於上述提及的評量內容與基礎，在評量設計上有下列六點原則：

1. **聚焦在情境問題以及相對應的核心知能與策略性知識上。**評量設計時要先理解情境任務或問題的解決需要哪些核心知能和統合性的策略性知識，最終才提出情境問題。核心知能與策略性知識和情境問題有很大的關聯。
2. **核心知能需要先逐步評量與確認。**為了確認每一位學生的學習情形，建議在核心知能學習階段，以每一位學生的表現作為評量設計，確認「每一位」學生的核心知能是否達到學習目標，不要僅用小組合作或小組計分的方式進行評量。
3. **核心知能需要被整合成策略性知識，並且評量策略性知識是否已建**

構。核心知能包含認知、情意、技能等三個層面,而最佳的方式是至少整合認知、情意、技能任兩個或以上的層面;若是單一層面,至少需要將兩個或以上的核心知能統合在一起。因此,策略性知識的評量內容設計要包含「兩個或以上」的(不同層面的)核心知能之連結。

4. **情境問題是複雜的,無法用單一公式或直接擷取題目上的文字去回應**。教師需要設計讓學生思考與運用策略性知識的機會,情境問題或情境任務的評量最具挑戰性;由於學生生活經驗與思考面向可能不同,因此,解決問題或完成任務所運用的策略性知識可具有彈性。

5. **評量設計要提供學生自我調整的機會**。以核心知能而言,評量題目要讓學生知覺自己錯誤和可調整之處;以策略性知識而言,評量題目要提供學生思考與自我解釋合理性的機會;而以情境任務而言,也可以善用評分標準表設計多面向的解決方法,當學生遭遇困難時,可以調整或思考另類方法解決問題。

6. **評量方式需要多元,不同層次的知能有不同的評量方式**。不反對紙筆測驗,非全部評量方法都得應用表現評量或實作評量。核心知能多以紙筆測驗或簡單操作任務進行;策略性知識亦可用紙筆測驗、書面報告或表現評量;情境任務多為表現或實作評量。惟需要注意的是每個階段的評量設計要有關聯性,亦即策略性知識的評量題目是核心知能題目的進階設計,以此類推。

素養導向的三層次評量

　　核心素養的形塑並非僅在情境問題時,關於解決情境問題的核心知能與策略性知識不僅要充分教學,也要進行學習評量。若學生在核心知能與策略性知識的評量結果不佳時,教師先不要提出情境問題,要進行補救教學與再度評量,確認核心知能與策略性知識具備之後,才讓學生面對情境問題。

　　核心知能包含核心概念、核心技巧和重要的情意因子。核心概念涉

及概念的屬性、實例、細節等，教師設計核心概念的評量題目時，可以將屬性、實例或細節編擬為選項，提供學生挑選、填空撰寫或配對，以檢視學生對核心概念的理解情形；而核心技巧通常指的是某一個具有動作操作的連貫性步驟，教師可以讓學生表現此一連貫性動作，以察覺學生是否熟練此一技巧；情意因子是指學生對某個外在事物或事務的內在感受，涉及學生對該事物或事務的認知、對該事物或事務的行為意向或表現於外的行為，要察覺學生是否具備某種情意因子，教師需要設計讓學生能夠表達和自主表現（非規範性、非技巧性的表現）的機會，當學生理解該情意因子的內涵並表現於外，教師至少可以知覺學生已經具備該情意因子。

　　策略性知識的評量之主要目的在於評量學生對於兩個或以上的核心知能之關聯性，或者是將不同的核心知能進行統合、區別、推論，進而建立策略性知識，因此在評量上就需要先指出具有關聯性的兩個或以上不同的核心知能，以及可以建立的通則。可能是某個概念與另一個概念所形成的「通則」、某兩個類似的概念的「差異性關係」、一篇文章統合不同的段落與詞意推論文章的「主旨」，也有可能是某個概念與技巧形成一個「方法」（例如：運用「數位縮時攝影技巧」記錄「招潮蟹的生活習性」，這是一個記錄生物的「方法」）。在評量題目設計上，可以將某個概念寫成題目，另一個概念編寫成選項，要求學生選擇某一個選項與題目的概念建立策略性知識的連結，這屬於策略性知識的定義題；或者是將題目編寫成一個問題事件，選項是解決問題的策略，要求學生選擇某一個選項去解決題目上的問題，這屬於策略性知識的活用題。

　　核心素養的評量設計即是情境問題任務與評分標準表的編擬，需要以核心素養的定義「適應現在生活及面對未來挑戰，所應具備的知識、能力與態度」為評量題目設計的理念基礎，學習目標層次通常在分析層次以上（本書在第九章會詳述）。情境問題的編擬要貼近生活情境、要有些複雜性、沒有固定答案、要能運用統合知識能力與態度以能解決問題。也因為比傳統測驗的回應略為複雜，也具有彈性，因此，核心素養的評量檢定大

都以評分標準進行設計，而評分標準表也應呈現學生將在素養問題或任務上各種不同的表現程度。

　　由於核心素養的形塑是教師指導核心知能與策略性知識後，提供情境問題任務讓學生思考與運用所學習的知能與策略去解決或完成任務，因此，情境問題的設計要以策略性知識作為前提，設計原則之步驟如下（詳細內容與實例請參閱本書第十章第三節）：

1. **確認要應用於核心素養評量的策略性知識**。通常是通則、方法、定律等，不限一個策略性知識，也可以跨單元或跨領域，不過，愈多個策略性知識愈趨複雜。

2. **確認學生要表現的層次後發展成評量目標**。以評量目標的層次而言，至少是以「分析」層次，也可以設定在「評鑑」或「創造」層次。

3. **根據此評量目標編擬情境事件**。結合上述第 1 點和第 2 點後，就可以形成評量目標。之後，根據此評量目標編擬情境事件。情境事件即是問題的生活背景資訊，可能是一個簡短的故事、一個面臨的事件或是一個奇怪的生活現象，而故事、事件或現象一定要有意義，且能真實地發生在生活中。

4. **根據評量目標提出意圖的問題或任務**。可能是要求學生分析某個事件的成因、評估某些策略的價值，或者是創造出一個觀點或作品。

　　核心素養的任務需要有點難度讓學生面對挑戰，不能讓所有學生一下子達到完整目標，這無法用量化來說明。最好的設計是，每位學生都能完成部分程度的目標，略具有成就感，願意繼續挑戰，也可以藉此培養學生挫折忍受力與毅力。

思考素養導向情境任務的評分標準

　　核心素養的形塑不會像紙筆測驗的選擇題那樣只有一個答案，也不會只有「對」或「錯」，而是具有「程度」和「向度」之分。

　　以程度而言，若以學生表現的完整度進行設計，通常有「幾乎沒有做到（0-20%）、一些做到（20-40%）、一半做到（40-60%）、多數做到（60-80%）、完整做到（80-100%）」之表現程度的區分。教師可以依據學生可以了解的詞彙修改這個表現程度的語詞，例如：「僅指出或做到什麼，而沒有提到什麼」、「已經做到什麼，但還欠缺什麼」。

　　由於素養的形塑是從知道情境問題一直到解決問題的認知歷程，其歷程包含「知道問題、理解問題、應用方法、充分實踐」等四個認知階段，若再將這四個認知階段搭配認知目標的層次，就會有表 1-2 的對照情形。本書在第十章第三節會有充分說明與實例。

表 1-2　解決問題的認知階段與認知目標的對照表

解決問題的認知階段	認知目標層次	說明
能實踐（完整實踐）4 分（分數可自行設計）	分析、評鑑、創造（依據學習目標選擇其一）	（即是學習目標的表現）從分析情境中，提出合宜的觀點或策略，並進一步根據情境問題與任務需要解決問題或完成任務，且具有充分成效。
能表現（應用方法）3 分	應用、分析、評鑑（比上面欄位的層次下一階）	分析情境要素，從相關知能中找出可行的觀點與方法，並嘗試運用，但不具有成效或僅具有部分成效。
能理解（問題與方法）2 分	了解	從要解決的問題或完成的任務中去解釋原因，並從相關知能中舉例出可行的方法。
能知道（問題）1 分	記憶	從情境任務中提取訊息，知道要進行的任務或要解決的問題。

　　本書提出上述兩種評分標準表的設計理念，第一種是以表現的完整程度進行設計，第二種是以問題解決的程度進行設計。教師可以根據自己要求學生解決的問題或需要完成的任務參考使用。

　　以向度而言，是指在情境任務中所需要表現出來的策略性知識為向度，若是包含兩種策略性知識等複雜問題或是強調「速度」或「時間」，

教師可以發展兩個或以上的向度，例如：國中教育會考寫作測驗的評分規準就包含立意取材、結構組織、遣詞造句和錯別字、格式與標點符號等四個向度；若僅是單一策略性知識、簡單的情境問題或較低年級的學習，用單一向度即可。單一向度的評分標準具有統合性，具有不同向度的評分標準可以檢視不同策略方法的實踐情形，均有其使用時機與利益。有些情境任務無法分割成不同的策略性知識，得用單一向度的評分標準，若是如此，在每個欄位的說明務必要詳盡。

若將上述的程度與向度進行交叉連結，交叉表格欄位中就會出現「某一個策略性知識的表現內容之描述語詞」。若以兩個向度的評分標準而言，就會有不同向度的表現語詞說明，教師需要如同單一策略性知識一樣，分別以各個策略性知識進行表現內容與程度的設計。教師也可以將不同的策略性知識進行加權，部分向度可能占較多的百分比，部分則較少。

教師若觀察到其他教師的評分標準表，務必要思考自己設計的情境任務以及分析學生學習起點，略微調整，勿直接採用。即使單一領域、單一版本，甚至相同情境任務，不同地區的學校學生也可以有不同的表現程度，可以調整成比較簡單或困難些。另外，不管評分標準如何設計，在實際評量前或在情境任務揭示後，需要跟學生說明評分標準的細節。上述所有關於評量標準與任務相關的說明，可以參閱本書第十章的內容。

素養導向的層次化評量設計

根據筆者這兩年的入班觀察，以及和教師針對素養導向的教學設計之議題討論的心得，發現教師素養導向教學的任務提出後，能完成最終任務的學生不到一半，除了核心知能和策略性知識不夠充分外，另外一個原因是學生個人的生活背景不同、經驗不同以及學習風格等特質不同，因此，在情境任務上亦有不同的思考脈絡，教師如果去訪談學生對於情境任務的知覺，就略可以發現這個現象。

既然核心素養是培養一個人為適應現在生活及面對未來挑戰，所應

具備的知識、能力與態度，再者，學生學習可能受到其認知、興趣、風格、文化經驗等因素的影響，因此，在核心素養的形塑之教學活動上，教師應該設計可以提供學生依據個人特質進行彈性學習的機會。

　　以認知面向的影響因素而言，核心素養的評量設計時，可以將情境任務進行分段或分任務題組，這可包含在紙筆測驗和實作評量上的應用。通常第一階段（題組第一題）可以確認學生是否理解題意或問題，以及確認是否具備基礎知能，這是屬於理解層次；第二階段（題組第二題）可以提出問題讓學生思考任務事件描述中，情境問題與先前所學習的策略性知識之關聯性，這是屬於分析層次；第三階段（題組第三題）即是最後要完成的任務或解決問題，這是屬於評鑑或創造層次。教師可以再根據自己學生的認知表現程度再進行調整，分成四個階段、五個階段亦是可行。

　　以興趣、風格、文化經驗等面向的影響因素言，核心素養的評量設計只能在實作評量上應用。教師可以思考下列原則，將情境問題或任務擴大思考：

1. 教師需要察覺班上學生平時對什麼樣的事務投入較長時間，這可以轉換成學生的學習興趣，可能在聽音樂、繪畫、運動、閱讀等；在情境任務設計上，可以開放學生以自己的學習興趣完成任務。

2. 教師可以察覺學生在學習的習慣上有什麼特殊性，例如：合作型與競爭型的學習風格，或者是動覺型、聽覺型與視覺型等學習風格；在情境任務設計上，可以開放學生與他人合作的方式，或者是多設計不同學習風格的任務提供學生挑選。

3. 學生的家庭生活經驗或文化背景可能不同，當教師察覺部分學生平時生活的文化刺激不高，另一部分學生生活經驗卻非常豐富時，在情境任務設計上，可以提供參考資料或媒體，為那些文化刺激不高又需要完成任務的學生提供背景資訊。

　　核心素養形塑的對象在於「個人」，期待「每位學生」在生活、在未

來遭遇困難時都能夠以自己所具備的知能和態度去面對與解決；另外，先前也提到，當高層次的認知能力進入國民教育階段，可能會造成愈來愈大的學習落差。每一個學生都是受教育的對象，教師需要思考更精緻的教學設計，勿讓素養導向的教學活動讓部分學生產生更大的挫折感。

小結

　　少數教師或家長認為素養導向的教學是一種新理念，如同早期的教育理念，多數無疾而終，無須認真看待。不過，若從當前社會現況與未來發展來看，複雜社會與科技世代將使人們生活有極大的改變，傳統的教育理念真的無法滿足學生的需求，有幸的是，認同素養導向教學的聲音愈來愈多。然而，雖然教師逐漸知道核心素養對學生未來生活的重要性，在教材設計、教學方法與學習評量上卻還存有些許不確定性。多數專業成長課程指引教師解構核心素養的意義、學習內容與學習表現的內涵，這雖然是教師必要知道的專業內容，卻仍然無法促進教師在課堂中發展素養導向的教學設計，原因之一是教師的教學習性，以及學生和家長對學習的觀點大多數是以教科書為基礎教材。

　　教師可以將學生在社會或未來可能面臨的問題，再搭配相對應的教材內容，轉化為課堂中的問題解決與任務實踐的機會，讓學生學習思考問題與所學習知能之間的關係，以及培養其解決問題與完成任務的態度。只是在教學設計時，教師得要知道形塑核心素養的教材內容結構與評量設計。

　　因此，教師可以分析教科書單元內容，先確認其關鍵知能與策略性知識，並在發展素養導向的情境任務時對照總綱與領綱的核心素養和學習重點，如此作法似乎可以引導教師的教學更貼近素養導向的教學設計。另外，為了促進與確認每一位學生的核心素養，除了教學活動外，素養導向的評量設計需要具有情境化、層次化和差異化等原則。教師需要建立的信念是評量目標不在於給學生分數或立判學生成績高下，而是藉由評量題目

的設計把每一位學生帶上來，都能具備核心素養以面對現在生活與未來的挑戰。

教師讀書會或師培生讀書會的參考任務

1. 請回憶自己在生活中遭遇過什麼樣的問題，或因應什麼情形需要提出任務，說明問題或任務、情境背景、解決問題與完成任務的歷程與心情，以及最終對此歷程的感覺。

2. 根據上述曾解決過的問題或已經完成的任務，思考自己在每一個階段所運用的策略和方法與哪些學科知識（包含統整性的學習內容）有關？藉此建立學科知識（或統整過的學習內容）與情境問題的關係。

第二章

素養形塑的
文獻探討

　　多數教師聽到素養這個詞是來自於十二年國教課綱的閱讀與理解，然而，素養的形塑早就有文獻提及，也有相關研究產出。本章主要探討文獻上提及的定義、內涵、形塑素養的課程內容、教學活動與評量設計，提供讀者在國教課綱的閱讀與理解外，有更符合學理與文獻探究的思維。

第一節　素養的定義與內涵

　　Stephenson 與 Yorke（1998）認為素養是知識、技能、個人素質和情境理解的整合，不僅被適當地和有效地使用在熟悉和高度集中的專業環境中，也能應對不斷變化的環境。當人們對自己的素養有合理信心時，就可以觀察到他們有這些行為，例如：採取有效和適當的行動、解釋環境事件是關於什麼、與他人有效地生活和工作，以及在多元化和不斷變化的社會中，繼續從他們作為個人和與他人交往的經驗中學習。如何判斷一個人是否具備素養，可以從 Stephenson 與 Yorke 所描述的外在行為表現檢視之。

素養的定義

　　素養有概念上的定義和操作上的定義。概念上的定義是屬於一種個人內在心理特質，而操作上的定義則是一種素養形塑的過程。

　　以概念上的定義而言，Hartle（1995）認為素養是一種可以用來檢視足以推動卓越工作表現的個人特徵，包含可見知識和技巧所整合的能力，以及潛在於個人內在的心理特質。Morel 與 Griffiths（2018）描述素養是一個人在組織角色中或個人在情境中的外顯行為表現，並在表現中反映出知識、技巧能力和其他被驅動的因素之統合行為表現。在操作上的定義，Klieme 等人（2008）指出素養是一個人在情境中處理問題或完成某種任務的認知歷程之外在行為表現，亦即面對情境問題時能分析關鍵要素，提取與統整所學習過的知能，嘗試面對挑戰與調整，最後回憶整體過程（分析問題、統整知能、面對挑戰以及後續調整的過程）與進行省思，

自我發覺其過程中具有成效與未有成效的知識能力與態度，進而將其經驗內化到心智中，重新組織內在處事知識的結構。

內在心理特質是無法直接教導，是在情境中藉由經驗內化而形塑。因此，以素養導向的教學而言，便是以操作上的定義進行轉化與設計，進而形塑個人的內在心理特質，即是上一段所提，從操作上的定義轉變到概念上的定義。而不斷應用在教學與教育中，素養就可以不斷在某個特定領域的情境挑戰經驗中形塑，逐漸成為某個特定領域的專家（expertise）。素養形塑的過程，至少包含情境要素分析、統合學習知能、行動實踐與認知調整、經驗內化等四個要素。由於這四個要素歷程即是處理情境問題的認知歷程，教學活動設計可依循這些歷程，以形塑學生未來面對困境時，能提取在早先處事經驗中所內化的認知記憶，進行新問題與新任務的挑戰。

素養與能力經常混用

素養（competency 或 competence，下一節說明）有時候被翻譯成「能力」，經常與也被翻譯成能力的 capacity 和 ability 兩個名詞混淆或混用（林永豐，2018a）。Connell 等人（2003）曾區別 capacity、ability、capability 這三個名詞之不同，capacity 是個人潛藏或生理上的能力之統稱，無法指出細部動作，例如「人不像獵犬那樣具有氣味追蹤的能力」；而 ability 是一些技巧的組合，可訓練到熟練程度而獲得，通常在特定安排的情境下表現出來，例如「國中生應該具有運用顯微鏡觀察微小生物的能力」；capability 則是可以因應不同情境變化而調整 ability 的細節，再去實踐，換句話說，此 capability 是 ability 在不同的情境中不斷地試驗與調整，而表現於外的行為表現，例如「我相信他有能力成為一位好校長」，亦即這位校長可能具有許多 ability，但在經驗過無數的挑戰，而發展與表現出許多因應不同情境的 capability，亦即知道有些 ability 在某些情境下可以運用，有些情境需要調整，另有些情境不得運用。

從 Connell 等人（2003）的區別來說，素養屬於個人內在特質，但素

養表現於外的行為表現即是一種 capability，是屬於一種專業能力，來自（取決於）個人「ability」與「情境中的挑戰」之間的相互作用後所形塑。換句話說，如果一個人將在學校或教育場所學習的 ability，在問題情境中不斷地進行分析，之後決定採用與調整所學過的 ability 去面對挑戰，進而不斷獲得 capability，由於 capability 是情境要素與 ability 的關聯與內化而得，我們就可以說這個人未來面對類似情境問題時，可以具備處理該問題的素養。

然而，許多情境問題不一定需要呈現處事的外在行為，有些僅是分析判斷程度的認知處理，即是運用「通則」去回應情境問題，而不需要有表現動作，通則與能力（ability）是同位階的知能，也具有統合性。若再擴大到其他領域，則又包含定律、定理、方法等，如同本書第一章所提，這些位階的知能可以統稱為「策略性知識」，因為它們是一種或一些可以用來分析、判斷、解決問題以及完成任務的策略。策略性知識是由兩個或兩個以上的概念、技巧或情意因子所連結而成，因此，策略性知識是一種統合性知識。教師在進行素養導向的教學設計時，可以將一個單元內的核心知能或情意因子，統合形成策略性知識（等同於 ability），再藉此策略性知識發展情境問題或任務，以形塑素養（從 capability 檢測）。

九年一貫課程強調能力指標，而十二年國教課綱是以核心素養架構，從 Connell 等人（2003）在素養與能力的區別而言，能力指標是屬於 ability 的範疇，而核心素養的外在行為表現是屬於 capability。如同上一段所述，若以 ability 在情境中的調整與應用得宜，則是發展 capability，這樣的觀點就符合林永豐（2018b）提出的觀點，他認為九年一貫課綱與新課綱之間的關係，並非是斷裂式的進展，而是一個持續深化的歷程。也就是教師在九年一貫課程中培養學生能力（ability），在十二年國教課綱中，再以這些能力發展情境問題或任務，從外在行為表現（capability）檢測與形塑學生的核心素養。

素養檢測是觀察個體在情境中表現 capability

　　上一節點提到素養是檢測學生在情境問題或任務挑戰時的外在行為表現，這是因為素養是根據情境分析後去處理事務，且可能需要不斷地因應情境變化而調整，最後內化到自己心智，作為下一次或未來面對新挑戰時的內在特質。如果這世界上不會有兩個完全相同的情境，那麼所形塑的素養就無法重複地出現，也就是素養不容易以相同情境問題或任務檢視其內在特質是否存在。因此，在檢測一個人的素養時，通常是檢測他們的 capability，也就是上一段提過的「素養的外在行為表現」，藉以推估這個人在未來遭遇類似情境時，可以處理得宜。

　　具體來說，要檢測學生是否具有某個生活素養或職業素養，即是提供一個生活或職業情境中的問題，要求學生面對與處理問題，而觀察者則檢測學生在情境中是否呈現 capability 的行為，例如：能根據當地空氣汙染的數據與現象，提出一份防治空氣汙染的報告。此報告的內容不僅要蒐集當地不同時間點的空氣汙染數據，也要能根據當地空氣汙染來源提出相對應的解釋，而最終的防治報告也以當地的情境要素進行改善的作為，因此，可能就涉及至少三個 capability 面向的外在行為（口說或書面）描述。如果學生在這些 capability 面向上表現得宜，我們便可以推估這學生可能也對於類似的河川汙染、垃圾汙染等具有面對問題解析的 capability，如此，我們便可以說這學生可能已經具有環境問題觀察與解釋的生活素養。

教師具有教學素養以形塑學生生活素養

　　十二年國教課綱提及的核心素養，具有公民共同所必備之涵養，也具有「關鍵性」、「必要性」與「重要性」的特色，具有關鍵核心價值，因此，可稱為核心素養（蔡清田，2012）。若跳脫十二年國教的教材內容而言，公民所需要的素養是一種生活素養，只是生活素養的形塑太過於廣泛，因此，我們根據學生的發展年齡、生心理狀況、未來可能面對的挑戰，思考學生可能面對的生活情境，再把最關鍵、最必要與最核心的內容

寫成各階段的學習內容，並且設計相對應的核心素養。換句話說，核心素養是生活素養中最關鍵與核心的內容。

　　既然素養的形塑是涉及情境要素，不同情境會有不同的處理方法，這也適用於教師的教學場域。本節點提及教學素養，可以提供教師讀者理解教學素養的定義與內涵；當熟悉教學情境變化與自我形塑教學素養的原理後，便可以在形塑學生生活素養的設計上，體會其素養形塑的意義與設計原則。

　　根據上述關於素養的定義以及素養與能力的區別，教學素養或教學專業素養是一種教學者面對各種不同的教學情境問題或現象時，能統合合適的「教育知能（ability）」發展成不同的策略，並在實踐後省思，進而在過程中形塑自己面對各種挑戰的「專業能力（屬於 capability 的範疇，不是 ability）」。如此而言，一位優秀教師的教學素養是無法在師資培育之大學或研習場域中直接獲得，是在教學情境中不斷面對教學問題，不斷產生經驗，再藉由經驗內化而形塑。

　　例如：一位教師想要促進學生更多元更豐富的思考，因此採用討論教學法。她在教學時提出一份學習單，要求學生進行小組討論，不過，她卻發現學生根本沒有進行討論，而是小組長分配每個人寫一題，大家再相互抄襲。之後這位教師查詢教學方法的相關書籍，提及要以討論方法擴大學生思考，是讓學生先產出自己的想法，之後再要求學生兩兩交談；不過她認為這樣做，可能還是會有學生不會思考，等著別人的答案。因此，她改變書上的方法，要求每一個人先寫學習單上的某一個題目，幾分鐘後再兩兩交換觀察；之後跟學生說：如果自己的答案和別人不同，不一定是自己錯，可以去解釋自己的答案，也可以再改自己的學習單，最終發現學生的思考與學習單上的答案變得更豐富了。然而，這一位老師在第二年接任某個新班級，她發現班上有一些學生要把心中的想法寫成文字相當有困難，於是考慮到討論教學法的價值與上述學生的能力，就鼓勵這些學生可以用畫圖的方式取代寫出一段文字，不過在討論時，學生要說明所畫的圖

之意義。如此進行，那些畫圖的學生雖然在表達上不是很順遂，但一樣在表達與聆聽他人之後，一樣有擴大思考的意義。

　　或許這位教師會在另一個情境又遭遇到同樣是學生討論，但關鍵要素卻是不同的問題。不過，我們從先前的事件判斷，這位教師面對問題時，先分析情境問題的要素，調整原有的討論教學的作法；再之後的第二個教學情境中，又調整部分作為。從素養形塑的定義而言，我們可以說這位教師可能已經具備某個素養指引的教學素養了。

　　再從教師的教學素養轉移到設計學生生活素養的形塑，教師需要考慮學生的生活情境，最好與正在學習的教材內容相關，以及最好是一個需要處理的生活問題。之後，指導學生分析情境問題，鼓勵學生查詢與設計解決問題的方法，不斷嘗試與調整；如有機會，再根據某些情境條件調整部分策略，再鼓勵學生去面對挑戰。如此作為，並非只是問題處理的結果而已，更包含情境問題分析的能力、情境問題與方法關聯的建立，以及面對問題挑戰時的積極態度。當學生不斷在生活問題處理中獲得經驗，未來面對類似問題時，就可以應用先前在學校所形塑的生活素養去迎接挑戰。

　　素養形塑的原理是相同的，教師面對教學情境，需要自我形塑教學素養；學生面對生活情境，學校設計課程與教學以形塑學生生活素養；而職業學校的教師，則是把職業的情境要素發展成情境問題，以形塑學生的職業素養；甚至各企業與工作場所也可以運用此原理，形塑員工面對各種情境問題的職業素養。

第二節　素養形塑的課程教學與評量

　　十二年國教課綱提及的核心素養、教育部（2022）公布的《中華民國教師專業素養指引—師資職前教育階段暨師資職前教育課程基準修正規定》，或者各大學各系所的素養指引，都將所要形塑的生活素養、教學素

養或職業素養以條列式的方式呈現。這些一條條的素養可以用來發展課程
內容、教學活動與評量設計，說明如下。

形塑素養的課程內容之發展

　　Delamare 與 Winterton（2005）探討相關文獻後提出 competence 和
competency 兩個詞略指不同面向的意義，前者具有功能性的解釋，例如：
核心素養、教學素養；而後者屬於行為性的解釋，可以有複數名詞（亦即
是 competencies），例如：十二年國教課綱總綱和各領域綱要內的素養指
引、教育部公布的中華民國教師專業素養指引中有十七項的「專業素養指
標」（因非本書重點內容，此部分請讀者自行查閱）。

　　Mulder 與 Winterton（2017）檢視 Webster 字典的內容並提出
competence 是一種狀態，具有運用不同方法與能力處理各種問題的品質
之意義，是一個統稱名詞，而 competency 是 competence 中的一部分，是
「一組」知識、技巧和態度可以應用在真實情境中的綜合表現。換句話
說，十二年國教課綱的核心素養是採用 competency 的定義發展核心素養
指標，此核心素養指標可以用來設計素養導向的課程與教學活動，以形塑
學生在某個指標（competency）和全部指標（competencies，competency
的複數）的素養，而整體形塑成為具有內在特質的 competence，是一種
未來面對生活情境中各種不同問題挑戰的生活素養。而教育部公布的教學
專業素養指標也是如此的定義、發展師資培育課程以及形塑教師的教學素
養。

　　再進一步來說，由於素養指標是 competency，其具有行為性的解
釋，因此，形塑素養的課程內容設計是根據素養指標是自身的子集合（a
sub-set of itself）之理念（Dooley, et al., 2004），亦即從素養指標提出一
些符合素養的外在行為能力表現的專業能力（capabilities，capability 的
複數），之後再分析與連結教材內容細節，如概念、技巧、通則等教學知
能（ability）等。Mulder 與 Winterton（2017）也認為，在素養導向的教

學中，素養指引或素養指標即是課程發展、教學與評量設計的起點。從另一角度來說，學習者先學習與具備這些概念、技巧、通則與能力，再經由個人對情境問題的知覺進行整合，整合之後根據情境任務的需要，再進行轉化與遷移使用（Baartman & de Bruijn, 2011）。

　　以國語文領域的「國 -J-A2 透過欣賞各類文本，培養思辨的能力，並能反思內容主題，應用於日常生活中，有效處理問題」之領域核心素養為例，該素養內的「各類文本」即是一種學習內容子集合，是屬於知識面向，也可能包含該文本內的文學概念與通則；而「思辨的能力」也是學習內容的子集合，是屬於能力（ability）層面的內容。之後，如果能「從某個文本的知識，引導學生進行日常生活問題的思辨，再藉所學解決生活問題」，這即是一種 capability 的培育，此 capability 是由某個文本知識、某個情境問題與其對應的能力（ability）所培養與自己建構而來的。若國中三年的學習，國文老師不斷地在不同的文本學習中，發展相對應的情境問題，不斷地提供學生思辨與處理的能力，如果一切順利發展且達到既有的學習目標，那此核心素養的形塑就具有成效。而學生在當代生活或未來生活中遇到一些社會問題，就可以自然地喚起所被形塑的素養，去進行思考與解釋，且處理得宜。

形塑素養的課程內容之設計

　　Biemans 等人（2009）認為素養的形塑過程包含學習知能和真實情境的描述，涉及執行工作任務和處理工作困境的複雜組合，情境問題是形塑素養的關鍵要素。Dooley 等人（2004）認為可以思考「什麼問題情境下可能會運用哪些知能」，藉此發展情境問題與任務。與課程內容相關的情境問題之發展，對那些具有豐富生活經驗或經歷各種人生百態的教師，會比較容易些，原因是十二年國教課綱的核心素養是一種生活素養，涉及許多生活中的挑戰；若是職業素養，則是那些具有豐富職業工作經驗的教師會有更多的想法。

　　那些較少經驗的教師們，也可以思考所要指導學生知能，可能會發展在什麼樣的生活中，與 Dooley 等人（2004）所提「什麼問題情境下可能會運用哪些知能」，兩者來回思考。必要時，可以和社群教師一起共同備課，擴大思維和精準設計。若教師們已經逐漸產生想法後，在編擬情境事件或故事，可能包含生活中的人事時地物，組織成情境問題或任務。

　　不過，為了促進學生投入情境問題解決中，教師們在情境問題或任務的最後一段話，可以加入問題意識。例如：上一節點提到「國 -J-A2 透過欣賞各類文本，培養思辨的能力，並能反思內容主題，應用於日常生活中，有效處理問題」，教師們可以採用一般生活中的現象——「為什麼人們總是相信聽到的，而不願意去找更多證據」為情境問題意識。簡單來說，「為什麼」為開頭的關鍵詞，具有情境問題的意識，除了具有協助學生分析情境要素的功能外，也提供學生處理情境問題的方向（這在本書第十一章提到的素養測驗題編擬之「提問」有類似的作用，這部分請讀書閱讀本書第十一章時再進行對照）。不過，教師也要思考，情境任務與問題意識的引導是否與所要形塑的素養有關，避免情境問題意識過於發散，失去該素養形塑的目的。

　　另外，在評量設計上，為了確認學生的表現，需要再發展表現標準。根據素養的定義（Morel & Griffiths, 2018），「素養指標的外在行為能力表現」與「表現標準」是可以相互對照的，亦即評量設計是以素養指標的外在行為能力表現轉化為表現標準，藉此檢視受教者的行為表現之符合程度。本章也在第一節的【素養檢測是觀察個體在情境中表現 capability】提及過，表現標準的敘述即是學生在情境中所表現的 capability 之行為描述。

　　因此，形塑教學素養的課程內容的設計便可以依照素養指標發展，並參考下列三個步驟進行設計：

1.符合素養指標的外在行為能力表現之描述，以及其教材內容細節

（Dooley, et al., 2004），可能包含概念、技巧、通則等教學知能。

2. 藉由生活常見問題或困境，發展情境問題（Dooley, et al., 2004），描述情境事件後，提出問題意識。

3. 再根據上述的外在行為能力表現之對照，擬定可以用來觀察的表現標準（Morel & Griffiths, 2018）。

　　本書再舉一個國小階段的核心素養，並且校訂課程的設計為例，再以文化取材的方式對該素養內子集合，進行選取與轉化，如表 2-1。

　　簡要來說，在課程設計上，是藉由素養指引提取在情境中需要展現的 capability，也可以再包含基礎的 ability，再轉化為學習目標，進行教學活動設計；之後，在以表現標準發展任務的評分標準表，從任務表現評估是否具備這些 capability（ies），如果具備 capability（ies），可以推估即具有素養指引中提及的素養內涵。

形塑素養的教學活動之發展

　　根據 Baartman 與 de Bruijn（2011）的觀點，教學素養的形塑過程不同於一般學術課程所發展的能力訓練，學習過程涉及到具體的專業任務、發生在真實或模擬的生活或工作場域中。Renta 等人（2017）也提出學校教育與工作情境的緊密連結才能促進學習的遷移。另外，Wesselink 等人（2017）也認為傳統的知識與訓練，因沒有跟實際情境問題處理相結合，沒有證據顯示這些傳統知識與訓練可以形塑專業素養。而周淑卿等人（2018）也提及，素養導向的教學設計需要連結實際的情境脈絡，強調透過與情境脈絡的連結來建立學習意義。因此，形塑教學素養的教學活動非僅是單向的講授與訓練，需要在教育現場中進行，也藉此發展目標啟動學習的歷程。

　　本書第一章便提及，素養的定義是一個人適應現在生活及面對未來挑戰，所應具備的知識、能力與態度，此定義指引了學校教師在課程設計與教學時，必須思考當前生活與未來可能的情境，能與時俱進，讓學生在

表 2-1　形塑素養的課程內容設計之摘要表

要素	內容	
核心素養	E-A3　具備擬定計畫與實作的能力，並以創新思考方式，因應日常生活情境（此實例不提取創新思考，若要加入，亦可）	
從素養指標提取外在行為表現與其對應的基礎知能	1. 擬定計畫與實作的能力 2. 因應一般日常生活情境的能力 　（第 1、2 點可以轉化為素養形塑前的學習目標，是屬於 ability） 3. 擬定足以因應特定生活情境問題的計畫 　（第 3 點可以成為素養形塑的目標，亦即屬於 capability）	
文化取材	彰化市有許多景點、景點能解說多少、景點導覽計畫	
從外在行為表現與文化取材轉化為學習目標（右欄）	1. 擬定計畫與實作的能力	1. 擬定彰化景點參觀的計畫書
	2. 因應日常生活情境的能力	2. 具有解說彰化景點的能力
	3. 擬定足以因應生活情境問題的計畫	3. 擬定彰化市景點具有各地特色的導覽計畫書
生活問題	大多數訪客，甚至是居民，都知道彰化市的景點，不過，對於那些景點的歷史緣由與變遷、發展的文化以及足以讓他縣市參訪的特色，似乎較少人知道。我們這種土生土長的彰化市民，為什麼和外來客一樣，只懂得皮毛小事？	
情境問題	各位同學，我們在臺北有一個姊妹校，他們六年級學生下個月要來彰化畢業旅行，學校要請同學利用一天的時間，帶領他們到彰化各個景點參觀，也要介紹彰化的特色，請你們規劃一個一天的旅遊計畫書，包含景點歷史地理文化等介紹，和時間流程安排。（若要實踐，則加入：我們打算當天班上每一組同學要各帶領他們一組同學，進行彰化市的深度學習之旅。）	
表現標準（可發展成評分標準表）	1. 景點導覽計畫書上的流程安排、2. 陳述彰化各景點的特色，包含歷史地理文化等特色講解。 （此次導覽計畫書不實踐，若要實踐可以再加入：3. 在訪客來臨的日常生活情境中表現合宜，包含表達與對應進退。）	

真實情境中學習知識，引導其主動解決生活情境中所面臨的問題，並遷移所學，具備面對各種挑戰的智慧。素養導向課程的教學設計有四大學習原則：整合知識技能與態度、脈絡化的情境學習、學習歷程方法與策略以及

實踐力行的表現（教育部學前及國民教育署，2017）；因此，素養導向的教學設計就包含知能、情境、（面對情境問題的）策略以及實踐等四個要素。

　　除了上一段提到的素養導向教學之四個學習原則外，一些學者再提出細節內容（林永豐，2017；洪詠善、范信賢，2015），在「整合知識、技能、態度」上，強調學習是完整的，不應該只是偏重在知識層面；在「脈絡化的情境學習」上，設計擬真或進入真實情境、案例或現象，學生在情境中進行有意義的學習，此強調知識與情境脈絡之間的連結，有助於將所學應用到所需要的情境；在「學習歷程方法與策略」上，把學習內容與探究歷程相互結合，兼顧該學科領域的「學習內容」或「學習表現」；在「實踐力行的表現」上，強調實踐力行的空間，整合所學加以表現，靈活「做中學、學中做」。學生在情境中進行學習，呼應了 McCown 等人（1996）的觀點，當學習者能夠應用所學知能解決問題、以所學知能作為其他高層次知能學習的基礎或以所學知能激發他們在其他情境學習的動機時，才是一種真正的「學習理解」，而不僅是聽懂教師的教學內容而已。

　　另外，Dall'Alba 和 Sandberg（1996）提出素養的形塑涉及到對實務的意義結構的改變，亦即從經驗實務的一種方式提升到另一種方式的提升，這即是一種「經驗內化」的作用，重新定義與精緻化意義之結構。再整合前兩個節點的文獻觀點，擬真或真實情境的發展以及藉以脈絡化的學習，進而讓學生透過實作經驗，轉化對實務的意義結構，是素養導向教學設計之重要的原則。Mulder 與 Winterton（2017）便要提醒教師在接受這種理念與進行設計時，也要讓學生知道，接受素養導向教學的學生，他們可能在未來申請工作而接受面試評估或者是在日常執行工作中展現出面對挑戰與解決問題的素養。會有這樣提醒的建議，是學生接受素養導向教學時，經過經驗內化的引導，可以在未來面對生活或工作挑戰時，自然地顯露出所形塑的生活素養。

形塑素養的教學活動之設計

教育部學前及國民教育署（2017）提出素養導向教學設計之四大原則（整合知識技能與態度、脈絡化的情境學習、學習歷程方法與策略以及實踐力行的表現，亦即知能、情境、策略與實踐）；而先前文獻所述（Klieme, et al., 2008; Morel & Griffiths, 2018），「情境要素分析」、「統合學習知能」、「行動實踐與認知調整」與「經驗內化」等一般遭遇問題的處理與認知歷程，可以作為教學活動設計或教學階段步驟的指引。綜合上述兩筆文獻的內容進行對照，教育部學前及國民教育署的第三與第四個原則「學習歷程方法與策略、實踐力行」與文獻所述的「行動實踐與認知調整、經驗內化」之兩者，雖文字敘述不同，但內涵卻相近，均有行動中採用與調整策略方法，以及行動後的省思與自我調整之意。

「實踐」本身即有行動與省思之意，省思也是屬於認知調整的範疇，不過，在教學設計上，本書建議應該把「經驗內化」特別提列出來。經驗內化是一種學習過後，經由回憶整體面對問題的歷程進行省思，自我發覺其過程中具有成效與未有成效的知識能力與態度，進而將其經驗內化到心智中，重新組織知識結構，產出新的意義（Dall'Alba & Sandberg, 1996; Klieme et al., 2008）。在教學設計中提列經驗內化的步驟，即在於提醒教師，在指導學生面對問題與處理過後，引導學生回應與省思，特別是在問題處理過程中，具有成效或不具有成效的原因，可能是方法、可能是態度，亦可能是某些細節未考慮周延；之後，提醒學生未來面對類似情境問題時，以什麼樣的知能與態度面對挑戰。

若再以本書第一章所提，根據人們處理情境問題的認知歷程，分別是「分析情境→檢索知能→形成策略→解決問題→經驗內化」，那便可以成為素養導向的教學步驟。當教師已經在課程內容設計階段確認情境任務與評分標準表或其他評量工具，在教學活動設計上，就可以先引導學生分析情境要素，思考所學習過的相關知識與能力，再發展成相對應的問題處理策略，並提供學生面對問題與解決問題的機會；之後，如同上一段所言，

省思與經驗內化，成為下一次情境問題處理的經驗。

在教學方法的應用上，Tynjala（2008）認為素養形塑之學習任務和過程較多複雜性，建議以協同合作方式進行。張民杰（2018）則是以問題導向學習的方法探討素養導向教學的可行性，也確認是一個足以形塑素養的教學方法。若以情境問題或需求為主的任務而言，除了合作學習法的應用外，探究教學法、專題導向學習、批判思考、創意思考以及問題解決教學法等（請讀者自行參考本書其他章節），都是教師可以在教學活動中採用的教學方法。不過，本書提醒教師，情境問題或任務是素養導向教學活動中的中後段教學內容，在這之前，教師仍需要進行基礎知識的指導，也需要先評量學生是否具備基礎知識和策略性知識（如同第一節所提到的ability），才能進一步引導學生探究問題，避免學生在情境問題或任務中產生過大的挫折感。

形塑素養的教學評量之設計

在素養的評量等級設計上，素養表現不同於僅是行為、認知，或是包含超越認知能力的自我察覺、自我調整以及社交技巧（McClelland, 1998），而是如同 Mulder 與 Winterton（2017）所言，是應用在真實情境中的一組知識、技巧和態度的綜合行為表現（本章第一節便提到這是一種capability）。Delamare 與 Winterton（2005）認為素養評量可以從相對末端（opposite end）的素養表現開始思考：在該情境問題或任務中，一個成功且有效的 capability 之行為表現可以被觀察到什麼，再去確認個人表現與其成功有效的表現之差異或不同之處，也可以將不同的差異，寫成評分標準表內不同等級的行為表現內容，進行評定不同表現的分數。

Miller（1990）特別以教育情境結合任務表現檢視受教學生素養形塑情形，提出素養的外在行為表現要有四個等級「Knows、Knows how、Shows how、Does」：

1. Knows，亦即能知道與回憶資訊，意指學生知道情境問題或任務的意

義，但僅能回憶學習過的相關資訊。

2. Knows how，是能理解可用的通則、方法或策略（本書在第一章時將這些統稱叫做策略性知識），即是了解問題與任務之間的關係，能夠根據問題提出策略性知識，並解釋其意義。

3. Shows how，是能表現出通則、方法或策略，至少將通則、方法或策略應用出來，不過不是概念的應用等級，是策略性知識的應用，對情境問題而言，幾乎是以通則方法或策略對情境問題進行分析與實踐（學習目標多是分析以上的層次），但尚未能達到充分解決問題或完成任務的表現需求。

4. Does，是能實踐，根據情境要素充分地實踐、解決問題或完成任務，表示學生能考慮到情境中每個要素，並進一步且完整地表現情境問題或任務所需要的內容。由於要達到這個層次，可能是分析情境要素的關鍵與因果，也可能是評估某個方案的可行性，或者是改寫或提出一個創新方案，因此，學習目標至少是分析層次，而較多是「評鑑」與「創造」層次，依據情境任務的需求而定。

　　若教師在發展素養導向的評分標準表時參考 Miller（1990）所提列的四個等級，就可以用素養的相對末端之最終表現「充分實踐」（能在情境中實踐，或充分考慮情境要素）進行敘述，再往表現程度較低的方向逐步遞減，以確認學習者在素養形塑中的表現程度。而此四個等級之前兩個等級是屬於個人大腦的知識理解層面，而後兩個等級是屬於外在行為表現層次。特別是第三個等級與第四個等級的差別，在於第三個等級雖然表現出通則方法與策略等策略性知識（ability），但卻不符合情境分析的要求，亦即有「會做某件事，但在那個情境下卻不應該做那件事」的意涵；而第四個等級即是充分解決該情境問題或任務，也是一種 capability 的表現。

　　評分標準表非常適合用來檢視多種層級以及多個學習目標的學習表現，它除了提供教學者檢視學習者在複雜任務的表現外，也可以協助學習者回應他們的表現程度以及他們下一步需要做什麼才可以達到更高品質

的表現（Burke, 2008），師生均能了解教與學的結果。Arter 與 Chappuis（2006）提供發展評分標準表的基本步驟：1. 確定學習目標，2. 確定學習表現呈現時可觀察到的行為特徵與級別，3. 描述每個行為特徵的級別內容，4. 為最低級別和最高級別編寫精確的行為內容描述，5. 為其餘中間級別編寫行為內容描述，以及 6. 蒐集工作樣本以舉例說明每個級別的基準（Arter & Chappuis, 2006）。而 Torres-Gordillo 等人（2020）就運用評分標準表設定評分向度與等級評量學生的素養，而獲得受教者學習表現之有意義的資訊。

至於素養導向的測驗題，即是在書面情境問題或任務中，設計提問的問題，並設計多個具有素養實踐的選項，要求學生閱讀情境資訊以及提問的問題，進行通則方法或策略等策略性知識的選擇。藉此推估學生未來面對生活情境時，也能先閱讀所蒐集的相關資訊，知道所要進行的事務，再選擇合宜的策略性知識面對挑戰與解決。針對此部分，本書在第十一章會詳細說明。

第三節　相關研究可再探討的問題

在臺灣，已有許多素養導向教學的成效之研究報告（例如：何縕琪，2017；郭明田、溫媺純，2021），不過也大都是小規模教學領域的探究與發現，或者是運用素養導向教學，論述運用於教學時應該關注的焦點（例如：張錫勳，2020）。

以素養形塑涉及的個人認知、情境要素以及這兩者之間的關聯，還有素養形塑的持久性或未來效應性，較少研究涉及與探討。另外，根據筆者的研究以及這五年來帶領各教育階段教師在素養導向的課程發展、教學設計與評量上之經驗，發現臺灣部分教師對於素養導向的教學仍需要補足一些知能。本節一併說明如下。

個人能力面對情境問題時兩者如何交互作用

　　先前提及素養導向的教學之形塑是提供情境問題或任務，學生以所學習的 ability 在情境中進行思考與產出；然而，從 ability 到 capability 的轉化歷程，還有許多未知之處。Rainwater（2016）對參與素養課程的學生進行訪談後發現，學生雖然認為素養課程可以加速他們理解未來職涯和生活目標，但也認為這樣的課程比較適合具有自我導向與自我調整學習的經驗之學生。這即表示個體對於情境問題或任務的認知策略之自我應用與調整，可能是相當重要的中介因素，這或許如同 Connell 等人（2003）所言，素養的形塑取決於個人能力與情境中的實際經驗之間的相互作用，但這部分仍較少文獻提及。

個人與情境問題相關的生活經驗影響多深

　　接續上一節點的內容探討，除了上述的個人能力與情境之間的互動之因素外，學生對教師提供的情境問題或任務，具備生活經驗的多寡可能也會影響學生對情境訊息的理解。由於素養導向的教學不僅非傳統式講述教學法的效果，即使教師設計情境問題提供學生挑戰的機會，也尚不足以充分解釋素養導向教學的效應，原因是素養導向的教學中，素養的形塑不僅在於教師設計的教學情境中，也可能涉及學生對該情境問題的經驗之多寡。而過去的經驗可能影響學生在情境問題或任務中面對挑戰與解決問題的成效，然而，解決問題的成效之經驗又可能影響下一次類似的情境問題挑戰中。

　　根據筆者在某個課堂中對學生的研究觀察與訪談，發現某個學生在教師提供的素養導向任務中表現並不亮眼，卻在回家後，帶領弟弟完成類似的任務。筆者在演講時常提到的一句話「素養的形塑不會是零，不成功的經驗往往成為下一次成功的先備經驗」。這句話是為了提醒教師不要因為學生學習不夠具有成效，而認定素養導向教學不可行，即使這部分的研究發現尚未成熟，但可以帶給讀者一些探究上的思考。

素養形塑的程度與未來效應也需要探究】

　　當前較少提及學生接受素養導向的教學後，原本形塑素養在未來生活中的表現情形。由於素養形塑是透過經驗內化，先前也提到沒有兩次完全相同的情境得以驗證素養的再現，因此，除了教學之後，以情境問題的處理或任務的實踐情形檢視其 capability 外，幾乎無法確認素養在當前與未來生活的效應。不過，根據 van den Berg 與 de Bruijn（2009）的觀察研究，發現接受素養導向教學的學生在畢業後會比較快找到工作，而且面對的問題也比較少。而雖然 van der Meijden 等人（2013）仍肯定素養導向教學的成效，不過他們也認為這不是建立在大樣本的研究設計上，還不清楚進行到什麼樣程度的教學和評量，才會有如此效果。

小結

　　十二年國教課綱是以核心素養進行架構，教師對核心素養並不陌生，卻常有不充分的理解。根據筆者這五年來的觀察，有些教師認為核心素養是高層次的教學方法、有些認為是生活情境問題處理、也有些認為就是閱讀素養。如果教師沒有理解素養形塑的原理，也沒有從相關文獻知道其發展脈絡，對課綱的理解可能會「知其然，不知其所以然」，也可能以仿效的方式實踐核心素養的課程，導致花了許多時間，卻自己混淆箇中道理。

　　素養並非全新的教育理念，是 ability 在情境中的運用，也因為不同情境有不同的要素，因此，ability 的運用需要跟隨情境要素而調整。這除了說明素養是能力的深度學習與延展外，也提醒教師 ability 與情境問題的連結以及經驗內化的重要性。

　　具體而言，教師可以從素養在生活中是以什麼方式顯現去思考學生在素養形塑階段要做些什麼，反過來推敲在課程與教學設計上應該要設計什

麼樣的教學活動；其次，教師並不一定要自己發想課程內容，可以從課綱領綱中的學習內容或教科書分析後的內容，連結可能會發生的生活情境或職業情境，進而思考學生要在這些情境中有什麼樣的外在行為表現。除了建立學習內容與情境問題的關聯外，也提供學生回憶省思與經驗內化的機會，逐漸形塑素養。

參考文獻

何縕琪（2017）。素養導向教學的設計與評量：以東部一所小學為例。**臺灣教育評論月刊，6**(3)，15-19。

林永豐（2017）。核心素養的課程教學轉化與設計。**教育研究月刊，275**，頁4-17。

林永豐（2018a）。核心素養導向的課程轉化與教案特色。**教育研究月刊，289**，41-54。

林永豐（2018b）。延續或斷裂？從能力到素養的課程改革意涵。**課程研究，13**(2)，1-20。

周淑卿、吳璧純、林永豐、張景媛、陳美如（編）（2018）。**素養導向教學設計參考手冊**。臺北：教育部。

洪詠善、范信賢主編（2015）。**同行——走進十二年國民基本教育課程綱要總綱**。新北市：國家教育研究院。

教育部（2022）。**中華民國教師專業素養指引——師資職前教育階段暨師資職前教育課程基準修正規定**。臺北：作者。取自 https://edu.law.moe.gov.tw/LawContent.aspx?id=GL002163

郭明田、溫嬿純（2021）。國中數學素養導向教學設計與學習成效之行動研究。**臺灣教育評論月刊，10**(10)，196-228。

張民杰（2018）。運用問題導向學習設計與實施素養導向教學可行性之探究。**課程研究，13**(2)，43-58。

張錫勳（2020）。概念為本的科學探究教學實踐：一位國中教師邁向素養導向教學的第一哩路。**教育研究月刊，310**，80-101。

蔡清田（2012）。**課程發展與設計的關鍵 DNA：核心素養**。臺北市：五南。

Arter, J., & Chappius, J. (2006). *Creating & recognizing quality rubrics*. Portland: Educational Testing Service (ETS).

Baartman, L. K. J., & de Bruijn, E. (2011). Integrating knowledge, skills and attitudes: Conceptualising learning processes towards vocational competence. *Educational Research Review, 6*(2), 125-134.

Biemans, H. J. A., Wesselink, R., Gulikers, J. T. M., Schaafsma, S., Verstegen, J., & Mulder, M. (2009). Towards competence-based VET: Dealing with the pitfalls. *Journal of Vocational Education and Training, 61* (3), 267-286.

Burke, K. (2008). *How to assess authentic learning (5th ed.)*. Thousand Oaks: Corwin.

Connell, M. W., Sheridan, K., & Gardner, H. (2003). On abilities and domains. In R. J. Sternberg & E. L. Grigorenko (Eds.), *The psychology of abilities, competencies, and expertise* (pp. 126-155). Cambridge University Press.

Dall'Alba, G. & Sandberg, J. (1996). Educating for competence in professional practice. *Instructional Science, 24*, 411-437.

Delamare Le Deist, F., & Winterton, J. (2005). What is competence? *Human Resource Development International, 8* (1), 27-46.

Dooley, K. E., Lindner, J. R., Dooley, L. M., & Alagaraja, M. (2004). Behaviorally anchored competencies: Evaluation tool for training via distance. *Human Resource Development International, 7*(3), 315-332.

Hartle, F. (1995). *How to re-engineer your performance management process*. London: Kogan Page.

Klieme, E., Hartig, J., & Rauch, D. (2008). The concept of competence in educational contexts. In J. Hartig, E. Klieme, & D. Leutner (Eds.), *Assessment of competencies in educational contexts* (pp. 3-22). Hogrefe & Huber Publishers.

McClelland, D. C. (1998). Identifying competencies with behavioral-event interviews. *Psychological Science, 9*(5), 331-339.

McCown, R. R., Driscoll, M. P., & Roop, P. G. (1996). *Educational psychology: A learner-centered approach to classroom practice (2nd ed.)*. Boston, MA: Allyn & Bacon.

Miller, G. (1990). The assessment of clinical skills/competence/performance. *Academic Medicine, 65*(9), 63-67.

Morel, N. & Griffiths, B. (2018). *Redefining competency based education: Competence for life*. New York: Business Expert Press.

Mulder, M., & Winterton, J. (2017). Introduction, In M. Mulder (Ed.). *Competence-based vocational and professional education: Bridging the worlds of work and education* (pp. 1-45). Springer International Publishing.

Rainwater, T. S. M. (2016). Teaching and learning in competency-based education courses and programs: faculty and student perspectives. *The Journal of Competency-based Education. 1*(1), 42-47.

Renta, D. A. I., van den Bossche, P., Gijbels, D., & Garrido, M. F. (2017). The impact of individual, educational, and workplace factors on the transfer of school-based learning into the workplace. *Vocations and Learning, 10*, 275-306.

Stephenson, J., & Yorke, M. (Eds.). (1998). *Capability and quality in higher education*. London: Kogan Page.

Torres-Gordillo, J. J., Guzmán-Simón, F., & García-Ortiz, B. (2020). Communicative competence assessment for learning: The effect of the application of a model on teachers in Spain. *PLoS ONE, 15*(5), 1-16.

Tynjala, P. (2008). Perspectives into learning at the workplace. *Educational Research Review, 3*, 130-154.

van den Berg, N., & de Bruijn, E. (2009). *The glass is filling up. Knowledge about the design and effects of competence-based vocational education*. A review study. Amsterdam/'s-Hertogenbosch: ECBO.

van der Meijden, A., van den Berg, J., & Roman, A. (2013). *Het mbo tijdens invoering CGO. Resultaten van de vijfde CGO Monitor*. Utrecht/'s-Hertogenbosch: ECBO.

Wesselink, R., Biemans, H., Gulikers, J., & Mulder, M. (2017). Models and principles for designing competence-based curricula, teaching, learning and assessment. In: Mulder. M. (Ed.), *Competence-based vocational and professional education: Bridging the worlds of work and education* (pp. 533-553). Cham, Switzerland: Springer.

教師讀書會或師培生讀書會的參考任務

1. 請回憶自己在生活中遭遇過兩件類似的問題（例如：兩次車禍、兩次採購、兩次對家長談話、兩次處理學生衝突事件……），再思考第二次處理時和第一次處理時的差異，藉此說明經驗內化的作用。之後，再回憶第二次處理問題時所採用的方法或策略，與情境事件中的哪些要素有關？如果情境要素不同，方法和策略該怎麼調整？可參考本章節提及的ability和capability進行說明。

2. 請選取任一領域課程綱要之任一核心素養，再參考表 2-1 形塑素養的課程內容設計之摘要表，發展與設計一份素養導向的課程內容方案（非教學活動設計、非教案）。

第三章

分析教材內容
的元素與結構

　　前一章提及素養導向的教學設計之教材內容結構，素養導向教學要具有成效之關鍵因素在於教師需要理解教材的內容結構，藉此內容結構發展情境問題或任務。之後，再採用相稱的教學策略，結合成合宜的教材教法，並且在教學實踐中，引導學生逐步學習與面對挑戰。本章即說明教材內容的組織編排以及概念到素養之間的關係，前者是依據某些課程內容組織規準將學習重要元素內容組織安排在各個階段，這不僅說明教科書內的教材內容的編輯方法，教師在發展校訂主題課程時亦可參考運用；而後者是概念到素養之間的關聯，則提出學生在素養的形塑不是一蹴即成，而是由基礎概念、策略性知識到情境任務的學習與認知思考之經驗過程。

第一節　教材內容的重要元素

　　教材內容的重要元素包含概念、通則、技能與情意因子，不管是教材內容來自於課綱或是教科書，所顯示的都是這些元素與這些元素間的關聯。在生活中，人們都是以概念進行溝通、以通則對事件進行分析判斷與後續的問題解決、以技能完成某些技術行為，以及以情意因子感受世界。

教材內容重要元素：概念

　　概念是由具體的事實示例經過屬性分析和抽象化而來的，反過來說，概念可以泛指具有某些特定屬性或特徵的事實示例。有些概念可以充分描述其屬性（例如：鳥類動物、海島）；但有些概念來自不同概念的屬性之關聯（例如：打擊）；而有些概念在解釋時需要透過情境脈絡的示例去指導，而不僅是用屬性去指導（例如：自由、正義）。簡單來說，有些概念包含屬性和特徵，有些概念只能由事實示例的細節去形成。

　　屬性，或者是特徵，是指感官可以直接察覺，包含字、音、形、符號等，也可以指記憶直接提取的經驗，或是教科書上的文字直接採用的句段。

　　不同概念間可能有上下從屬關係，亦即有些概念泛指許多事物現

象，而有些概念則限於某些範圍，更有些概念純指某些特定的事物示例。教師在教材分析可以用大（macro-）、中（meso-）和小（micro-）概念或上位（superordinate）、基礎（basic coordinate）、下位（subordinate）概念區分。例如：節肢動物、昆蟲、蜘蛛。節肢動物即是上位概念，泛指許多生物；而昆蟲是基礎概念，有同一類的意思；蜘蛛則是下位概念（若提及蜘蛛的屬性特徵，並且綜合這些特徵所形成，才叫做概念；若是我看到了「蜘蛛」，這時「蜘蛛」只是事實示例）。由於大概念或上位概念所指稱的範圍比較廣，小概念與下位概念所指稱的範圍比較傾向具體，為了讓教師對上述的概念有所區別，本書建立用大、中、小概念來區分，但教師要知道大概念是上位概念，且範圍有包含中下概念的意涵。

　　要指導學生理解概念，可以提供許多類似的事實示例，協助學生理解每個事實示例的特徵與屬性，再鼓勵學生思考有哪些的共同點，最後將具有共同點的事實示例給予一個概念的定義。如果事實示例過於抽象，教師可以多講述一些實例現象，但最後一定要歸納概念的定義，再提供一些反例，亦即提供一些具有部分屬性相同，但部分屬性不同的事實示例，讓學生進行區別，以強化所學習的概念。例如：教師教導三角形的概念，可以提供許多奇奇怪怪的三角形，把各種可能的現象都呈現出來，讓學生能夠掌握三角形概念的定義；之後，教師提出四邊形，要求學生區別，讓學生能夠說出因為四邊形有四個邊，三角形只有三個邊，因此學生便可理解教師後來提出來的四邊形不是三角形。

　　如果學生沒有充分理解概念的屬性，就無法分類和區別類似的事實示例；其次，當學生沒有充分理解某一個特定的概念，在下一個進階概念的學習可能就會似懂非懂，再之後，就覺得愈學愈難而放棄了。教師在指導學生概念時，除了屬性之外，也要讓學生知道所教導的概念在整個知識結構的關係，亦即學習此概念之後，可以和其他哪些概念進行連結思考，哪一些概念是這些概念的上位概念，或者是和哪些概念可以具有關聯關係，以形成通則。另外，有些概念是在許多學科領域上通用或共有的，例

如：文化的概念，文化泛指人們的生活習性，在國語文、英文、社會、藝術人文等領域都會出現，教師指導學生這些概念時需要連結生活情境進行指導，也要多提到不同領域上使用這個概念所產出的現象，讓學生充分理解此概念的真實意義。

教材內容重要元素：主題

　　主題是指特定情境下，包含特定時間、特定空間、特定方式等之下的事實、示例、物種或基本要素，例如：過年的問候語、教室內的物品、清朝末年的戰爭，這部分在中學的英語單元內容最多，某些單元提及買賣用的單字、某些單元提及旅遊用的單字。大部分的主題都是事實示例的集合，有些主題也可以包含許多相似的概念，不過，若主題包含相似的概念，也可以稱為大概念，與大概念相通，例如：東部的地形、清末戰爭。因此，主題可以是許多事實示例的集合，也可以是某些具有特定情境之概念的集合。

　　學習「主題」的意義除了讓學生理解某一個脈絡後的事實示例或概念外，也希望學生能夠理解概念的使用情境，因為主題是以特定情境、時間、空間、方式等進行設定的。我們經常聽到小孩子在某個情境下用錯語詞、某個大人在婚禮祝賀語上用錯祝賀語，或某個學生拿出錯誤的工具進行器械操作，這即是「主題」學習的缺漏之處。因此，在分析主題時，要有明確的時間、空間、方式、程度等，基本上，此主題和不是此主題的區別要很明顯，特定情境也要讓學生很容易理解。例如：簡單的工具、生活中的單字，這些就不是好主題，因為「簡單」和「生活中」的定義很模糊。

　　每個學科領域都可以發現主題，英語領域中某種情境下的單字、自然領域在溼地下的物種名、社會領域在某種情境下的法條，以及健康與體育領域在某種情境下的擊球方式……均屬之。過去許多教師忽略主題在教材內容上的解析，雖然不一定每個教材內容單元都有，但有涉及並能在教材分析時提出來且指導學生察覺，學生對於核心知識的學習會更強化些。

教材內容重要元素：通則、定律、定理、公式等策略性知識

　　教師需要知道學生對於教材內容的深度理解，是來自概念屬性的充分掌握以及和其他概念所形成的關係。在一個學科領域中，概念與另一個概念可以建立關聯，形成通則、定律、定理、公式、命題與原則，因為這些知識可用來分析社會問題、判斷自然現象與解決問題的策略，因此，本書統稱為策略性知識。要將概念與概念連結成通則、定律、定理、公式、命題與原則等策略性知識，有以下四種方式：

　　第一，從既有的概念關係思考。這些概念間可能具有關聯、因果、相對、依賴、發展、轉換、組成、產出等關係。例如：在一個國語文單元內，文章前幾段提及作者在生活中遭遇困難，但是不放棄，而到課文中段提到作者冷靜思考的態度，並在後幾段提出處理問題，最終獲得成功。如此課文的脈絡，就可以採用「關聯關係」或「因果關係」，形成「當遭遇困難時，冷靜思考就容易想出策略，也可以解決問題」之通則，但切勿只提到「冷靜思考」，除了「冷靜思考」只是一個概念外，兩個或以上的概念所形成的策略性知識才能解決問題，「當遭遇困難時，冷靜思考就容易想出策略，也可以解決問題」會比「冷靜思考」更具有解決問題的功能。以下簡略提出這些關係的形成因素，讀者可以參閱筆者另一本書《素養導向的教學實務：教師共備觀議課的深度對話》之第一章。

1. 關聯關係：什麼要素是這些事件的關鍵或關聯要素？
2. 因果關係：是什麼事件影響這件事情？做了這件事會有什麼後果？
3. 相對關係：這個和那個有什麼異同？
4. 依賴關係：如果這個內容改變了，那個結果會變成如何？
5. 綜合關係：綜合這些事件最後會變得如何？
6. 轉換關係：這些事物可以轉換成什麼事物？
7. 組成關係：這些事物和那些事物可以組成什麼樣的新事物？
8. 產出關係：這些事物在融入與融合後會產出什麼？

　　第二，從概念間的屬性特徵之部分重疊進行聯想。例如：教材內容提到容積時，從計算容積的屬性知道「長、寬、高」，便可聯想到體積，發展體積與容積之間的異同；另外，律詩與絕句、颱風與颶風等都是類似的例子，這些是利用兩個概念具有部分屬性重疊的特性。

　　第三，從生活情境去聯想概念間的關係。從一個概念聯想到另一個概念，再去比較概念的屬性，進而建立關聯。若仔細思考生活中的經驗、事件、問題或規律，即可以發現這些經驗事件中含涉到不同的知識概念，例如：海拔愈高溫度愈低，這即是高度與溫度的關聯；當教師指導壓力的概念後，可以再聯想到許多可以產生壓力的情境，再建立壓力相關的通則或定律。這一種概念連結方式需要教師擴大思考的聯想力，也可以鼓勵學生聯想所學習的概念與其他概念的關係。

　　第四，是透過科學研究建立概念與概念間的關係。教師可以自己進行或指導學生探究與實作，將自己好奇的事物設計科學研究，不管是透過實驗或是調查，最終將蒐集的數據進行分析，產出關聯性的結論。例如：壓力與學習成就的關係，當教師能夠察覺什麼樣的壓力對學習成就最有幫助，這句話即是一句「通則」，用來解釋與分析事件的策略性知識。

　　當學生開始將所學習的概念建立連結，需要思考其連結關係，比較容易深度理解所學習的知識。例如：當學生理解政府與法律的關係，可以藉由概念間的關係更深度理解其中單一概念，也能夠藉由這種概念間的關係，理解更複雜的知識。

　　每一個學科領域內有許多這種通則等策略性知識，有些教科書單元會提出重要的通則與定律，但有些教科書僅是概念的呈現而已。不管如何，教師在備課時，除了找出概念之外，要能夠指出某一特定單元的通則，或者是跳脫單元框架思考，提出更具有關聯性的通則等策略性知識。當學生學會許多策略性知識，就會更容易在生活情境中運用，而素養導向的教學設計即是思考這些策略性知識要在什麼樣的情境中運用，而去

設計情境任務，學生就在情境任務中學習遷移所學習的策略性知識。

教材內容重要元素：技巧以及能力與方法等策略性知識

本書在第一章提及核心知能包含概念與技巧，在認知領域是概念，在技能領域即是技巧。技巧是需要學習的技巧，不是與生俱來的能力。技巧包含學術上的技巧（例如：繪製心智圖）、專門技術上的技巧（例如：顯微鏡操作）、實務上的技巧（例如：討論技巧）。而兩個或以上的技巧可以發展成「能力」，「能力」是策略性知識的層級，我們一般常說的技能即是包含「技巧」與「能力」。

技巧是一系列動作行為的連結，單一動作行為如同概念的屬性，概念有多個屬性，技巧則有多個動作行為（連結）。有些技巧是屬於高行為少認知，有些技巧是屬於高認知少行為，前者強調外在的動作表現之正確性，後者則強調思考歷程與產出的結果。教師在備課時，需要把技巧的動作行為與步驟明列出來，以高行為少認知的體育學科而言，羽球的「扣球技巧」是「正手握拍、以手肘上抬超越肩、手腕力量自手臂順勢而下」等一系列動作行為連結而成。多數技巧是學習的工具，可以組織更統整的學習經驗。例如：學生會查詢資料就可能了解需要思考的議題，能與他人互動討論就可能從他人觀點刺激自己更高層次的想法，因此，教師在教學設計時不能太輕忽這些技巧的察覺。

如同前述，技巧與技巧可以連結成「能力」，而「技巧」與「概念」可以形成「方法」，「能力」與「方法」都是策略性知識。例如：學生可以利用數位相機記錄招潮蟹的習性，相機拍攝是「技巧」，招潮蟹的習性是「概念」，利用數位相機記錄招潮蟹的習性是導覽家鄉環境的「策略性知識」之一；或者是利用「繩索上登的技巧」加上「操作電鋸的技巧」，就有「能力」去處理颱風來臨時樹枝可能掉落的問題，繩索上登是一個技巧，操作電鋸也是一個技巧，而兩種技巧的結合便成為一種解決（樹枝掉落）問題的「能力」。

　　雖然有些人可能認定上述兩種技巧結合起來是一種複雜的技巧，這如同認知領域的大概念與小概念的位階一樣，是複雜的技巧還是策略性知識，就得要看技巧之間的關聯。若是可以提供學生問題解決所需，本書建議稱之為策略性知識，以符合面對問題與解決問題的策略。

　　教師需要在教材內容分析時，檢視教材單元內的重要技巧，有些單元內容不一定看得出來是否有重要的技巧，教師可以思考是否得讓學生操作與表現某些行為，這即是有技巧成分；另外，有些技巧是許多單元通用的，討論與合作學習以及閱讀和寫作的技巧便是，教師可以在相稱的教材中設計這些教學活動，讓學生不斷練習到熟練為止；教師也可以再思考與單元內的概念或技巧，或者是和先前所學習過的概念或技巧，整合成一種能力，成為一種解決問題的策略性知識。

教材內容重要元素：情意因子以及價值組織之策略性知識

　　情意因子是指在個人心中對某些特定事物或事務的價值、信念、習慣、興趣、態度等，在布魯姆（B. S. Bloom）的情意目標上是屬於第三層次：價值化（Valuing）（Bloom, Engelahar, Frust, Hill, & Krathwohl, 1956），關於學習目標的說明請參閱本書第九章。價值化是指一個人賦予一個特定的個體、現象或行為的價值，包含三種次要層次：(1) 接受現象、事物或行為的價值並對其有一致的反應；(2) 接受、認同、堅信價值並進而追求；(3) 完全肯定某種價值，並表現於行為，進一步說服他人接受。例如：闡述民主的價值、認同環境保護的重要，以及分享校園安全維護的觀點。

　　情意因子不一定很明顯地出現在教材單元內容中，教師的經驗或者是對教材內容的敏感度往往影響教師在教學設計時融入情意因子的作為。例如：在指導國文領域「背影」這個單元時，教師可以加入「親情」的價值併入教學設計中；而帶領學生童軍活動而設計小組合作任務時，也可以加入「肯定團隊合作的價值」的情意因子。

　　不過，情意因子很少單獨成為一個教材重點，除了情意因子的內涵是指對某個事物或事務在心中所產生的心理知覺外，情意的評量也需要對特定事物或事務進行闡述後再觀察行為表現，因此，情意因子會跟某個特定事物或事務連結在一起，也將會涉及對該事物或事務之概念的理解。另外，當學生對學習產生挫折時，能夠理解凡事不僅要努力就好，也要能找對方法，學生若能認同某種讀書方法或習慣在學習某個學科領域上的功能，並且實際去做，便具備情意因子；若再與某個學科的內容結合，便可以解決學生在該學科學習挫折的問題，這些情意因子與其有關的認知和技能學習之連結，也是策略性知識的運用。

　　另外，情意因子也可以和其他的情意因子連結在一起，宛如概念和概念或技巧與技巧一樣。概念與概念的連結是一種通則或策略性知識，有些人稱之為大概念；技巧與技巧的連結也是一種能力或策略性知識；而情意因子和情意因子的連結也是一種策略性知識，這稱為「價值組織」。

　　價值組織是將諸多情意因子組成一體系、區別意義、確定情意因子組織的關係，會有兩種不同的關聯。第一種是價值概念化，亦即將許多情意因子概括化或整合起來，使其成為更抽象的、符號的情意因子，類似概念與概念整合為一個大概念一樣，例如：「建立一套社會生活規範」，此社會規範可能就包含許多情意因子；第二種是將情意因子與另一個情意因子建立順序、平衡等體系。「論述自由和法律的平衡」，明顯地，就是自由與法律兩種情意因子的平衡關係，而「有效地安排時間符合家庭、工作與社會的需要」，就得要先具備家庭生活的價值、工作的價值以及社會生活的價值，之後組織上述的價值，藉由安排時間將價值組織顯示於外。

教材內容重要元素之容易混淆之處

　　教材內容結構有事實示例（或屬性、動作）、概念（或技巧、主題）、通則（或定律、定理、能力、方法、價值組織等策略性知識）之三個層次，然而，在判斷上要以教材整體來看。例如：以「鳥」來說，一

位小朋友去動物園校外教學後寫日記時提到「我今天看到鳥、獅子、老虎……」，這時的「鳥」只是感官察覺，是屬於「事實示例」層次；一個學校位於八卦山，附近有許多鳥類動物，包含大冠鷲、白腰文鳥、白頭翁等，這時的「八卦山的鳥」是特定時空的鳥，是屬於「主題」層次；當教師在介紹鳥的構造提及有羽毛、有翅膀、有雙足、不一定會飛等，只要有這些特徵的都可以叫做鳥，這時的「鳥」是屬於「概念」層次；最後，最近有一國家嘗試著將飛機的機翼裝上類似鳥類羽毛的裝置，運用鳥羽毛的功能使飛機飛行時比較省油，這時的「鳥」和「飛機機翼」的關聯是屬於「通則」層次的概念。

　　另一個容易混淆之處是，在國語文領域單元內，段落大意是屬於「概念」或者是「通則」？舉例來說，有一篇文章某一段提到「張老先生一大早逛菜市場，打算先買空心菜，但問了價錢後喊「好貴啊」；之後走到另一家菜攤，嘴巴唸唸有詞之後，卻跟賣菜的老闆為了颱風過後的菜價惡意上漲的問題吵了起來……」這段內容的大意若只是提及「張老先生逛市場的經過」，那是「概念」層次，屬性細節即是內容文字的「提取」（包含買空心菜、喊好貴、吵架）；但如果段落大意是寫「張老先生是一個有話直說的人」，那就是推論，也就是「通則」層次。一般來說，段落大意屬於「概念」，文章主旨是綜合段落大意（多個概念）進行推論，是屬於「通則」。

　　因此，要解決混淆的問題，可以從整體文章前後脈絡來看，也需要檢視是否有推論轉化成另一種意義的內涵。

　　上述的教材內容結構與重要元素之介紹，只是一般性的觀點，各學習領域內會有特定內容的強調與歸類，各領域之間也可能存在一些差異，相關內容請讀者查閱本書後續章節。

第二節　教材內容的組織安排

　　根據 Ornstein 和 Hunkins（2009）對於課程組織的原則，教材內容組織安排即是教材內容重要元素的水平與垂直的關聯，且在組織編排上具有範圍（scope）、順序性（sequence）、繼續性（continuity）、統整性（integration）、銜接性（articulation）和均衡性（balance）等特性，此特性也可被視為教材內容重要元素的組織規準。

　　另外，上一節提及教材內容的重要元素包含概念、技巧、情意因子，以及兩個或以上的相互連結所形成的策略性知識。如果能依照學生所學習的策略性知識，編擬可以發揮這些策略性知識的情境任務，提供學生學習遷移的機會，核心素養便可在此過程中形塑。因此，教師在組織教材內容之重要元素時，可以從基礎的概念、技巧與情意因子等核心知能開始，再建立這些核心知能的相互連結關係，進而編擬與指導情境任務，這即是一種從概念到素養的教材內容組織。

教材內容組織安排：範圍

　　範圍是指某個特定主題、單元或教學活動的教材內容之範圍。教師分析教材內容與找出重要元素之後，甚至在與其他教師共同備課分享之後，就需要確定一個單元的教學設計要包含多少核心知能與策略性知識，這即是教材內容組織安排的「範圍」，若以學生角度而言，即是要提供學生多大範圍的學習經驗。

　　教材內容的重要元素之範圍通常涉及認知領域的概念與通則、技能領域的技巧與能力，以及情意領域的情意因子與價值組織，不過，不一定每個單元都需要包含上述三種領域；然而，若只有單一領域，可能無法提供學生深度學習的經驗。簡單來說，過多的內容將會使得學生學習負荷過重，單一或過少的內容則是無法讓學生學習連結與學習遷移。因此，教師選擇教材內容的範圍時，可以先從兼顧認知、技能與情意的角度思考，再

減少內容的量，亦即仍然要試著考慮概念、技巧與情意因子的整合，再根據學習可能的負荷情形，減少概念、技巧與情意因子的量，而不是只有減少認知或技能或情意的知識。

　　若再從大範圍來說，每個學習領域都由其特定的知識，並藉由主題進行分類。例如：以數學領域來說，主題座標幾何、數與量、空間與形狀、代數等知識內容，國語文則包含文字篇章（標音符號、字詞、句段及篇章）、文本表述（記敘、抒情、說明、議論）、文化內涵（物質、社群及精神）等主題，其餘領域也都是如此設計（可查閱十二年國教課綱的各領域綱要）。這些主題內容的範圍都是由學科領域專家編擬，他們是根據學生的認知和生理發展，進而思考要提供學生什麼樣的教育經驗去編擬次主題的教材內容。

教材內容組織安排：順序性

　　順序性是指教材內容要素間的垂直關係，是根據學生的認知發展、經驗累積進行垂直安排。由於教材內容要素的漸進呈現，學生便可以透過已經具備的知能去學習新的知能。

　　上一個節點提及教材內容的範圍與主題，教師可以依照課綱、教科書的教師手冊或者是自己組織編排某個教材主題下的要素之順序性。例如：在數學「空間與形狀」主題內，其概念學習的順序性可以粗略地編輯成：正方形→長方形→平行四邊形→三角形與梯形→圓形等。數學教師可以明顯地知道，三個正方形左右連結在一起，而有兩排，便是 3 乘以 2，藉此來教導長方形面積；而長方形面積垂直斜邊減一半，移動到另一邊再組合起來，即是平行四邊形，以此類推。

　　而從另一個角度來說，教材內容要素之順序性安排顯示了先備知識與新知識的關聯，學生若具備先備知識，就藉由先備知識與新知識相互對照比較，便可容易理解新知識。

　　順序性的組織安排除了利用教材元素的屬性去變更與發展，進而形成先備知識與新知識的關係外，還要考慮到學生的認知發展。根據 Piaget 的認知發展階段論，較低年級的學生仍屬於具體操作期，因此，教材內容要素的組織安排仍需要以可以動手操作或者是提供感官知覺的內容為主；反之，較高年級的學生就可以傾向抽象思考式的教材內容要素。若是學生的認知發展比較遲緩，亦即具體到抽象認知的發展比較緩慢，那在教材內容組織安排上就需要緩慢一些，特教班的部分教材內容即是如此。

　　順序性的組織安排與學生大腦處理訊息的程序有關，當學生接收新的訊息，如果其大腦內已經存有與新訊息類似的知識，大腦便會主動地檢索，並且將新訊息與舊知識進行對照比較。而教師的教學就是藉由問題形成鷹架作用，讓學生以已知的知能推論或是自我建構新知識，必要時，教師要提供更多的線索（例如：數據）或降低難度到學生可以理解的近側發展區，協助學生發現舊知識與新訊息的關係。

　　由大腦處理訊息的方式去發展教材內容要素編擬的方式，除了上述的具體到抽象、先備知識與新知識外，還有「從整體到部分」、「生活經驗由近而遠」和「年代組織」。

　　「從整體到部分」適用於小範圍的教材內容，當學生要了解某個單元內的教材內容或某個技巧時，可以先呈現整體的概念或完整的一系列動作，再分細項指導。例如：指導學生蛙式游泳，教師可以從頭到尾做過一遍，之後再分細部動作指導。

　　「生活經驗由近而遠」是根據大腦在處理訊息時，學生若有生活經驗，可以協助理解新訊息。小學低年級的生活經驗多在家庭、高年級則逐漸有社區的經驗，而愈往中學，開始會有接觸國家或世界的新聞，甚至出國經驗，教材內容編輯若可以搭配這些經驗，學生會有較佳的學習成效。

　　「年代組織」的組織編排是因為某些教材內容是以事件發展為主，而事件的發展脈絡一定會有起因、過程、效應以及影響，亦即前因產生後

果。若是幾千年的文化，得從人類文明開始提及，再來是生活習性所轉變的章法制度、威脅與衝突等；若是某個世代的效應，得從起始事件開始提及，再轉變為過程以及延續性效應。

教材內容的順序性編排大部分是配合學生的認知發展順序，然而，有些教材內容具有概念要素的發展與關聯性，每個學科領域的內容略有不同，教師可以再參酌其他的因素進行編排。

教材內容組織安排：繼續性

繼續性是指重要的教材內容要素在不同階段重複出現、繼續出現。繼續性雖然也有教材內容的垂直關係，這是基於教材重要元素需要重複與持續學習，避免遺忘，也使其能夠表現與發展得更好之因素，不是如同順序性那樣具有先備知識與新知識的關係。

不過，重複出現、繼續出現以及避免遺忘，並不是以相同廣度與相同深度的內容出現，隨著教材內容重要元素重複出現，下一個階段的內容會比上一個階段的內容增加一些，有可能是水平的概念或技巧，也可能是比較深度的內容。因此，繼續性的組織編排是期望學生隨著教材內容重要元素的出現，逐漸加廣加深地學習，多次地複習重要的概念與技能。

另外，重複出現也不是指連續兩個單元都有重複這些教材內容重要元素，逐漸加廣加深的內容也要搭配學生的認知發展與生活經驗。例如：空間與形狀是數學領域中的重要元素，從國小的正方形面積、長方形面積和圓形面積是單一幾何圖形，高年級的圓柱體表面積就包含長方形面積和圓形面積，廣度更廣、深度更深；而閱讀技巧是國語文領域的重要元素，從識字、推論，一直到文章的仿作和遷移寫作，也是廣度更廣、深度更深。

若再搭配學生的認知發展，上述提及的幾何圖形的重要元素編排便可能將正方形面積和長方形面積的概念排在三年級上下學期，而圓形面積排在六年級上學期，圓柱體表面積則安排在六年級下學期。

　　值得一提的是，當教材內容重要元素以順序性和繼續性編排，再以低年級、高年級和中學的教材深度之垂直關係來看，其重要元素就會以螺旋式的方式出現在每個年級的教材內容（教科書）中，這即是螺旋式課程的組織編排方式。從深度的垂直關係而言，隨著學生的認知發展，教材內容之重要元素重複出現，也愈來愈深，重複出現即是繼續性，愈來愈深即是順序性，因此，螺旋式課程的組織編排方式便包含繼續性與順序性的編排特性。

教材內容組織安排：統整性

　　教材內容組織的統整性即是教材內容的水平關係，有別於先前提到的繼續性與順序性之教材內容組織的垂直關係。

　　知識是動態的，與生活相關，知識不能獨立於生活之外，在社會生活中，幾乎沒有任何一個事件、現象或事務是以單一領域知識出現的。例如：處理車禍、安排自助旅遊、生產準備之事等，這些知識難以確認純屬於哪一個領域的專門知識，那麼學校教育的功能是否得要符合這些事件或事務的需求？知識不僅無法與現實分離，學校教育和教師要分析社會現象和解決生活問題，還得要統合不同領域的知識，形成策略與解決問題，培養學生面對生活挑戰的能力。

　　教材內容的組織統整並不是純指多學科領域的知識內容整合在一起，而是以生活經驗或真實生活所需為主題，而此主題包含哪些細部次主題或概念，再提出來統合；統合的目的也不是分別學習，而是形成關聯，亦即為了解決問題或完成生活情境任務，而將次主題概念或技能連結在一起成為策略，進而解決問題或完成任務。

　　教材內容要達到統整性的功能，教師需要以學生生活所需經驗形成核心主題，再思考主題相關的知識概念與技能，多數需要將跨學科領域知識排入概念與技能，某些概念與技能學習時雖然仍屬於某個學科領域的知識結構，但最終的素養形塑是在統整性任務的學習經驗中，而非學科領域內

的概念與技能之學習時。

　　另外，為了讓統整性的教材內容組織發揮成效，教師需要在指導過程中將次主題的概念與另一概念或者是概念與技能連結在一起，或鼓勵學生思考這些概念與技能之間的關係；之後，教師再設計統整性任務，提供學生將所學習的概念與概念或者是概念與技能連結與應用，這些連結便形成統合性任務中的策略性知識。跨領域的課程是一種不同學科領域知識的統整性組織，不過，目前為止較少跨領域的課程或教材內容之中小學用的教科書，這得要社群的教師集體思考與投入統整性的內容組織的發展才行。

教材內容組織安排：銜接性

　　為了讓教材內容的垂直編排具有緊密的連結性，也為了讓教材內容的水平統整具有緊密的關聯性，就需要思考哪兩個教材重要元素可以用垂直或水平方式建立關聯，亦即兩個教材重要元素之相關性可以達到關聯的「程度」即是教材內容組織安排的銜接性，因此，銜接性就包含水平銜接與垂直銜接。

　　上述提及的相關性包含相似性以及具邏輯系統的包含性，不過這不容易判斷。但如果從概念的屬性或技巧的步驟來看，可以發現有些概念間的部分屬性或技巧的步驟是重疊的。例如：正方形與長方形，都是四個邊、四個直角，但邊長不同，亦即部分屬性重疊，先學習正方形，進而以正方形學習長方形，這是垂直關係上的銜接性；而國語文領域的絕句與律詩以及社會領域的總統制與內閣制也有部分屬性重疊，部分不同，這是水平關係上的銜接性。因此，教材內容組織的銜接性也有部分屬性重疊的特性。

　　反過來說，若要將兩個不同概念或技巧銜接在一起，就要考慮到哪些屬性或動作行為是重疊的，當有較多屬性重疊時，關聯性就很強，值得編入教材內容，提供學生比較差異、統合思考或者是建立關聯的學習機會；若僅有較少屬性重疊，則可以暫緩編入。

　　不管是發展跨領域課程，或者是單一領域教師發展學科領域知識的垂直與水平組織，不同概念與技巧間的連結是具有部分屬性重疊的特性，教師可以用此規準發現，甚至鼓勵學生聯想，促進學生發展策略性知識的思考機會。

教材內容組織安排：均衡性

　　均衡性是考慮到教材內容與顧及到學生學習需求的比重之合宜性，比重合宜的教材內容可以讓學生熟悉知識、內化知識與運用知識。學習知識有認知、技能與情意的分類，那些教材內容也有深度與廣度的考量，而學生需求有認知程度與社會生活所需之要素，因此，合宜的教材內容組織安排會因為學生的認知、技能與情意的起點程度和社會生活所需，而有不同的廣度或深度的內容。

　　不管是整個學科領域在知識上的均衡性，或者是在某一單元的教材內容設計，要達到均衡性的目的是不容易的，也可能因時因地因學生而有所不同。教師可以建立在哲學觀點與心理學觀點的基礎上，初步編擬、進行嘗試，再進行微調。哲學強調知識論，哪一種知識對學生現在和未來生活最有幫助；而心理學則考慮學生的生理與心理發展。

第三節　單元教材內容結構圖

　　本書在第一章提及素養導向教學設計是以個人處理問題或完成任務的認知歷程為基礎，是從具備某些知能、建立策略性知識，以及運用策略性知識解決問題或完成任務之基礎到複雜的歷程（如第一章的圖 1-1）。因此，教師就需要先分析單元教材內容，再將不同概念與或技能連結與建立策略性知識，再編擬情境問題或任務。在那之前，單元教材內容分析是關鍵的起點。

備課時可以繪製單元教材內容結構圖

　　為了充分理解教材內容的重要元素，也能夠建立這些元素的連結，建議教師在備課前先繪製單元教材內容結構圖。繪製的參考程序如下：

1. 繪製核心知識，包含概念、技巧與情意因子。
2. 針對每一個核心知識，寫下其屬性或行為動作步驟。
3. 將類似、相關或具有銜接性的概念、技巧與情意因子等建立連結，形成策略性知識。
4. 針對上述的 1、2、3，提出評量的方式。

　　再以圖示說明：第一步驟，找出核心知識，可能包含大概念、小概念、技巧、主題或情意因子，如圖 3-1。圖示內的文字和項目僅是參考，大概念、小概念、技巧、主題或情意因子不一定都有，教師可以根據單元教材的內容繪製。

　　第二步驟，增加屬性。若是概念，則是寫出屬性；若是技能，則是寫出行為動作步驟；若是情意因子，則是寫出要讓學生知道什麼和表現什麼行為，如圖 3-2。圖示內的文字和項目僅是參考，教師可以根據實際的情形撰寫。

　　第三步驟則是類似、相關或具有銜接性的概念、技巧與情意因子等建立連結，形成通則、定律、定理、公式、命題、原則、方法、價值組織等策略性知識。教師可以將此單元內的某個概念與另一個概念建立關聯，也可以將此單元的某個概念與先前學習過的某個單元的概念進行關聯，包含差異性比較以及統合關係，如圖 3-3。建立關聯後，教師要將通則等策略性知識寫下來，將會藉此發展成高層次學習目標與情境任務。

　　第四步驟則是思考核心知識、策略性知識的評量方法，不過，評量方法涉及到學習目標，如同下一節點說明。

圖 3-1　繪製單元教材內容結構的第一步驟之圖示

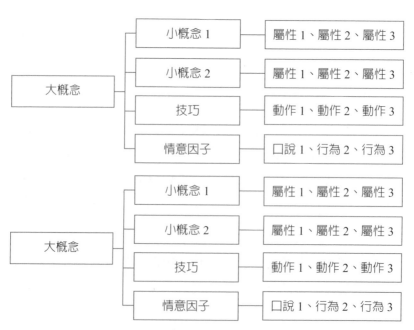

圖 3-2　繪製單元教材內容結構的第二步驟之圖示

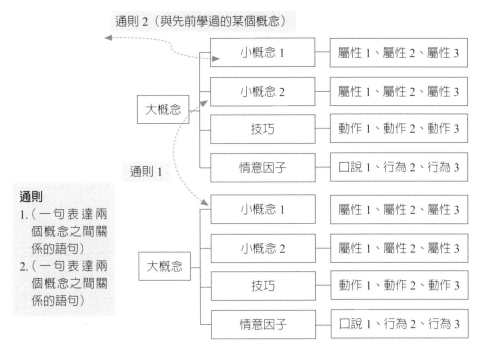

圖 3-3　繪製單元教材內容結構的第三步驟之圖示

針對單元教材重點內容編擬學習目標與評量活動

　　學習目標，或者是教學目標均可，是指某個學習內容有什麼樣的學習表現，在寫法上即是「學習表現＋學習內容」，例如：能理解彩虹形成的原因，「理解」是學習表現，而「彩虹形成的原因」是學習內容。

　　教師至少需要針對大概念以及策略性知識設計學習目標，通常這類型的學習目標之學習表現屬於中高層次，例如：分析、判斷；至於小概念或技巧等核心知識，可以視學生對教材可能的理解程度設計較低層次的學習目標，例如：理解、熟練。

　　設計學習目標就需要進行學習評量，以確認學生是否具備到預期學習目標的表現。若是針對大概念以及策略性知識所設計的學習目標，在評量上就要採用全面式的、書面的，而且可能任務較為複雜的評量活動；而若

僅是低層次的學習目標,除了可以採用習作講義等書面的評量外,也可以採用觀察或者是簡易地舉手等方式確認,惟仍需要確認到每一位學生的學習情形。

小結

　　教師需要充分理解所要教導的教材內容,從核心知能(包含概念、技巧和情意因子)的察覺,再將核心知能連結成策略性知識(包含通則、定律、定理、公式、命題、原則、方法、價值組織),最後發展學習目標與設計評量活動,這是教師的專業範圍之一。另外,教師也可以將核心知能、策略性知識和情境問題或任務組織成一個教學單元(非教材單元),這可以讓初次設計素養導向教學活動的教師,在學習內容知識與核心素養連結上有清楚的理解。

　　再者,十二年國教課綱是以核心素養為架構,核心素養的形塑需要從基礎知識指導起,提供學生思考知識間的關聯,進一步形成策略性知識,藉此策略性知識分析現象、判斷事件與解決問題。當學生在學校教育中,理解核心知能與其關聯,便可以進入深度學習;而學生在任務完成或解決問題中,也可以知道用來解決問題的策略性知識是與教材內容或課堂所學習的知識相關;更進一步地,當學生逐漸地被鼓勵將所學習的知識應用於情境任務中,在社會生活或面對挑戰時,便可以習慣地、快速地檢索大腦所學習過的知識,分析判斷與解決問題,核心素養便在此過程中形塑。

　　再看學習無助的另一群學生們,在核心知能的學習便有了困難,其中一個原因是在某個特定核心知能學習時一知半解,也就是教師沒有充分理解或充分講解清楚,學生就似懂非懂,導致在下一個知識學習時,便無法用舊經驗去理解新知識,只能用強迫記憶的方式學習;當知識難度愈來愈高、廣度愈來愈複雜,學生強迫記憶而來的舊知識更無法理解新知識,學習挫折感便出現。因此,教師在核心知能的屬性、動作或細節上需要充分

掌握，務必讓每位學生都能充分理解核心知能的內涵。

　　教學的前提是教師需要備課，教師備課即是教材教法的準備。本書提及教材內容，從核心知能談起，核心知能之下是屬性和動作步驟等細節，而核心知能之上是通則等策略性知識。教師在備課時，針對單元教學活動，要有核心知能、核心知能之下、核心知能之上等三個層級的教材知覺。

參考文獻

Bloom, B. S., Engelahar, M. D., Frust, E. J., Hill, W. H. & Krathwohl, D. R. (1956). *Taxonomy of Educational Objective, Handbook1: Cognitive Domain*. NY: David McKay.

Ornstein, A., & Hunkins, F. (2009). Curriculum Design. *In Curriculum: Foundations, Principles and Issues* (5th ed.), pp.181-206. Boston, MA: Pearson/Allyn and Bacon.

教師讀書會或師培生讀書會的參考任務

1. 請以一個學科領域為例，根據本章提及的教材內容重要元素之定義，指出學生在該領域學習中（至少一學期的課程中），對於哪些概念和通則的學習最有困難？

2. 承上一題，請討論要講解那些概念時需要講到哪些屬性、特徵或事實示例？另外，要設計什麼問題、實驗、活動或情境，讓學生可以將概念形成通則？

第四章

分析各領域教材內容的元素與結構（一）

　　本書第三章提及素養導向教學之教材內容知識具結構化，以及教材內容知識之重要元素包含概念、主題、技巧和通則，並指出這些元素間有垂直與水平關係。不過，無論是從十二年國教課綱之各領域學習綱要來檢視，或者是比較各領域教科書的教材內容編排，各學習領域之間在主題範圍和各元素所使用的名詞均略有不同，在解釋上也存在些許差異。

　　為了讓讀者了解各領域教材內核心素養形塑的知識層次內容，本章舉例說明各學習領域教材中的重要元素，但本章之目的僅提供分析實例以促進讀者了解，不在於完整分析該領域的教材細節，讀者若需要該領域的完整教材分析內容，可自行參考其他關於領域教材內容的書籍。

第一節　國語文領域教材內容的元素與結構

　　以國語文而言，根據十二年國教課綱國語文領域綱要，國語文的主題是文字篇章（標音符號、字詞、句段及篇章）、文本表述（記敘、抒情、說明、議論）、文化內涵（物質、社群及精神）等三項。

　　從課綱分析，國語文領域的知識結構可以從詞彙、句意、文法結構和文意去理解一篇文章的內涵，而可以從表述和溝通達到思想分享與相互學習的功能，再從文化的角度去察覺語文和文章與生活的關係；不過，語文能在生活、工作與社會中妥善運用，需要根據文化情境，思考情境的相關要素，採用與情境搭配的語文知識，進一步以合宜詞彙和文法結構進行表述。簡單來說，語文領域的知識結構可以從文字（涉及到文章內文句段落的確認與理解）、文本（涉及到文章的內容結構與文體）、文化（涉及到文章內涵的文化、深度理解與分析）等三大類別內容進行思考與解構。

　　國語文的「**文字**」即包含單元教材內的文字之標音符號和字詞、篇章內的句段及大意；「**文本**」即是單元教材文章中的內容結構以及不同結構與文體之間的關聯；「**文化**」即是單元教材內容中與生活有關的食、衣、住、行及科技等，與社群有關的倫理、規範、制度等，以及文本中所蘊含

的藝術、信仰、思想等內涵。另外，藉由上述三大類別內容的學習，可以透過寫作或口語的方式以傳達自己的見解與情感，在教學上即是將單元教材內所學習的語文知識在類似的情境下表述出來，這符合素養導向的教學設計之策略性知識在情境中學習遷移的意涵。

國語文領域的單元教材內的文字之解析

國語文領域的文字指的是字詞、句段和篇章，愈低年級的教材篇章較少，是以字詞和句段為主，愈高年級的教材則以句段和篇章為主。教師在分析教材單元時，要能指出哪些字音字形需要指導（例如：滑稽）、哪些字詞的釋意需要充分闡述（例如：經傳）、哪些成語和句段需要充分解釋（例如：凡事不宜痴，若行善則不可不痴）。

教師在分析字詞時，要提及形音義，這是屬於感官上的事實示例，要寫在教材解析的末端（參閱第三章圖 3-3），例如：弔詭，「弔」的寫法、「詭」的讀音；另外，「弔」是「至」的意思，「詭」是怪誕的意思，弔詭就是言辭怪誕，是指因為矛盾而導致難以理解，無法用日常經驗進行解釋的事件之形容詞，要特別強調「怪異」、「與日常不同」或「用日常經驗難以理解」，這如同概念的屬性一般。

教師在分析成語或句段時（也可以提及佳句），要以事實示例說明，要將事實示例寫在教材解析的末端（參閱第三章圖 3-3），例如：丟三落四，是形容馬虎或健忘而忘東忘西，通常教師會舉一些生活經驗作為事實示例加以解釋，不過，特別提醒的是，教師用來解釋的事實示例要能夠察覺學生是否具有類似的經驗。再者，照樣照句是屬於句段的仿寫，是屬於學習表現，不是屬於學習內容，換句話說，教材內容分析或學習內容分析是文章內重要的句段，仿寫是讓學生能夠熟練句型。

較長文句是運用仿作，教師可以善用某個段落或者是小品，讓學生仿作，類似照樣照句的作法。例如：「凡事不宜刻，若讀書則不可不刻；凡事不宜貪，若買書則不可不貪；凡事不宜痴，若行善則不可不痴。」待引

導學生了解此句段之意義後，讓學生仿作練習。

　　篇章是指完整的文章，包含每一個段落和整體文章，也涉及段落與篇章的結構，教師在分析段落與篇章時，除了每個段落的大意外，也要組織每個段落大意的連結，使其成為一段可以表述文章的段落。

　　另外，教師在分析內容時，也需要提出此文章特色，包含使用什麼樣的修辭學、精煉的語句等。

　　一般來說，段落大意、成語、句型、修辭或句段是概念；段落內的字詞與其形音義以及用來解釋成語、句型、修辭或句段的實例是屬於感官上的事實示例；而段落間連結而成的主旨或結構（下一節點說明）即是通則層次的策略性知識。

　　本書再根據上述提及的各要點，找出國語文領域的文字篇章之細節，如表 4-1，僅作為參考，並非完整的單元內容分析。

表 4-1　國語文教材單元內容的文字篇章之分析摘要表

類別	大概念	主題或小概念（僅列舉一些）	屬性、事實示例、細節
文字	字詞	該單元內的重要字詞	謹「飭」的寫法、讀音、事實示例
			經「傳」的寫法、讀音、事實示例
			滑「稽」的寫法、讀音、事實示例
	句段	對……友，如讀……	字詞和事實示例
		凡事不宜刻，若讀書則不可不刻；凡事不宜貪，若買書則不可不貪；凡事不宜痴，若行善則不可不痴。	字詞和事實示例

類別	大概念	主題或小概念（僅列舉一些）	屬性、事實示例、細節
篇章		第一段：比喻讀書……	本文中的關鍵詞句
		第二段：善於體悟……	本文中的關鍵詞句
		第三段：指出休閒之樂	本文中的關鍵詞句
		第四段：形成觀點	本文中的關鍵詞句
		特色	本文中的關鍵詞句
		修辭	字詞和事實示例

國語文領域的單元教材內的文本與文化之解析

　　教師在分析文本時，是由先前的段落大意，轉化為段落的結構，再根據不同的結構與所產生的主旨，形成記敘文、抒情文、說明文、議論文和應用文之一種文體，也會有順序法、倒序法等寫作方法（寫作技巧的整合，一系列的技巧可以形成方法）。亦即教師分析教材時就需要把各段落的大意、文體或寫作方法並列，再以段落大意的關鍵詞連結成該文章作者表達的文章結構，例如：「起、承、轉、合」、「緣起、省思、啟示、感悟」、「立志、正反論述、勉人」、「言物、景物襯托、寄予情感」、「開頭、經過、結果」，或書信格式等。

　　另外，語文除了是社會溝通與互動的媒介，也是文化的載體，國語文領域的教學要能協助學生了解不同文化與探究不同的文化與價值觀。特別注意的是物質、社群及精神文化的關注，並非把文化當作獨立的學習文章進行學習，而是基於理解文章內容的需求，亦即從理解文章的內容和架構去思考文章內涵的文化特色，簡單來說，即是該文章如何用文詞段落去描述文化相關的事件，進而欣賞文學之美。教師在分析文化內涵時，可以指出哪些句段具有強烈的文化內涵，可從生活有關的食、衣、住、行及科技等，與社群有關的倫理、規範、制度等，以及文本中所蘊含的藝術、信仰、思想等內涵去連結。例如：「故人具雞黍」表達著華人飲食文化，意味著在古時候只有嘉賓光臨時才會殺雞，藉此引申主人待客的熱情。

　　文本結構是屬於一種策略性知識，文化內涵也可能是策略性知識，亦即是由兩個或以上的概念所連結而成，國語文領域知識結構中的策略性知識通常是在文本表述或文化內涵中。以文本表述而言，文體或寫作方法即是一種策略性知識（屬於「方法」類型的策略性知識），例如：記敘文的寫作方法涉及到事件的開頭、經過與結束；以文化內涵而言，各段落大意可以連結起來形成一個策略性知識（屬於「通則」類型的策略性知識），也就是文章的主旨，如表 4-2。

表 4-2　國語文教材單元內容的文本結構與文化內涵之分析摘要表

類別	策略性知識	概念	屬性、細節
文本	文體 （記敘文）	事件的開頭	本文中的關鍵詞句
		事件的經過	本文中的關鍵詞句
		事件的結束	本文中的關鍵詞句
文化	忠臣必出於孝子之家	關於忠臣的段落大意	本文中的關鍵詞句
		關於孝子的段落大意	本文中的關鍵詞句
		關於孝子報效國家的段落大意	本文中的關鍵詞句

　　在國語文領域中，文體或寫作方法也是屬於策略性知識。教師可以設計此文體或寫作方法得以學習遷移的情境任務，例如：以當前社會某個議題，指導學生寫出符合該文體的文章內容；或是指導學生運用教材內容中的通則，分析判斷某個當前社會的議題。

繪製國語文領域教材內容結構圖

　　再以國小的國語文為例，如圖 4-1。

1. 生字、詞語是「主題」，與概念相同位階，該主題下出現在課本上的生字（例如：頸、吉、隆）和詞語（例如：長頸鹿、象徵、金融）屬於事實示例。不過，需要提醒的是，某個詞語在本課雖然是屬於事實示例，但在另外一個單元可能是概念，要以學生是否具有經驗，以及該

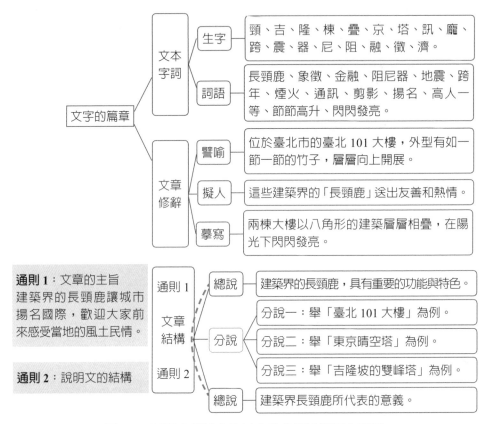

圖 4-1　國語文領域之教材內容分析結構圖之實例

設計者：臺東縣瑞豐國小許珍慈教師

　　單元教材內容的重點作為判斷的參考來源。

2. 譬喻、擬人、摹寫是「概念」，需要解釋，通常用事實示例解釋；段落大意是概念，而該段落內涵的人事時地物即是細節或事實示例。

3. 而將所有段落（概念）組織起來形成課文主旨，即是「通則」。另外，國語文的文章也透過段落的寫作方法呈現某種文體的結構，例如：起承轉合、總分總、順序法，整體結合起來也是一種策略性知識（文體結構），用來書寫某類文章的方法或策略，也是屬於策略性知識的一類。

第二節　英語文領域教材內容的元素與結構

以英語文來說，主題為語言知識、溝通功能、文化與習俗、思考能力等四類，而第一個主題語言知識又細分為字母、語音、字詞、句構和篇章，也就是強調英語文認字與閱讀的內涵。

英語文領域的單元教材內可分知識結構和過程結構

英語文領域的單元教材內可分知識結構和過程結構，先前提到英語文領域的主題為語言知識（包含字母、語音、字詞、句構和篇章）、溝通功能、文化與習俗、思考能力等四類，而語言知識、文化與習俗和思考能力可以整合成一種知識結構，而溝通功能是屬於過程結構。

語言知識是從事實示例、概念到通則所呈現的層次關係，在英語單元裡，這個層次關係是指字詞語音、詞彙、句構句型、文法、文意理解，一直到文意主旨（通則與結構等策略性知識）。不過，在語言知識裡，通常會涉及到文化內涵層面的內容，亦即除了基礎語言知識外，會針對文章中的文化意涵進行文意理解與推論。若再針對不同的詞彙進行歸類、對不同的資訊進行排序、組織、發展與評估，則是一種思考能力的學習內容（能力是屬於策略性知識的一種）。

而過程架構是以動作（聽說讀寫）、技巧（介紹、表達、描述）和在各種情境中與知識結合，發展成「溝通功能」、「溝通能力」或「溝通方法」（策略性知識），過程結構也呈現層次關係。

簡單來說，無論是知識結構或過程結構，均有事實示例、核心知識（技巧）與策略性知識（通則、能力、方法）的層次關係，如表4-3說明。特別是思考能力與溝通策略等兩個英語文領域的主題類別，幾乎都屬於策略性知識的範疇。例如：思考能力可以用來形成分析事件或規劃設計的策略，而溝通功能可以用來描述故事、歌謠和韻文等文章寫作或表達表演的策略。

表 4-3　英語文領域單元教材結構與核心素養形塑的內容層次之對照表

層次	知識結構	過程結構
事實示例	字母、語音、字詞	聽說讀寫等動作行為
核心知能	1. 詞彙（含片語）、句構句型、文法 2. 文意理解（關代介詞、段落大意） 3. 文化內涵（習俗、禮儀、節慶）	介紹、表達、描述、轉述、賞析等
策略性知識	1. 文意主旨與結構 2. 多資訊的排序、組織、發展與評估等思考能力 3. 文化內涵（多元、差異、視野）	多個技巧在情境中或與知識整合成溝通能力（例如：演說、表演、廣播）

英語文領域單元教材內的知識結構之解析

　　在事實示例上，一般來說，每個英語教材單元內會有單字，教師得要在教材內容分析時能夠指出來，若是指導較低年級的學生，在解構教材內容之詞彙時，也要包含字母和語音的指導。不過，如果單字量很多，教師可以為這些單字設定主題，例如：哪些是飲食相關的單字？哪些是朋友見面時用的單字？讓學生可以將單字與情境結合，不僅容易學習，未來在使用上亦有效果。

　　在核心知能上，教材單元內可能會有成語或片語，成語及片語是幾個單字組合在一起的慣用語，教師可以指導學生視為一個廣義的詞彙，而在評量時，也應該將其當成一個具有語意的單位。教師在指導時，需要多舉出一些事實示例，讓學生在心智上形成該成語或片語的概念。再者，教材單元內會有文法需要教師去指出來，教師在指導時，也需要多舉出一些事實示例，以各類文法的事實示例之歸納分類，讓學生在心智上形成該文法使用的時機（可視為概念的應用），讓學生了解何時用此句型以及此句型傳達之溝通功能，亦即強調句型或文法在溝通語言中的角色。

　　若是較高年級的英語課程，單元內就有文章的形式，就需要篇章的解構，在此先提及段落文意的理解。在文意理解中，會有代名詞、定冠詞、指示詞，甚至同義字或反義字等的使用，這些可以使句子和句子有緊密的語法關聯性和語意連貫性，了解這些，對學生對文意的理解相當有幫助，也可以協助學生在英語文章寫作時仿用。

　　另外，在文化內涵上，以核心知能的層次而言，較高年級開始了解國內外文化的習俗、禮儀、節慶或風土民情等主題內容，因為涉及國內、國外和特殊國家的文化，這將為了之後的文化差異等高層次知識奠下基礎。教師在教材單元解構時，要留意習俗、禮儀、節慶或風土民情等文化層面的學習內容，在教學時也需要舉出許多事實示例或是感官可以察覺的物品和工具。

　　在策略性知識上，文章結構、文章主旨或者是推論文章的人事物之個性，是教師在解構教材內容時經常需要提出的學習內容，教師需要讓學生先理解每個段落的文意，再提出問題鼓勵學生思考這些段落文意之間的連結，也可以參考本書第三章第一節關於「教材內容的重要元素：通則」的內容。教師也可以將教材與其他的文章、新聞、故事、國際訊息進行結合，鼓勵學生思考不同資訊間的關聯，以培養排序、組織、發展與評估等思考能力。在文化內涵上的策略性知識，上一段提及文化的習俗、禮儀、節慶或風土民情，在此就需要進行不同文化間的對照比較，進而產生文化多元與差異的現象，進而發展高層次的國際視野。

英語文領域的單元教材內的過程結構之解析

　　過程結構即是以聽說讀寫等動作行為為基礎，發展不同的閱讀、聆聽、書寫等，再進一步發展成介紹、表達、描述、轉述、賞析等技巧；若再將多個技巧或與知識概念進行連結，便可以發展成溝通能力，例如：演講、表演、廣播。

在核心知能與動作行為表現上，教師可以將技巧與其相關的聽說讀寫等動作表現一併提出。例如：學生知道某些字詞和其語音後，用一個句子「描述」出來；學生知道家庭各種角色的詞彙後，轉而跟他人「介紹」自己的家長；或者是學生熟悉多個字詞後，將這些字詞連結起來進行「轉述」。教師在教材分析時就需要一併寫出技巧與其技巧相關的字詞、語音、習寫等動作表現。

在策略性知識上，過程結構是以「溝通功能」為主，教師可以將技巧與概念連結起來成為「方法」，也可以將許多技巧整合成「能力」。例如：學生熟悉「家庭角色」的知識，也學會「表達技巧」，則可以進行「我的家庭」為主題的「演說」，演說便是一種能力。或者是學生整合「轉述」和「賞析」等技巧，發展「廣播」的能力；學生可以整合「表達」、「轉述」和其他文化相關的內涵，發展成「談判」的能力。

教師在解構這些內容時，要有技巧、能力（位階等同於知識結構的通則之策略性知識）的層次關係之知覺，能力包含多個技巧，而方法是技巧與概念的關聯，像似先前章節提到的通則、策略、方法均屬於策略性知識一樣。

在英語文領域的知識結構中建立通則與情境任務

教師解構英語文領域的教材單元之語言知識、溝通功能、文化習俗和思考能力後（依教育階段有所不同，較低年級的教材可能未提及思考能力），為了讓學生能夠進行學習遷移，教師需要從教材單元內的知識結構與過程結構分析出核心知能與策略性知識。特別是英語文領域的策略性知識（思考能力和溝通功能），需要教師從教材內容分析後的元素不斷聯想，盡可能把知識結構和過程結構關聯起來，建立策略性知識後，再發展情境任務。

情境任務的編擬即是該策略性知識要在什麼情境下表現出來，就以此為編擬的基礎，套用人事時地物的情境背景內容與角色，編擬一個事

件、狀況、故事或問題，再要求學生運用所學習的策略性知識完成任務或解決問題。例如：某單元內容期待學生學習慶典用的詞彙、過去式的文法以及書信寫作的「溝通功能」，便可能編擬出一個學生寫信感謝同學昨晚邀請參加生日派對的任務；或者結合「文化內涵」與「論述」技巧，引導學生蒐集不同國家對兒童新娘的數據，寫出一篇具有國際視野的文章，這便是結合知識結構的文化面向，以及過程結構的寫作和思考面向所產出的情境任務。

繪製英語文領域教材內容結構圖

再以國小的英語文為例，如圖 4-2。

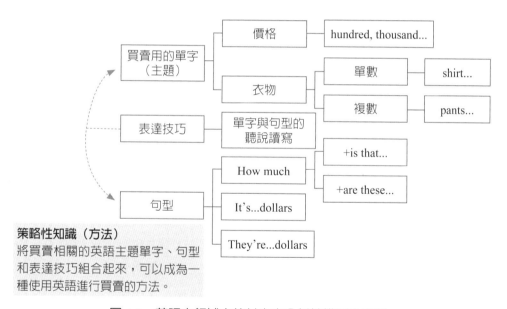

策略性知識（方法）
將買賣相關的英語主題單字、句型和表達技巧組合起來，可以成為一種使用英語進行買賣的方法。

圖 4-2　英語文領域之教材內容分析結構圖之實例

1.買賣用的單字是「主題」，與概念相同位階，該主題下又分為兩個小主題「價格」和「衣物」，「衣物」再分更細的主題；之後，出現的單字（hundred, thousand, shirt, pants）就是感官察覺的事實示例。

2. 表達技巧與句型是屬於核心知能（概念、主題、技巧）層次，表達技巧
   包含全篇文章主題單字與句型的聽說讀寫，而句型也是屬於「買賣用的
   句型主題」，其下是實例，有些實例會再有不同的實例分類。

3. 而將買賣的主題單字、句型和表達技巧連結起來便可以形成「買賣的能
   力」，這是屬於通則、方法、能力等之策略性知識。

第三節　社會領域教材內容的元素與結構

　　社會領域是屬於人文學科，以國內的課程而言，包含歷史、地理以及
公民與社會。歷史強調事件發生歷程、因果對應、事件效應以及跨越時空
連結，而其內容再以略古詳今、空間推移、由近及遠的原則編輯；地理則
是由各種地理現象的特徵描述分類轉為功能與議題，例如：某些地形容易
出現人口聚集的都會區，或是某些氣候會促進某些農作物的生長，而進一
步產生經濟行為；而公民與社會是以議題為主，涉及權力、族群、性別、
文化、自由、媒體等人的互動模式，再轉變為家庭型態、政府與人民關
係、種族與階級以及道德規範和憲法法律的關聯。

　　無論是歷史的事件轉為效應、地理的特徵轉為功能或是公民與社會
的議題個別理解轉為相互關聯，當代的社會領域之內容已由傳統的事實和
概念，轉變為關聯與社會發展的原則（策略性知識）。另外，社會領域的
內容也包含概念化的思考、批判性思考、創造性思考和問題解決能力。因
此，社會領域的教材內容若僅停留在事實、事件、特徵與議題內容的記憶
是不適當的，其教材結構應由事實抽象化為概念，再由概念與概念或技巧
形成通則與方法等策略性知識，而學生藉由概念與通則或方法去深度學習
以及分析判斷與解決問題。

國小階段的社會領域教材內容強調統整架構

　　國民小學教育階段的社會領域統整「歷史」、「地理」、「公民與社

會」三個學科，再以「互動與關聯」、「差異與多元」、「變遷與因果」及「選擇與責任」為統整架構，統整自我、他人、環境之間的關聯，此關聯即是一種通則，指出某個概念與某個概念的關係，也就因此，教師在分析教材時，不能僅是在概念層次上著墨，得要隨時思考概念與其他概念或技巧之間的關聯或形成通則與方法。

在國小階段的社會領域教材裡，每個教材單元或章節的範圍非常明確，在分析教材內容時，可以參考下列原則：

第一，找出核心概念。教師教材分析時先找出學生要學習的概念，例如：史前文化、權利與義務。如本書第三章第一節所提，有些概念可以充分描述其屬性，例如：海岸線、史前時代；而有些概念在解釋時需要透過情境脈絡的事實示例，而不僅用屬性去指導，例如：人權、權力。在社會領域教材內，透過情境脈絡的事實示例去解釋的概念會比較多，教師在分析概念之後，可以寫下指導概念時要講的細節內容。

第二，確認大概念（或稱為上位概念）與小概念（或稱為下位概念）的關係。社會領域有許多大概念和小概念的垂直關係，例如：臺灣的地形是較大概念，而丘陵、盆地、平原、高山等即是次要或小概念。這種大概念之下細分的小概念，教師不僅需要指導小概念的意義，也需要讓學生去區別這些大概念之下的小概念之差異，透過區別確認每個概念的內涵。

第三，將概念與概念形成關聯，建立通則。即使每個單元或章節有明確的概念，可能涉及臺灣的歷史事件、自然地形氣候以及政治與經濟的發展，教師得要在教材分析時強調「自我、他人、環境之間的關聯」，也就是說這些事件、自然現象以及政經發展對人的影響、那些現象的相互關聯、相互差異以及改變的時序空間之前後關係，這才能達到社會領域教材內容統整的目的。因此，教師分析重要概念後，可以參考本書第三章第三節的內容，將兩個或以上的有關概念建立連結，形成通則，例如：在某個單元教材中可以建立「人們早期居住環境的選擇是靠近水源地區，當前人們的居住選擇多以交通便利之處為原則」，這個通則即是「居住環境」與

「自然環境」和「人文環境」的關聯性，滿足了社會領域中「Ab-III-3 自然環境、自然災害及經濟活動，和生活空間的使用有關聯性。」之其一的統整目的。

　　建立通則後，教師可以設計某一個情境或提出一個事件問題，鼓勵學生以該通則思考情境問題中的相關要素或其中的因果關係。

繪製社會領域教材內容結構圖

　　再以國小的社會領域單元為例，如圖 4-3。

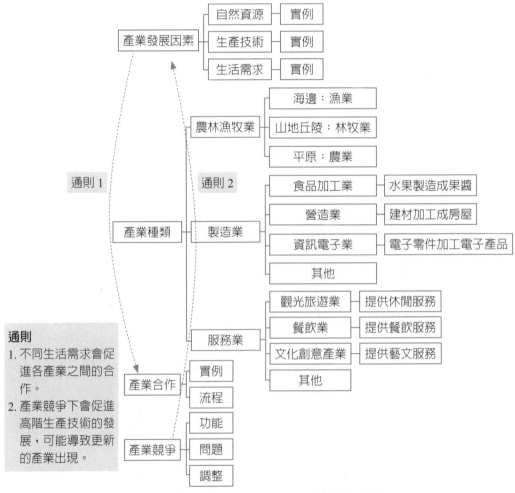

圖 4-3　社會領域之教材內容分析結構圖之實例

1. 產業發展因素、產業種類、產業合作、產業競爭都是概念，部分概念下會再有中小概念，每個概念可以再列出事實示例。

2. 「生活需求」會促進「各產業」之間的「產業合作」，或者是「不同產業因為生活需求改變會有產業合作的現象」，這句話即是通則。另外，各產業之間也會因為「產業競爭」而發展更高階的「生產技術」，也可能導致新的產業出現，這也是此單元可以形成的通則。

國中階段的社會領域教材內容強調分科與領域的彈性架構

根據十二年國教課綱總綱的規範，在社會學習領域上，國中階段得彈性採取分科或領域教學（國小階段以統整、高中階段以分科教學為原則）。不過，歷史、地理、公民與社會三科目可以分別規劃歷史考察、田野實察、延伸探究等多元形式的探究學習，再進行領域統整教學。例如：歷史課程可以設計一些歷史考察的活動，再引導學生思考歷史事件中的地理與公民與社會的內容，或者相互建立關聯性，以拓展學生的統整能力以及對事件理解的廣度。

國中階段的歷史學科之教材內容

國中階段的歷史採長時段的通史架構設計，包含臺灣的歷史、中國的歷史和世界的歷史，再包含一些重大的事件，目的在於呈現我們當前的社會是如何發展而來的。

在教科書內的歷史單元中，教師可以發現單元內有許多的事件，包含戰爭、改革、運動與經濟文化作為，原因是歷史的演變一定會經歷過衝突或者是各種變革活動，了解這一些事件的演變與效應，即可以貫穿古今。另外，教材除了描述這些歷史事件外，也會提到事件的起因、過程、結果和影響。不過，由於教科書是以敘事方法進行編輯，教師在分析教材內容時要能針對事件的因果或效應進行關聯思考。反過來說，教師分析歷史單元的教材內容與進行教學活動時，**可以先以事件作為概念的內**

容，例如：鴉片戰爭。在這概念內涵的人事時地物之個別資訊是屬於屬性細節層次（因為起始、經過、結果和人事時地物都是來自文章中的句子，以及藉由視覺聽覺等感官可以獲得的事實與可以記憶的內容），而**某一個時期事件之整體脈絡即是通則層次的內容**（例如：貿易衝突→鴉片戰爭→太平天國）。

　　換句話說，學生需要學習的通則類似「某個時期的事件對什麼樣的現代化發展具有什麼樣的效應」。當學生具備這樣的通則，就可以轉變成分析某個社會或某個國家問題可能原因的策略性知識，也可以用來預測某個國家的作法可能會有什麼樣的效應。

　　不過有些通則（例如：效應）可能屬於大通則，教師可以在大通則內建立小通則，小通則可能包含前後事件的影響或各事件的組成關係等。

　　之後，教師可以根據所整理的大通則與小通則設計情境任務，亦即運用課程中學習到的通則可以用來作為分析、判斷某個當前社會事件的知識，以達到學習遷移的效果。例如：當前美中貿易衝突的探討，包含脈絡事件的起因點（非單一事件的起始）、過程資料的探究，以及對後續可能帶來的影響效應。

高中階段的歷史學科之教材內容

　　先前已提及，高中階段的社會領域之教學以分科教學為原則，另外，也提及國中階段的歷史採通史架構設計；然而，高中階段的歷史改用主題式，主要目的在於透過歷史事件資料的蒐集與閱讀，培養學生針對歷史事件發現問題與解決問題的素養，也避免國中讀過的內容，高中再讀一遍的問題。高中階段的歷史內容之主題包含：(1) 族群、性別與國家的歷史（原住民、移民與殖民、性別與歷史、現代戰爭與國家暴力）；(2) 科技、環境與藝術的歷史（醫療與科技、環境與歷史、藝術與文化）；(3) 探究與實作（歷史學探究）。

　　高中階段的歷史內容雖然以主題方式編輯，強調學生對於歷史的思考，不過，如果學生缺乏歷史事件的脈絡，在主題內容之內部連結就可能產生問題。然而，一個主題涉及因素可能很多，需要先針對主題架構次主題，思考次主題的方向可以包含：(1) 時序階段（以族群為例：南島、原住民、早期移民、清末移民、日治後的移民、新住民）；(2) 人事時地物；(3) 緣由、過程、結果和後續效應；(4) 自己、他人、自然與社會環境；(5)「5W1H」之問題；(6) 各家論述、爭議、後續等。教師們也可以鼓勵與指導學生蒐集資料，進行分類，每一個類別就是一個次主題。

　　有了次主題後，就針對該次主題進行教材內容的解構，如同國中階段，高中階段「概念」層次的內容就是事件、某個運動、政策等，而此事件內涵的人事時地物之個別資訊都是屬於「事實示例」之屬性細節層次，而哪些事件、哪個運動，以及形成什麼樣的政策等的關聯性即是「通則」層次的內容。舉例來說，在探討國家的形成時，可以用「（各朝代革命的）起因事件、（各朝代革命的）過程結果和（各朝代革命的）後續效應」為次主題（屬於概念，因為是綜合各朝代，非單一朝代的事件），而在「起因事件」的次主題上，可以從各朝代的交替進行內容的選擇（例如：元末到明初、明末到清初、清末到民初），確認起因事件的特徵；之後，探討過程，也探討後續效應。如此，最終進而建立「當人民不能溫飽又被政府欺凌時，就可能產生武力革命」的通則之策略性知識。

　　由於高中歷史課程的目標在於思考與探究，因此，**高中階段的通則層次之內容相當重要**，學生需要藉由所學習到的通則對歷史大事件進行分析，進而產出得以對事件進行分析的策略。另外，為了從歷史軌跡中建立通則，在某個特定主題的遠近事件都需要涉獵，再從不同時間點且與該主題相關的事件內容建立脈絡、因果、發展或效應的關係。

　　再以「族群」的主題為例，次主題可以藉由時序發展為「南島、原住民、早期移民、清末移民、日治後的移民、新住民」等次主題，每一個次主題都有一些政治、文化與經濟特色，這些政治、文化與經濟特色分別是

概念層次的內容。之後，再透過每個階段在某一種特色進行前後比較或資料整理，這種比較和整理後所建立的關聯性知識即是通則層次的內容，例如：原住民的政治地位於不同政權統治時期的演變。

再舉一例說明，當歷史的主題是「女性領袖」時，次主題的內容可能就包含：(1)Who：中西方歷史上有哪些女性領袖？(2)Where：她們成為領袖的情境條件為何？(3)When：她們成為領域的時機為何？(4)Why：她們為何可以成為領袖？(5)What：她們有何作為？她們成為領袖時，她們的國家如何被運作以及實際運作情形為何？(6)How：她們遭遇什麼困難？如何面對？之後，再根據每一個次主題尋找與整理歷史軌跡中的事件，建立每一個次主題的通則（包含組成、差異關係），也可以針對二、三個次主題建立關聯，最後完成整個主題的內容架構。

教師若能分析與提出上述的教材內容結構，並於課堂中指導學生進行探究，學生便可能將自己所探究、在心智上自己建立的通則，用來解釋自己社會、他人社會或是未來社會的發展樣貌。若有人說「我們可以從歷史教訓中吸取經驗」或者是「從歷史教育中找到前進的方向」，這即是歷史內容的學習遷移之高層次表現了。

國中階段的地理學科之教材內容

國中地理學科的課綱內容兼顧學科知識、技能及核心素養的連結，亦即由低層次的概念到中高層次的通則之運用，在這過程中，也銜接國小階段的學習經驗，也為高中學習內容提供加深加廣的基礎；其次，課綱內容也重視歷史、公民與社會的分工與聯繫；另外，課綱內容也比傳統課程增加了學生自主探究與小組合作學習的內容設計。

以課綱內容而言，國中的地理學科包含「基本概念與臺灣」、「區域特色」與「地理議題」等三個主題，包含不同空間尺度、空間分布及其交互作用、人地關係等基本概念，再發展成十七個項目，由臺灣擴及全球，並以人類活動和自然環境的互動探討區域特色。簡單來說，地理學科

的大主軸思維是從各種地理現象的特徵描述與分類，在經過人類與自然環境的互動後所形成的功能與議題。因此，教師在分析單元教材內容時，至少會有自然現象環境特徵、區域功能發展與特色，以及環境議題等三個次主題。

　　當確認自然現象環境特徵、區域功能發展與特色，以及環境議題等三個次主題後，其概念就是這些次主題的細部內容。以自然現象環境特徵而言，當地的某種特定地形或是特定氣候型態即是概念；以區域功能發展與特色而言，當地的某種特定經濟模式、文化、交通、都會等型態，亦即跟人類有關的以及互動後的結果，這類內容即是屬於概念層次的內容；而以環境議題而言，關於自然的效應或人為的效應，都是屬於這類概念層次的內容。

　　教師分析出概念之後，為了讓學生了解抽象或不具有真實經驗的概念，就得要找出事實示例並且講述明白，無論是透過數據、地圖或者是實際自然的特徵，只要是可以透過感官察覺的事實，即是屬性或細節。例如：以地圖呈現東南亞範圍包含中南半島和南洋群島，南洋群島又分為菲律賓全島和東印度群島，這些內容即是形成「東南亞範圍」的屬性細節。類似的內容很多，寒帶氣候區是概念，而其氣候的冬季長、全年低溫、雨量稀少等呈現的數據即是屬性細節。再舉一例，當提到「印度人口壓力」，人口壓力非感官察覺，這是概念，但若是印度人口數量的「數字」或僅次於中國人口「數字」，即是該提出來的事實細節。

　　在地理學科單元教材內容的通則之分析上，教師得要尋找單元內以及單元之間的相關性。本書在第三章「教材內容的重要元素：通則」提及概念間可能具有關聯、因果、相對、依賴、發展、轉換、組成、產出等關係。舉例來說，以相對關係而言，藏北地區和藏南縱谷的氣候有何差異？這是屬於地理自然現象的相關；另外，以因果關係而言，北韓常有飢荒是因其地形多是山地高原為主，且其政府投入大量資源於軍事工業，這是與地理自然現象、區域功能發展和人為效應有關。再擴大一點，教師也

可以將東北亞和東南亞兩個不同的單元內之概念關聯起來形成通則，例如：不同地區的氣候與不同經濟產業的關係。

當教師建立通則後，可以設計情境任務，將許多相關的概念描述成一組情境資訊，鼓勵學生運用所學習過的通則進行分析該資訊內涵的問題，或者是應用所學習過的通則提出問題解決的策略。

高中階段的地理學科之教材內容

高中階段的地理學科如同歷史學科建立主題，以地理技能、地理系統、地理視野三個地理核心素養為主題，如同課綱所提的內容，地理技能指地理學獲得知識、解決問題的慣用方法與技術（屬於策略性知識層級），有助於科學方法的完整性；地理系統是從系統的角度，討論地理學的基本概念（例如：氣候、地形、人口、城鄉、產業，這些屬於大概念）；地理視野則從地理的角度理解區域文化的特色、區域問題的內涵、解決區域問題的策略（例如：發展、流動、改變、轉型、競爭、重組、全球化，屬於可以建立策略性知識的關聯）。換句話說，除了不會像國中階段那樣分地理區域呈現教材內容外，學生可以具備地理系統相關基礎知識，結合地理技能，去探討地理視野的相關問題，統整性地學習與應用地理學科的教材內容。

在分析教材時，高中地理學科較少以區域內的議題進行分析，較多以地理學的基本類別：氣候、地形、人口、聚落與交通、城鄉、產業等主題進行解構。上述每一個類別均包含重要的概念，概念內再包含一些屬性細節（感官可以察覺的現象）。另外，地理技能包含一些技巧和其步驟，或是檢視地理資訊的方法技巧，這是十二年國教課綱地理學科相當重要的特色，教師也要能察覺。教師再綜合上述的思維畫出單元教材的概念與屬性細節結構圖，而在教學時可以融入地理田野實察活動，讓學生深入了解。

不過，教師也要分析與設計地理學科探究與實作的教材內容，可以針對大單元或幾個小單元所學習的地理內容，設計這些地理內容內部要素可

能的關聯性之題目。例如：氣候系統大單元內就包含氣候要素、大氣環流與洋流、氣候類型、氣候與自然景觀帶，教師可以思考將其中幾個因素建立關聯，發展探究「氣候與水資源」、「氣候與人類生活」、「氣候與地形」等主題，鼓勵學生自選與形成自己好奇的問題，結合地理技能以及探究與實作的學習策略，進行地理學科的探究學習。

國中和高中階段的公民與社會學科之教材內容

　　十二年國教課綱之社會學習領域的公民與社會學科是把國中和高中的課程內容並列，再呈現連貫與區隔，而且學習內容有別於其他學科，課綱「條目」的撰寫主要以提問方式呈現，用提問的方式可以指引學生對議題進行分析、思辨與探究，而不是知識內容的片段學習與累積。學習內容包含四大主題：A. 公民身分認同及社群；B. 社會生活的組織及制度；C. 社會的運作、治理及參與實踐；以及 D. 民主社會的理想及現實。主題 A 是探討公民身分的問題；主題 B 是探討國家、法律、制度的組織；主題 C 是探討國家、法律、制度的運作與改變；而主題 D 則是公共議題的探討。

　　上述每個主題會再分次主題，例如：主題 B 社會生活的組織及制度再區分家庭、部落、公共生活、規範、政府、法律、人權等，這些次主題通常會是一個教材單元內容。以單元教材內容分析而言，教師需要指出核心概念，概念主要來自於公民與社會學科內的知識之專有名詞與其產生、分類（類型）、功能、特性、發展、運作、改變等作用之後的內容，例如：「法律」的功能與位階、「選舉制度」的類型，以及「社會規範」的產生、運作與改變。

　　而為了讓學生了解概念的意涵，教師教學時就需要提及概念的屬性或細節內容，例如：「選舉制度」是一個大概念，分成「多數決」、「比例代表制」、「混合制」三類，這是小概念，而「多數決」、「比例代表制」、「混合制」之定義或細節即是這些小概念的屬性細節，教師也要提出事實示例強化學生在這些概念的理解。類似的內容很多，人格權、複決

權、訴願權等，這些都是公民與社會學科內非常重要的概念。如同先前的學科內容，能用感官察覺的內容即是屬性細節，若需要經過思考理解與透過事實抽取轉換的內容才是概念。

在通則的內容層次上，如同本書在第三章「教材內容的重要元素：通則」提及概念間可能具有關聯、因果、相對、依賴、發展、轉換、組成、產出等關係，若單元內或單元間有些概念具有上述的任一種關係，便可以設計成通則層次的內容。最常見的是相對（差異）關係和組成關係，例如：教師可以在分析平等權、自由權、受益權、參政權等概念之後，外加上一個「上述這些權利有何異同？」之通則層次的內容；或者是「構成妨礙祕密的要件是什麼？構成有效契約的要件為何？」等。這些組成並不是分類的集合（分類集合屬於大概念與小概念之關係），而是諸多要素組成一種效力的作用。

不過，為了避免學生僅是記憶專有名詞，在概念與通則的內容設計上，可以運用領綱內所提及的問題，例如：「我國中央政府如何組成？」或是「我國國家主權在憲法上如何界定？有何爭議？」學生就需要學習與指出概念的細節；而「憲法、法律、命令三者為什麼有位階的關係」，這就得要學生能夠明白這三類的定義，之後區別它們，這是通則層次的內容。簡單來說，雖然教材內容可以分析為概念與通則，但實際教學時宜要求學生思考這些概念與通則的內涵，教師甚至可以設計虛擬的情境，要求學生用所學習的概念與通則去解釋，以培養公民與社會學科的核心素養。

當學生理解這些概念與通則的內涵，並且以問題思考來強化學習內容，如此學生在生活中或未來社會面對類似的情境時，便能習慣地、快速地和敏捷地應用所學習的公民與社會的知識去解釋、分析和判斷問題。再者，公民與社會學科內有許多的議題，議題不同於問題，議題有不同的立場或觀點，而問題強調解決策略。例如：文化差異、自由與責任、兩岸關係、能源與環境等，設計這些議題可以鼓勵學生思考不同的觀點，促進批判思考能力，教師切勿以個人的意識形態灌輸自己的觀點。

小結

　　文史領域的內容有一些相同點和相異點，相同點在於它們都需要被閱讀與理解文本，並察覺文本內涵的文化，而相異點在於語文領域有詞彙、文法結構要素，社會領域有進一步改善社會的意圖。

　　語文領域的知識結構可以從文字（涉及到文章內文句段落的確認與理解）、文本（涉及到文章的內容結構與文體），到文化（涉及到文章內涵的文化、深度理解與分析）等三方面思考與解構內容。簡單來說，從基礎字詞句段到文章的理解、透過文章察覺文化內涵，並且經過思考整理，在特定情境達到合宜的溝通、表達與表現文學的目的。

　　社會領域的教材內容中，即使國小、國中和高中階段的學科知識呈現略有不同，但是均包含基礎知識的學習、各種技巧的運用，最高層次的目的在於統整歷史、地理、公民與社會學科知識，進而達到察覺社會、解釋社會、改造社會之目的。

　　教師在文史領域教材單元內容的分析時，除了各學科之重要元素外，通則層次的知識以及鼓勵學生思考的問題或討論的議題也要提出來，可以設計情境任務，也可以用主題進行探究，或者是形成議題促進學生更高層次的思考。

教師讀書會或師培生讀書會的參考任務

1. 請以一個語文或社會領域（學科）之教材單元內容為例，根據本章的教材內容之層次進行分析，再提出至少一個通則、方法或策略，並繪製出一個教材單元內容結構圖。
2. 請跟同領域的教師或師培生一起分享教材內容重點，在聆聽他人分享時，可以和自己所繪製的教材內容結構圖相互對照比較。之後再自己調整，或是討論出一個合宜的教材內容結構圖。

第五章

分析各領域教材內容的元素與結構（二）

　　文史領域和數理領域的教材知識均具有概念與通則之結構，重要元素也包含概念、主題、技巧、通則、方法等；不過，數理領域的教材內容本身就具有許多的定律、定理或公式等，這些和通則的解釋雖然略有不同，但絕大多數屬於策略性知識的層次，例如：相同距離下，時間與速度成反比。另外，爲了解決複雜的自然或數學問題，需要發展許多程序性知識，若程序性知識涉及到許多的概念與技巧的連結應用，也是屬於策略性知識的範疇。

　　如同第四章的說明，本章僅舉例說明各學習領域教材中的重要元素，目的不在於完整分析該領域的教材細節，讀者若需要該領域的完整教材分析內容，可自行參考其他關於領域教材內容的書籍。

第一節　數學領域教材內容的元素與結構

　　數學領域的知識主軸是概念的結構與程序性知識，程序性知識也可以被視爲一種通則或策略性知識。概念提供學生學習數學的基礎內容，而程序性知識提供學生解決問題的策略與方法。傳統上的數學領域教學時，部分教師會將概念結構的理解與程序性知識分開進行，例如：有些教師教導學生直接以程序性知識解答數學題目，卻忽略讓學生對程序性內涵之概念的理解，如此導致學生面對複雜題目時，難以從概念去思考複雜題目的細節，更難以用程序性知識解答。教師進行教材分析與教學時，要注意概念與程序性知識的關聯。

數學領域的概念結構包含大、中、小概念

　　數學領域的概念知識包含大、中和小概念。大概念是指一個較大的知識體系，根據十二年國教課綱數學領綱，學習內容之「主題類別」包含數與量、空間與形狀、坐標幾何、關係、代數、函數、資料與不確定性等；中概念是由大概念來細分，例如：三角學、線性代數；而小概念是指單一

概念，包含各種形體與平方、數量長度與估計等。教師們可以用這些大中小概念的層級，把所任教的年級之數學教材內容繪製成一個結構圖，可以清楚地知道數學概念的範圍與層次。

我們太多時候把時間花在「教學活動的問答與操作」上，卻忽略數學概念的理解有許多小細節需要去注意，有時候教師對於某個概念講解還不充分，就直接要求學生練習或回答問題，那些回答正確的學生可能是因爲其大腦內早有先備知識，導致教師誤判自己已經講解清楚。強調概念爲主的數學領域之教材提醒教師要先去解構概念的屬性或事實示例。如果教師只掌握到三分之二的屬性或事實示例，在教學上就只會提到這三分之二，學生也可能只理解到這三分之二，師生都以爲教學有效，其實，學習仍不完整。

一般文字描述的學科領域之概念通常需要理解概念的屬性或事實示例，在數學領域的概念上，除了有些可以用屬性或事實示例來解構外，有些概念的屬性不明顯或很難用屬性去定義。例如：質數的定義是「大於1的自然數中，除了1和該數自身外，無法被其他自然數整除的數」，屬性就包含「除了1和自身」和「被整除」；而「倍」的概念就很難用屬性去解釋，若教師講解「倍」的概念，就需要事先掌握好課堂中要提到什麼事實示例和內涵的小細節（符號、言語、數值、動作、標示等）。

數學領域中的定理和通則

數學領域中有許多定理，定理和先前提及的通則雖然都是在概念之上、理論之下的位階，兩者相同之處都是由兩個或以上的概念連結而成，但解釋上略有不同。但先提醒的是，有些定理或公式理解之後或不經理解而背誦之後，在更高層次的數學問題中引用，該定理或公式已經是從回憶中提取，到那時就轉變成概念，甚至只是從記憶提取的事實示例之層次了。

定理，類似通則，是傾向於一般性的通用，不受時間影響、抽象、不

受情境限制或可被不同的情境支持，可以用來分析判斷許多數學現象。數學領域有許多的定理需要讓學生了解，例如：高斯定理、勾股定理。由於定理有一段特定的敘述，因此容易被記憶背誦，也容易被判斷成概念或是事實示例層級的知識，例如：勾股定理是「直角三角形兩條直角邊的長度平方和等於斜邊長的平方」。由於兩條直角邊長的長度可用感官察覺，認為是一種事實，因此判斷「直角三角形的兩條直角邊的長度平方和等於斜邊長的平方」僅是內含幾個事實，進而判斷為概念。不過，如果勾股定理思考成幾何與代數的關聯，也就是說，不管直角三角形有多大多小，或者是直角在哪一個方向，均強調平方和的意義以及「代數」的意義，再以 $a^2 + b^2 = c^2$ 形成關係，如此便有兩個概念的連結，即形成一個數學常用的通則，那勾股定理就可以界定為一種策略性知識。

通則是強調兩個或以上概念的關係，包含因果、差異、依賴、組成等，只要可以形成關聯，就可以變成一種通則類的策略性知識，例如：體積是物體在空間所占的大小，可由長、寬、高相乘所得，而容積是中空的容器或其他物體所能容納的體積，兩者的差別在於體積由外測量，容積由內測量。數學領域知識上的通則或公式，如同上一段所提，如果教師僅指導公式的計算應用，那可能僅在概念層次（把公式當概念，就會把公式中的數字當作視覺感官可察覺的事實），若能帶領學生探討兩個概念之間的關係，就可達到策略性知識的層次。

不過，為了讓教師了解定律、定理和通則知識同一位階，也配合其他領域知識的界定，本書仍然把定律、定理以通則類的策略性知識解釋。

低和高程序性知識可分別歸屬於技巧和通則類知識

數學領域內有許多解題時所需要的知識，如果是涉及到感官上的操作或計算，那操作或計算程序中會有一些眼睛可視的步驟，這樣的知識類似於技巧知識；不過，如果操作或計算程序中涉及許多階段，每個階段都需要進行概念性的思考，這樣的知識等同於通則類的策略性知識。另外，若

涉及兩階段的解題，每個階段是一個技巧上的計算，那麼兩個技巧之間的連結，也是屬於通則類的策略性知識。

舉例來說，一個題目是「有一個專門幫客人雕刻的店，一位師傅每雕刻一尊雕像，包含休息時間需要 3 小時，他一天上班 9 小時。一位客人想要加點價錢希望師傅趕工，希望 5 日內交貨 20 尊雕像，如果你是這個師傅，想要答應客人的要求，但你要想想每天要加班幾個小時，請計算出來」。

上述是兩階段解題的程序性知識，第一段是先了解一天可以雕刻幾尊雕像，第二段再去思考「5 日內交貨 20 尊雕像」，每天需要雕刻多少尊雕像，再比較後，提出答案。

因此，本書提出程序性知識有低層次與高層次之分，低層次程序性知識是以簡易操作教具或執行一個簡單的計算為思考方向，類似於技巧知識；而高層次程序性知識涉及概念與概念的連結思考（不需要計算，只是判斷）或是技巧與技巧的連結，這些均屬於通則類的知識，通常複雜的兩階段解題即是此類知識。

不過需要注意的是，多數高程序性知識涉及兩個以上階段的思考與運作，仍需要以概念性知識為基礎，例如：平分、假分數等概念，或者是語彙上的理解。如果不知道這些概念的意義，低層次的程序性知識或許可用背誦記憶的方式學習，但高層次程序性知識的學習就會產生困難。

數學領域中事實、概念與通則性知識的區別

數學領域的知識結構除了具有一般性學科知識的事實、概念與通則外，部分讀者在知識的分類上略有混淆。例如：一個三角形之兩邊長的和一定大於第三邊的邊長、$y = \cos x$ 等函數、四邊形、距離＝時間 × 速度，這些敘述是「事實」、「主題」、「概念」還是「通則」？

事實是指特定的事例，具有不可遷移性，在教學目標上的學習表現是「記憶」；概念具有遷移性，泛指具有相同屬性的事物、事務或現象；

而通則是兩個或以上的概念或技巧之關係，可以用來分析與判斷事件或問題的關鍵因素。上述提及邊長和大於第三邊、餘弦函數、四邊形和距離＝時間 × 速度等，似乎都具有事實（記憶）、主題（具有特定時空方式的知識）、概念（可以遷移應用在另一個例子）和通則（兩個分類之關係）的意涵，這也是造成部分讀者混淆的原因。以下針對上述四個例子分別討論。

　　「一個三角形的兩邊長之和一定大於第三邊的邊長」是事實、概念還是公式（公式是通則的層級）？這是「概念」層級的知識，而此概念的定義包含「兩邊長之和」、「第三邊的邊長」以及「大於」三個事實細節，事實示例可以透過感官察覺，透過察覺可以解釋概念的意義。例如：教師拿一個活動的三角形，從兩邊交界處往另一邊壓，就會發現兩邊長連接起來一定會大於第三邊。概念具有可遷移性，任何一個三角形都有「兩邊長之和」和「第三邊的邊長」的關聯，「兩邊長之和」和「第三邊的邊長」是事實示例，整句話是「概念」的知識層級。

　　另外，$y = \cos x$ 也是屬於「概念」層級的知識。$\cos x$ 是指「直角三角形中，鄰邊長除以斜邊長」，「直角三角形、鄰邊長、斜邊長」是感官直接可以察覺的事實，三個事實有一定關係，用一個特定名詞取代，這些還是屬於「概念」層級的知識。因此，基本函數多數屬於「概念」層級的知識，均包含一些事實示例可以察覺，並抽象為概念，具遷移性。

　　四邊形會讓讀者混淆是屬於「主題」還是「概念」？四邊形是一種主題，它包含有四個邊長的封閉圖形。而若四個邊都等長和四個角都是直角，那是正方形；若一組對邊平行，一組對邊不平形，那就是梯形。四邊形是屬於「主題」，而正方形和梯形屬於「概念」，概念會有較多屬性的要求或限制。部分教師認為主題是許多概念的組合，這樣的說法不完整，主題是具有特定情境方式的事實示例，因此，四邊形是主題，但如果把四邊形當作概念，以和三邊形進行區別，也可以解釋得通。

　　「距離＝時間×速度」是公式，是屬於「通則」層級的知識，不過，如同先前勾股定理的問題，如果只是指導公式的記憶，那僅在於包含一些數字事實的概念層次或事實示例層次而已；如果探討時間與速度的概念後，再建立相同距離下，時間與速度的關聯，那就是通則層次。

　　值得一提的是，在實際生活運用中，知識的認定不一定永遠在某一個層級，對於年紀愈小和年紀愈大的學生而言，也可能不同。某個知識（例如：正方形）對年級愈小的學生可能是屬於概念，需要去理解；而對於某個年紀愈大的學生可能被知覺為事實層級的知識，即使不去理解，也可以應用於高層次的問題思考中。

　　從上述的說明而言，只要是感官可以察覺和記憶，不需要經由對照思考與理解，是屬於事實示例；若將多個事實示例抽象化成為一種代表符號，就可能是「概念」層次的知識；若是相同事實的事物或事務放在一起，我們可以從放在一起的情境、時空條件給予「主題」的名稱；然而，若是經由兩個或以上概念的關聯，就是通則。不過，在數學領域中，通則的形成還是有些例外，請看下一節點的說明。

數學領域中通則的形成因素些許不同

　　一般來說，通則是由概念與概念形成關係而來的，這關係可以是區別差異、關聯產出，也可以是因果關係。例如：體積和容積具有異同之處；或者是相同距離下，時間和速度成反比。

　　另外，在數學領域中有一些屬於通則層次的知識是方法或能力，方法來自概念與技巧的連結，能力是多個或一系列技巧的連結運用，而技巧是一些動作步驟的組合。例如：兩位數的計算，加入位值、進退位技巧，形成二位數的加減（方法）；或透過圖表繪製技巧和其他的概念形成繪製圖表的能力，以解決數學問題，例如：從經濟數據資料中計算趨勢曲線，並去預測未來的經濟發展。

　　數學領域中還有一些程序性知識也是屬於通則，這種程序性知識可以包含概念、技巧、演算等核心知識與技巧，去形成解決問題的推理、證明、組合和重製等過程，我們常見的數學解題即是需要運用這類型的策略性知識。

繪製數學領域教材內容結構圖

　　再以國小的數學爲例，如圖 5-1。

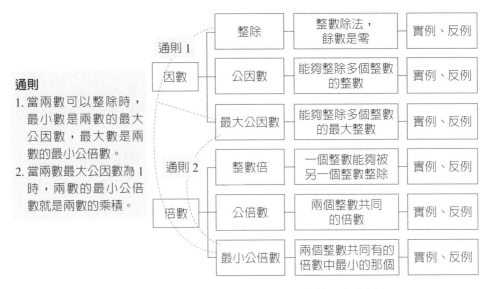

圖 5-1　數學領域之教材內容分析結構圖之實例

1. 「因數」和「倍數」都是大概念，因數之下有「整除」、「公因數」、「最大公因數」等小概念；而倍數之下有「整數倍」、「公倍數」、「最小公倍數」等小概念。這些概念需要定義和以事實示例進行解釋，而事實示例即是定義內的細節文字和例子，比較特別的是，爲了強化概念，舉例時，在正例說明完畢後，可以用反例強化正例。

2. 通則 1「當兩數可以整除時，最小數是兩數的最大公因數，最大數是兩數的最小公倍數。」是「整除」、「最大公因數」與「最小公倍數」的

關聯；通則 2「當兩數最大公因數為 1 時，兩數的最小公倍數就是兩數的乘積。」則是「最大公因數」和「最小公倍數」的關聯，這是屬於策略性知識層次的通則。關於通則的連結，如圖 5-1 中的虛線。

第二節　自然科學領域教材內容的元素與結構

自然科學領域的知識結構與數學領域類似，是以概念性知識與程序性知識為核心架構，然而，數學領域強調數學問題的解題之程序性知識，而自然科學領域強調真實問題的解釋、分析與探究。另外，為了指導學生探究自然科學知識，自然科學領域的通則是探究學習的重要基礎，而通則就需要先理解概念和事實性知識。

自然科學領域的知識結構多屬於通則

自然科學領域的核心知識是指一些生物、物質和現象的特性，而通則類別的知識則包含物質與現象的組成、規律、作用、反應與發展，很明顯的，從「組成、規律、作用、反應與發展」這些詞彙來看，就具有兩個或以上要素的關聯之意涵。

關於生物、物質和現象，有些知識範圍太大，要再細分成好幾個階層或類別。例如：生物就以界門綱目科屬種作為大中小（或上中下）概念的區別；物質的知識也分類為純物質和混合物質，再往下細分；而現象亦是如此，有物理現象、化學現象、生物現象、自然現象等；再舉生物現象為例，再往下則可再區分為繁殖、覓食、習性等。簡單來說，自然科學領域的知識結構是由大中小概念所架構的，教師針對每個單元進行教材分析時，可以先繪製大中小（或上中下）概念的垂直關係和同類別概念的水平關係。

不過，僅是了解自然科學領域的概念知識不足以解釋自然科學的所有現象，每個生物、物質和現象的特性間可能存在著某種「關係」，這關係

可以組成一種功能，發展出一種規律，形成一種作用，產出一種反應，或再發展出一種新類型的物質。例如：動物有神經傳導系統，這是動物的內部特性，而動物與外界有感應的特性，兩者相組成，便可以指出動物具有的學習行為；地球的運轉是一種現象，但與太陽照射地球的現象連結，便可以形成晝夜和季節的規律。其餘如光合作用、化學反應以及永續發展，均是自然科學領域的知識中非常重要的通則層級的知識。

不過，教師需要注意的是，自然科學領域的通則建立不一定在某一個單元內能夠找到相關的概念，某個單元內的概念可以和另一個單元內的概念形成「組成、規律、作用、反應與發展」等通則，也可能是某一個大概念下的小概念與另一個大概念下的小概念形成通則的關係。因此，教師在備課時可以多加聯想，而在繪製教材結構圖時，可以多用線條連結呈現通則層級的知識。

先前所述，自然科學領域的通則是探究學習的重要基礎，學生需要了解自然科學領域內的諸多組成、規律、作用、反應與發展之產生過程，在其大腦內建構出概念間的關聯，不應該用強記的方式。

值得提出的是，若教師將自然科學領域教材內的功能、規律、作用等具有兩個或多個事物之間的關係（通則）當作名詞指導，那就變成一種記憶的事實；另外，有些看起來像是通則，其實僅是兩個感官事實之間的關聯，那還是在「概念」層次，例如：熱漲冷縮，教師讓學生看到物體受熱膨脹、遇冷縮收的現象，這是「概念」層次的內容。不過，教師若讓學生擴大探討熱的溫度與體積之間的關係，甚至找出一些溫度與體積的規則，那就是「通則」層次的內容了。

自然科學領域的定律屬於通則層級的知識

數學領域有許多的定理，而自然科學領域有許多的定律，我們最常聽見的牛頓第一定律、第二定律、虎克定律、能量守恆定律、克卜勒行星運動定律……等都屬之。「定律」是透過實驗與觀測所得到的結果。定律屬

於通則層次的知識，例如：牛頓第二定律是指「物體的質量」和「它的加速度」之間的關係，可用公式 $F = m \times a$ 描述，亦即一個物體的加速度跟物體所受的作用力成正比，跟物體的質量成反比。

定律既然是嚴謹實驗與觀察的結果，在物理、化學、地球科學和生物學都有或多或少的定律之教材內容，雖然有些文獻提及生物學上的定律較少，不過，孟德爾遺傳論所描述的生物特性的遺傳規律，也可以算做一種定律。教師在分析關於定律的教材內容知識時，可以說明該定律所描述的現象或事件、產出的背景或發現的情境，也可以多描述該定律可以發展的問題。

再根據上一節點最後一段的說明，教師在指導定律時，需要提供資源或資料，鼓勵學生思考形成定律的概念之間的關係，不應僅是當作公式記憶，否則就會降到概念或是事實層次的內容。

教師多注意學生的迷思概念

學生在每一個學習領域學習都可能產生迷思概念，產生迷思概念的原因很多，有些涉及個人生活經驗，有些來自於錯誤訊息的接收，但如果教師在概念的事實和屬性上的掌握不周延，就很容易讓學生產生迷思概念。自然科學領域的概念知識多涉及到生活經驗與知識內容屬性的充分理解，比其他領域知識更容易有迷思概念。要減少學生的迷思概念，教師在分析教材時，除了找出概念的屬性或特徵外，多個屬性和特徵所形成的概念之定義需要明確指出，也可以善用反例來強化正例。

自然科學領域的內容包含分類後的生物、物質和現象的大概念以及這些內容的細部概念，每個概念都有其屬性、特性或特徵。以颱風的定義來說，颱風是指「一種熱帶氣旋，是在熱帶海洋上所產生的低氣壓，低壓附近地面最大風速大於每秒 17.2 公尺。」這至少包含「熱帶氣旋、低氣壓、最大風速 17.2 公尺／秒」，不過，這樣的定義對學生而言，可能和颱風無法區別，導致學生混淆。因此，教師在確認概念的屬性時，可以和

類似的概念進行區別，再補充相關的屬性。例如：大西洋及東太平洋稱為颶風，印度洋稱為氣旋，西太平洋則稱為颱風，也就是說，颱風的定義是「發生在西太平洋上的一種熱帶氣旋，是在熱帶海洋上所產生的低氣壓，低壓附近地面最大風速大於每秒 17.2 公尺。」

再以鳥類動物而言，其屬性為「有翅膀、有羽毛、有雙足，但不一定會飛」，而教師可以舉出俗稱的飛鼠，即是鼯鼠，作為反例，指出「鼯鼠會飛是鳥類動物嗎？」的矛盾問題讓學生思考，最後再解釋鼯鼠具有飛膜，飛膜可以幫助他們在樹中間快速的滑行而已，甚至可以舉出飛機作為簡單問題讓學生察覺，一直到學生具備鳥類動物為「有翅膀、有羽毛、有雙足，但不一定會飛」的屬性為止。

許多學生在考卷的核心概念題目上答錯，大都是對於概念的屬性、特徵或定義掌握不夠充分，很容易被誘答的選項牽引走；再者，當學生充分掌握概念的屬性，在概念與概念的聯想思考上就比較容易。因此，教師在教材內容，特別是概念的屬性分析時，要充分掌握，也可以運用類似概念進行區別，甚至用反例強化正確的概念。

自然科學領域的探究結構多屬於能力

本書第三章提及策略性知識包含通則、定律、定理等，知識與技巧可以連結成方法或策略，多個技巧連結成能力。數學領域多談策略，例如：解題策略；而自然科學領域多談大能力，例如：探究能力。

探究能力屬於大能力，包含太多內容，至少可以再區分為思考能力和問題解決能力。思考能力又包含推理論證、想像創造、批判思辨、建立模型等技巧；問題解決能力又包含觀察與定題、計畫與執行、分析與發現、討論與傳達等技巧。如同本書第三章的「教材內容的重要元素：技巧」中曾提及，有些技巧是屬於高行為少認知，有些技巧是屬於高認知少行為，前者強調外在的動作表現之正確性，後者則強調思考歷程與產出的結果。自然領域的技巧就不會像體育學科那樣一個動作一個動作地關注在

動作的行為上，而是多屬於高認知少行為之類型，亦即仍會有一系列的歷程，但每個階段強調認知思考後的表現。例如：以推理而言，推理是屬於探究能力中的一種基礎技巧，推理技巧的過程需要先知道與分析既有資訊，再採用某種規準，發展出未知的資訊，換句話說，推理的步驟即是：(1) 分析資料；(2) 採用規準；和 (3) 發展新知的歷程，而不是隨意亂推理。再以問題解決能力所包含的討論技巧而言，此過程包含：(1) 先產出自己的想法；(2) 表達自己的想法；(3) 聆聽他人的想法；(4) 雙方或多方比較對照；(5) 調整或擴大自己原有的想法等。

因此，教師在培養學生探究能力或次要能力時，學生得要先了解每個次要能力的技巧以及技巧的認知歷程。教師也可以選擇合宜相稱的教材，提供學生練習的機會，以具備充分的技巧，進而形塑成能力。另外，技巧仍有一系列的步驟，教師在分析能力相關的教材元素時，就需要提到技巧與認知細節流程。順序錯了，技巧就無法達到目的。

探究能力是屬於學習內容，是策略性知識，不是學習活動

探究能力是屬於學習內容，不是教學或學習活動，因為能力也是一種學生需要具備的結果。一般人對教材的知覺會停留在知識的理解或是低層次到高層次知識的解析，然而，學生學習的知識領域本就包含認知、技能與情意各層面的內容，再隨著時代的發展以及知識是探究而來的論點啟發，探究能力已經被視為學習內容，多數教科書會將探究能力設定為教材內容。

多數自然科學領域的教師會在課堂中設計實驗活動，藉由實驗蒐集數據和記錄反應進而了解某些現象、某些特性以及某些作用的結果；不過，如果實驗的過程是由教師設定，學生僅是照著實驗步驟進行，這勉強只是一種資訊的接收，學生在既定的框架下思考，對未來探究自然事件或現象的能力形塑鮮少助益。教師應該發展讓學生思考問題、確定問題、設計蒐集資料的方法、分析資料與提出結論等過程性能力的教材內容，簡單

來說，要培養探究的過程性能力需要讓學生自己設計、自己發現與提出結論，亦即包含許多技巧和知識概念的關係。

　　教師可以根據教科書單元的內容，再跳脫思考，融入其他自然科學的概念與通則，發展具有特定範圍的內容；其次，鼓勵學生思考範圍內其好奇的現象，形成探究的問題；第三，再設計實驗或蒐集資料的工具，並嚴謹地蒐集資料；第四，再透過數據或資料的解析，提出足以回答問題的結論；若還有時間，可以讓學生相互分享與自我省思。

　　然而，這種探究能力的教材內容設計，仍然需要由基礎的技巧轉化為某一種能力，再將探究過程中所需要的能力組合成一種過程性、階段性的探究流程。由於這是教材內容，不是學習活動而已，所以教師在教學活動後，不僅需要評量和檢視學生在這些探究過程中的知識表現，也要評量學生在探究能力的學習表現。

哪些自然科學領域知識適合組織為探究能力的教材

　　探究能力的教材通常不會出現在某個單元內，而是要教師自己擴大教材單元的內容，或自己組織相關的概念、通則、策略和能力成為探究的教材內容。教師在組織教材時，可以參考下列五個原則去思考：

1. 包含概念、通則和策略的教材內容，也就是說，會有兩個或以上的概念和技巧，也可以組織成通則、策略、方法或能力等策略性知識，以便在探究時運用這些策略性知識。
2. 適合學生自我導向式的學習。學生可以運用自己已經學習過的知識或者是自己查閱資料可以自行理解的知識，去規劃、設計、操作、解釋、分析和判斷資訊，以解決自己好奇的問題。
3. 與學生生活經驗或生活情境有關，這不僅可以引起學生的探討動機，也可以用來解決生活上的問題。
4. 具有運用思考或解決問題的特性，包含推理、論證、想像、思辨、建立模型等思考能力，或者是觀察與定題、計畫與執行、分析與發現、

討論與傳達等特性，換句話說，不是只有透過大腦回憶就可以回答問題的知識。但值得注意的是，推理、論證等都有一系列的認知歷程，教師需要確認學生是否具備或先指導。

5. 需要和他人討論或相互評論，也具有循環調整功能的內容，目的在於透過觀點的分享、相互質問與相互激勵，以便自我省思與自主性地調整自己的策略。

　　探究能力的形塑非短時間，也非一兩次的教材內容設計和教學活動便可形塑，雖然較高年級或年紀較大的學生比較有可能進行探究能力的教學活動，然而，對於低年級或年紀較小的學生，教師也可以簡化探究能力的教材範圍，鼓勵學生思考、操作、分析與推論，由認知技巧和小能力逐漸培養起。因此，教師對於教材知識要保有提供學生探究知識的敏銳知覺。

繪製自然科學領域教材內容結構圖

　　再以國小的自然科學為例，如圖 5-2。

1. 「性質改變」和「體積改變」都是物質受熱後的變化之概念，而「性質改變」還有「形變」和「質變」的小概念；而「體積改變」有「熱漲冷縮」的現象，因為熱漲冷縮在此單元是由感官觀察而獲得多個事實細節，因此，只是概念，而非通則。熱傳導、熱對流和熱輻射也是概念，其下是定義或實例。

2. 通則 1 是將「熱的傳導」、「熱的對流」和「熱的輻射」等三個概念進行差異比較，其差異在於「物質的接觸方式」；通則 2 是把「熱傳播」和「體積改變」兩者進行連結，而產生「受到熱傳播的物質也會熱漲冷縮」的通則。關於通則的連結，如圖 5-2 中的虛線。

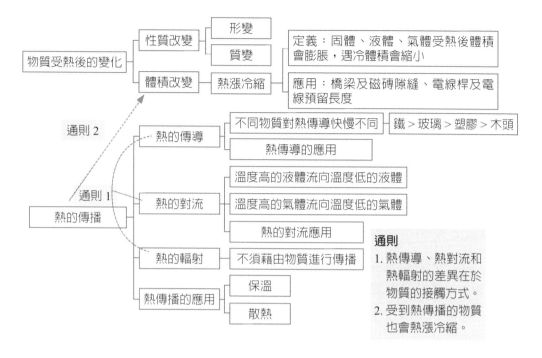

圖 5-2　自然科學領域之教材內容分析結構圖之實例

第三節　情意與技能類型領域教材內容的元素與結構

　　幾乎所有學習領域都會強調知識、情意與技能等三個目標領域的整合，特別是面對複雜的問題時，單一目標領域的內容可能無法充分地解決問題。不過，即使知識、情意與技能都被包含在內，有些學習領域在實踐上會特別強調情意目標領域的內容，例如：綜合活動領域；有些領域在實踐上會特別強調技能層面的內容，例如：科技領域或體育學科。也因此在整合能力的發展上，所呈現的學習行為就會比較偏重情感或技術的操作。

　　情意目標領域有許多情意因子，例如：關懷、尊重、認同等，如同概念或技巧層次的內容，兩個或以上的情意因子可以組織成價值系統，或者是情意因子與概念或與技巧，或同時與概念和技巧，整合成一種對外事物的策略或問題解決的方法。

　　技能目標領域有許多的技巧，內容層次如同概念，多個技巧、技巧與概念、技巧和情意因子，或同時與概念和情意因子，可以整合成一組能力，同時運用以面對複雜的情境問題。

　　以下提及綜合活動領域、藝術領域、健康與體育領域、科技領域等四個學習領域的教材內容分析，若未提及的學習領域或職業類科，可以從其學習內容對照第四章與第五章提及認知為主、情意為主或技能為主的相關內容，多數可一併適用之。

綜合活動領域的知識結構

　　綜合活動領域有三個主題軸，分別是：自我與生涯發展、生活經營與創新，以及社會與環境關懷，每個主題軸各有四個主題項目；國中階段，再分家政、童軍和輔導活動等三個科目；高中階段，再分生命教育、生涯規劃與家政等三個科目；另外，還有一些加深加廣的課程，讀者可以自行查詢十二年國教課綱中綜合活動領域綱要。

　　綜合活動領域的學習以學習表現為統整領域的學習內涵，由於國小階段綜合活動領域不強調知識概念的深化，而關注實踐的層面，因此，在教材內容結構上，不如國語文或自然科學領域具有完整的垂直與水平關係。國中階段以後，則由上一段提及之科目專業發展的「學習內容」，落實綜合活動領域的目標與特色。

　　國小教育階段的教材內容分析以生活現象為主，舉凡對自己、對家庭、對學校、對社會、對環境的理解，還需要以本書第三章提及的「概念」進行分析，而且為了讓學生在實踐時更能完全體現概念的意義，教師對於教材中的概念需要提出相關的事實示例，讓學生充分明白。之後，再將「概念」結合「技巧」（例如：規劃、蒐集資料等具有一系列認知歷程的技巧）成為策略性知識，教師再設計情境提供學生實踐的機會。

　　國中以上的教育階段學科之內容結構，通常是以類別、項目和細項的

分支型態呈現教材內容結構，例如：國中教育階段的家政，即有飲食、衣著、生活管理和家庭等四類別，飲食再細分飲食行為與綠色生活概念、食物資源的管理與運用、食品安全等三項目。教師在分析教材內容時，如同國小教育階段一樣，先提出細目或細項內的概念與其事實示例，再思考兩個或以上的概念形成得以分析判斷事件的通則，例如：家庭生活的金錢管理（或某個細項）與合宜的消費行為（或某個細項）可以建立關聯性；或者是與相關的技能結合成一種能力，例如：多元族群的服務需求（或某個細項）與活動方案的規劃（或某個細項）可以建立關聯性。

繪製綜合活動領域教材內容結構圖

再以國中的綜合活動領域的某個單元為例，如圖 5-3。

1. 「交友觀」和「友情相處」是大概念，右邊是「小概念」，每個小概念會有「事實示例」。

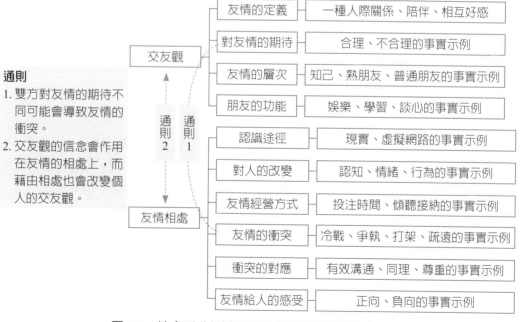

圖 5-3　綜合活動領域之教材內容分析結構圖之實例

2. 通則 1 是將「對友情的期待」和「友情的衝突」進行連結而形成「雙方對友情的期待不同導致友情的衝突」；而通則 2 是把「交友觀」和「友情相處」兩個大概念進行連結，而產生「交友觀的信念會作用在友情的相處上，而藉由相處也會改變個人的交友觀」的通則。關於通則的連結，如圖 5-3 中的虛線。

藝術領域的知識結構

　　藝術領域以表現、鑑賞和實踐三個構面作為領域綱要的主軸，而構面下再細分關鍵內涵，例如：高中教育階段藝術領域中的表現構面，細分視覺探索、媒介技能和創作展現等三個關鍵內涵；另外，還有一些加深加廣的課程，讀者可以自行查詢十二年國教課綱中藝術領域綱要。

　　由於學習表現和學習內容均以這三個構面呈現，因此，在教材內容的分析上，即是以展現藝術領域之關鍵內涵時所需要的概念和技巧為基礎。例如：知道樂器的構造，也熟練不同的演奏技巧，即可以結合改編樂曲的學習表現（音 1-IV-2 能融入傳統、當代或流行音樂的風格，改編樂曲，以表達觀點）達到某種「創作表現」的關鍵內涵。

　　除了概念與技巧的分析與整合成策略性知識外，概念與概念之間也可以關聯成通則，技巧與技巧間也可以發展成某種能力。例如：視覺元素中的「型態」元素和形式原理中的「韻律」可發展成「透過不同型態的排列組合形成視覺上的韻律感」，這是概念與概念所建立的通則，可以提供學生在情境中分析或設計時的策略性知識；而影片拍攝與製作的「縮時攝影技巧」和舞蹈元素中的「勁力技巧」可以發展成一種藝術創作能力。

　　藝術領域以表現、鑑賞與實踐三個學習構面組織課程架構，表現、鑑賞與實踐這三者本身就具有高層次表現的意涵，而高層次表現一定要從基礎知能架構起。教師分析教材內容時需要先檢視該高層次表現所需要的基礎概念和技巧，之後再建立策略性知識，完成整個單元或教學活動教材內容分析結構。

繪製藝術領域教材內容結構圖

再以藝術領域教材內容為例，如圖5-4。僅是舉例，非完整的單元設計。

1. 「視覺元素」和「形式原理」是大概念，「型態」、「明暗」、「色彩」、「質感」等是小概念，有些小概念還會有分類，最右邊的是概念的定義和實例。

2. 通則1是將「型態」與「韻律」連結成「透過不同型態的排列組合可以形成視覺上的韻律感」，而通則2則是連結「空間」與「平衡」成為「在空間上運用對稱手法具有建築的平衡感」。關於通則的連結，如圖5-4中的虛線。

通則

1. 透過不同型態的排列組合可以形成視覺上的韻律感。
2. 在空間上運用對稱手法具有建築的平衡感。

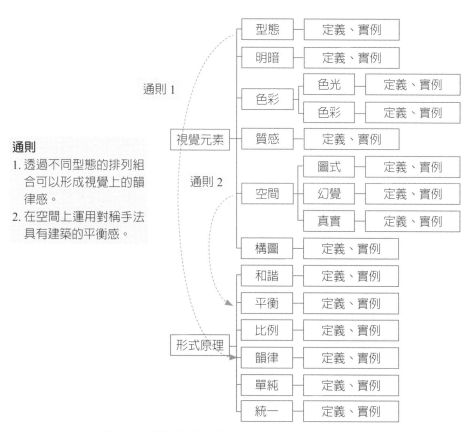

圖 5-4　藝術領域之教材內容分析結構圖之實例

健康與體育領域的知識結構

　　健康與體育領域之學習內容有九項主題：(1) 生長、發展與體適能；(2) 安全生活與運動防護；(3) 群體健康與運動參與；(4) 個人衛生與性教育；(5) 人、食物與健康消費；(6) 身心健康與疾病預防；(7) 挑戰類型運動；(8) 競爭類型運動；(9) 表現類型運動。每一個主題再分為兩個到五個不等的次項目。

　　在健康與體育領域之教材內容中，很明顯地，有些雖然是純粹知識概念與通則的學習，通常身體健康方面的知識即是；也些純粹是技巧上的學習與熟練，屬於挑戰或競爭類型的運動多屬之。不過，多數教材內容仍需要知識概念與技巧的連結，例如：運動傷害緊急處理的知識與技術的結合，是健康與體育領域中需要讓學生具備的一種策略性知識；另一個例子是競爭類型運動中，在符合運動規則下透過攻守技巧形成某個戰術或策略，這是典型的知識概念與技巧所結合的策略性知識。

　　因此，教師在教材分析時，就會有三種思考方向：

1. 純知識學習的教材內容，以分析概念和建立通則（策略性知識），發展教材結構。
2. 純技巧上的學習，則以技巧和發展能力（策略性知識）進行組織與連結。
3. 概念與技巧的整合，以概念和技巧交互搭配，建立某種戰術或策略。

　　需要再度提醒的是，確定所要教導的概念或技巧後，教師要思考概念相關的屬性、細節或事實示例，也要思考技巧訓練中的每個步驟與關鍵動作，學生若誤解或學習不夠充分，可能在操作中或運動中發生錯誤，甚至危險。

繪製健康與體育領域教材內容結構圖

　　再以體育教材內容為例，如圖 5-5。僅是舉例，非完整的單元設計。

1.「攻擊位置」是概念，細節包含場地各部分地區；而「攻擊技巧」和「防

守技巧」是大技巧，「扣球」、「小球」、「高遠球」和「擋球」是小
技巧。而技巧右邊是一系列的動作行為，例如：「扣球」的技巧是「正
手握拍、以手肘上抬超越肩、手腕力量自手臂順勢而下」。

2. 通則 1 是將「攻擊位置」、「攻擊技巧」和「防守技巧」進行連結而形
成「不同攻防技巧有其攻防位置，形成攻防策略」的策略，屬於一種策
略性知識。關於策略的連結，如圖 5-5 中的虛線。

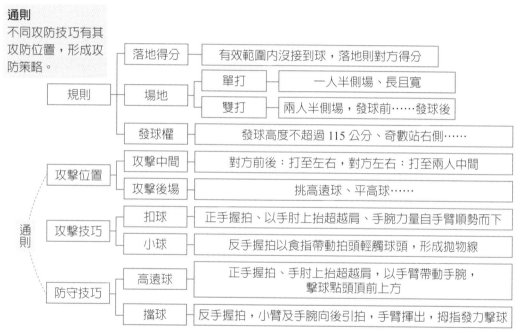

圖 5-5　健康與體育領域之教材內容分析結構圖之實例

科技領域的知識結構

科技領域的學習內容主要分為：「科技的本質」、「設計與製作」、
「科技的應用」，以及「科技與社會」。

「科技的本質」是指重要且具實用性的科技概念知識（例如：常見
科技產品的使用、科技的運作原理、科技與科學的關係、工程領域的內

涵），因此，多屬於概念層次的學習內容，而若將多個概念組織形成具有關聯性的通則，即是策略性知識。

「設計與製作」包含設計／工程設計／解決問題流程、製圖與識圖、材料選用及常用機具操作等內涵。重點在於操作工具與處理材料的技能，多屬於技巧層次。不過，若將一系列的技巧進行連結，可以形成能力；或者是思考日常生活需求與統合相關概念，也可以形成一些策略或方法，以利其解決日常的科技問題。

「科技的應用」包含科技產品保養與維護、機構與結構的設計、機電整合的原理與應用等內涵，較少是單一技巧層次，較多是與知識概念的連結而形成的策略或方法。

「科技與社會」是介紹科技與社會、環境的互動關係及影響，以及新興科技議題、職涯發展等內涵，使學生能探究科技與個人、社會、環境及文化之間的互動關係，包含濫用科技與誤用科技產品所衍生的社會問題，以及藉由介紹不同科技產業的特性，教師要能分析概念之間的關係，形成通則等策略性知識，藉以協助學生進行職涯的探索與規劃。

整體來說，科技領域的教材分析是從科技概念與科技技巧為起始，建立一系列的技巧之能力，以及統合為解決個人、社會與環境問題的策略，後者還包含結構化的策略設計。教師進行教材內容分析時，可以將概念（技能）間的介紹與連結繪製成結構圖，就可以明顯地檢視其關聯性。

繪製科技領域教材內容結構圖

再以科技領域教材內容為例，如圖 5-6。僅是舉例，非完整的單元設計。

1.「資料搜尋」和「資料組織」是大技巧，「搜尋引擎」、「搜尋技巧」、「文書排版」、「簡報製作」是中技巧，其次是小技巧或小概念，最右邊即是技巧操作的步驟。

2. 若將「資料搜尋」和「資料組織」連結起來，就可以發展爲「能力」，亦即爲「資料搜尋技巧和資料組織技巧可以整合成爲一種資料處理能力」之策略性知識。關於能力的連結，如圖 5-6 中的虛線。

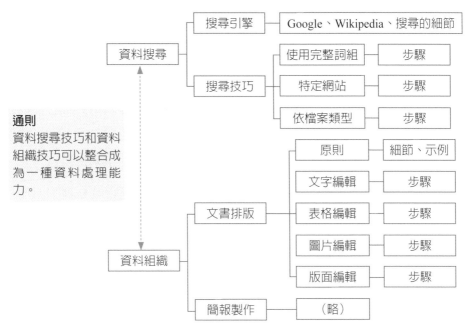

圖 5-6　科技領域之教材內容分析結構圖之實例

小結

　　先前提到一句話，我們太多時候把時間花在「教學活動的問答遊戲或競賽」上，卻忽略教學時在概念的理解上有許多小細節需要去講解，也經常忽略將概念與概念連結起來形成通則。特別是數學和自然科學領域的知識，無法僅是讓學生透過閱讀而理解，需要操作、思考和表達，這得要教師在課堂中充分引導，在這之前，教師需要知道要說什麼（教材內容細節）、要學生表現到什麼程度（學習目標）、要讓學生做什麼（學習活動），才能夠充分彰顯知識概念的細節和概念間的連結。

　　教師需要確認每個單元內的教材內容重要元素：數學領域的事實、低層次公式、主題、概念與屬性細節、技巧、通則、定理、高層次公式、解題策略等；自然科學領域的事實、主題、概念與屬性細節、技巧、通則、定律、探究能力等，在備課時一一找尋出來，並繪製成教材內容結構圖。

　　本章另外提及綜合活動領域、藝術領域、健康與體育領域、科技領域的教材內容分析，這些領域中雖然也包含陳述性知識或程序性知識，其中陳述性知識可以參考文史領域的教材分析作法，而程序性知識可以參考數理領域的教材分析作法；不過，上述這四個領域除了強調情意或技能的展現外，也強調實踐。由於在實踐前需要對情境現象或問題先行了解，也需要具備實踐的能力，因此，概念與技巧的整合比其他領域來得重要。

　　不過，教材內容分析只是教師備課中的一部分，還得要根據學科屬性安排相稱的教學活動，不同學科領域的教法不盡相同，每位教師在思考上也可能受其經驗影響與限制，如果能透過教師共同備課，會更完整一些。

教師讀書會或師培生讀書會的參考任務

1. 請以一個本章提到的學習領域（學科）之教材單元內容為例，根據本章的教材內容之層次進行分析，再提出至少一個通則、方法或策略，並繪製出一個教材單元內容結構圖。

2. 請跟同領域的教師或師培生一起分享教材內容重點，在聆聽他人分享時，可以和自己所繪製的教材內容結構圖相互對照比較。之後再自己調整，或是討論出一個合宜的教材內容結構圖。

第六章

理解教學方法的學理基礎

　　教學的「教」、「學」可以拆開解釋，也可以合在一起說明。「教」是指教師「直接」或「間接」傳達教材內容，「直接」就是教師直接告訴學生答案與作法，例如：一位教師拿出一張平行四邊形的紙，拿剪刀把右邊凸出部分減下來，移到左邊，再拼湊起來，成為長方形，並且告訴學生長方形的長邊就是平行四邊形的底邊，而長方形的寬就是平行四邊形的高，再告訴學生，平行四邊形的面積公式是底乘以高。而「間接」即是不直接告訴學生答案，透過教具、操作、實驗觀察……活動，引導學生從資料或數據去思考，再回答教師所提的問題，並可能在教師的確認下，建構自己的知識。再以平行四邊形為例，教師只給平行四邊形的紙和剪刀，鼓勵學生剪下來拼湊，學生可能會拼湊成長方形，也可能會拼湊成其他邊形，教師再鼓勵學生討論如何拼湊，最後學生自己講出拼湊出來可以是長方形，並且發現長方形的長邊就是平行四邊形的底邊，而長方形的寬就是平行四邊形的高，如此，答案都是由學生自己講出來，自己建構。教師若採用間接教學策略，學生需要經過訊息比較與思考，留存在心智中的時間較長久，惟間接教學策略需要較多的時間與教學資源。

　　以素養導向的教學設計之三個層次的內容結構而言，核心概念、技巧或主題通常適用直接教學策略，運用教具、媒體等呈現事實示例，以及把概念的細節講述清楚、技巧的步驟示範明白，得以讓學生理解與操作即可；而為了培養學生在現在或未來生活中面對問題時能自我思考解決問題的方法，屬於兩個或以上核心知能之關聯的策略性知識宜採用間接教學策略，亦即提供學生思考與發現知識的機會，以培養遇到問題會自我探究的學習態度。

　　「學」是指學生的學習內外在行為，學生透過訊息的接收，在大腦內進行訊息對照比較，也可能在行為上跟隨操作，最終達到知識和行為上的改變。「學」廣泛存在於人們的生活中，有些學習訊息來自於正式教育體制，有些來自於生活的體驗，另有些學習是善意，亦有些是惡意。善意的學習與個體知能的改變，使得人們心智有所成長，對社會有所貢獻；惡意

的學習與行為的強化，會使得自己身心受負面影響，也可能不利於社會發展。這也說明了學校教育的功能與重要性。

　　以「教」與「學」共同構成的解釋而言，「教」是為「學」而存在的，教學就是教師為了要讓學生獲得知識、情意和技能所安排的活動。可能僅是教師藉由粉筆、黑板、課本進行講述，也可能是問答、討論與書寫，亦可能是練習、操作、實驗與探究，或是工廠實習與表演，而無論採用哪一種活動，其最終目的在於讓學生獲得學習成效，更進一步地使個體心靈有所滋長，共同促進正向的社會發展。

第一節　教學的規準

　　根據筆者的研究，目前仍有少數教師的教學專業略有不足，然而，當筆者前去輔導這些教師時，這些教師偶而會跟筆者說他不覺得他的教學方法有不好的地方；另外，我們也聽聞部分教學不力的教師對教學有誤解，以為教師在上課時間準時上下課、上課時間在教室講話即是在進行教學活動，甚至認為這些即是符合教師專業。為了解決對教學專業的誤解，赫斯特（P. H. Hirst）所提出的教學之專業性規準可以用來解釋教學應該要有的準則。

教學要符合教學規準

　　教學之專業性規準即是：目的性（purposiveness）；釋明性（indicativeness）；覺知性（perceptiveness）。

　　目的性是指教學設計要能預設目的，教學活動要能達到預期目標。教學過程中不可以漫天談論，教學活動不可以脫離原有設計。每一位教師在上課之前，一定要對此節課設定學習目標，教學活動以促進學生學習達到此目標為原則，教學之後也要省思學生是否具備了學習目標所述的知識、情意或技能。部分教師上課時往往談論與教材無關的內容，而快到下

課時，才草草唸了課本內容，這違反教學專業規準之目的性。目的性的內涵會應用在教學活動設計中的學習目標，而教學過程需要與學習目標的內容有關。

釋明性是指教學活動要能讓學生充分理解與清楚仿效。學生對於教師所教導的內容若無法明白，就很難說具有教學成效。部分教師僅照課本文字唸，學生不甚理解教材內容，這即是違反釋明性的教學規準。教師可以善用多種方式教導同一知識，多舉例、善用教具、提供學生操作練習與實察機會，讓學生明白所學。對於抽象的教材內容，教師若能提供動畫或擬真的媒體，會勝過於教師單純的講述和黑板上靜態的圖示。釋明性的內涵會應用在教學活動設計的主要教學活動中，更重要的是教師要能講述清楚明白，讓學生能夠充分理解。

覺知性是指教學活動過程中或結束後，教師要知道教學成效，學生也可以知覺學習成果。教師可利用課堂觀察、問答、練習與學習評量方式，讓師生共同知覺教與學的效果。教師可在教完一個概念後，馬上請學生將習作拿出來寫，讓他們在時間內完成並核對答案，學生此時了解他們自己的學習情形，教師也可以立即知道教學是否有效。因此，覺知性的內涵會應用在教學活動設計的學習評量設計中，覺知性的意涵是教學中或教學後師生都可以知道學習結果，簡單來說，即是評量學生的學習表現以了解教與學的效果。

教學既是專業，就要在教學工作中呈現專業

教師應該具有專業，讓學生認同、讓家長信賴以及讓社會信任，而呈現教學專業需要檢視自己的教學工作是否符合教育或學習理論與原則。要檢視教師的教學專業，可從教師在教學工作中所呈現的內容或方法是否符合教育或學習理論與原則進行檢視。若教學工作所呈現的內容或方法和沒有接受過教育專業訓練的人一樣，那就很難說那樣的教學工作具有教學專業。

　　學習理論探究人類學習的本質，即使有些學習理論是源自於動物學習研究的心得，但經過在人類學習中不斷地探究與發展，已可以解釋學生在行為學習、訊息處理與知識建構的學習歷程，並發展出許多教學應用原則。基本上，學習理論源自於行為理論、認知理論與建構理論。行為理論強調刺激、反應、增強；認知理論是以訊息處理與先備知識為基礎，發展認知策略；而建構理論植基於知識是學生自我建構的，教師要提供情境與鷹架，協助學生建構知識。教師要能了解這些理論所適用的教材內容、學生學習風格、教學情境，並安排適當的教學活動。

　　在教學原則的發展與應用上，例如：教師知道行為理論之行為改變技術的原理，因此，教導學生複雜動作技能時能將該技能分段示範、練習與回饋，並輔以增強原理；另外，教師了解認知理論之認知策略對學習的重要性，因此，某概念教學完畢後，能引導學生應用認知策略處理複雜訊息，進入到長期記憶中；而當教師知覺建構理論的知識建構原理，便設計學生同儕討論的活動，讓學生在互動對話中比較自己和他人觀點上的差異，進而擴大、調整或強化自己所產出的觀點。任何的教學策略都有理論基礎，教師不是要去背誦這些理論，而是澈底了解這些理論的意涵，轉化為適當的教學原則與教學方法。

　　以前總是有些教師認為理論不重要，實務比較重要，這或許是因為教師沒有充分理解學習理論的應用原則。學習理論的發展源自於人類學習的歷程之研究，如果教學實務沒有學習理論作為基礎，似乎就把人類學習歷程的通則棄之不用，也無法在學生學習困難時依據學習理論相關原則提出因應策略，如此將會導致學生學習只能仰賴教師個人的意識與經驗，這相當不宜。

第二節　行為理論與其教學應用原則

　　行為理論的發展可以提及三項著名的實驗，分別是俄國的生理與心理

學家巴夫洛夫（Ivan Pavlov, 1849-1936）的狗唾液分泌實驗，又稱古典制約實驗；桑代克（Edward Lee Thorndike, 1874-1949）的迷籠貓實驗，又稱嘗試錯誤實驗；史金納（Burrhus Frederic Skinner, 1904-1990）的小老鼠實驗，又稱為操作制約實驗。

狗唾液分泌實驗

　　巴夫洛夫以狗會對食物分泌唾液的自然生理反射行為進行實驗。在實驗中，先提出刺激物（看見食物）與反應行為（分泌唾液）的連結原則，之後，再連結中增加了一項非刺激物（鈴鐺聲音），讓鈴鐺與食物一起出現。當這些刺激物（看見食物）和非刺激物（鈴鐺聲音）產生分泌唾液的連結進行多次後，去除食物的刺激物，僅施以非刺激物（鈴鐺聲音），實驗的狗也會分泌唾液，巴夫洛夫藉此提出了實驗狗的唾液分泌已被鈴鐺聲音制約，稱為「古典制約」。而此制約是一種「刺激」（鈴鐺聲音）與「反應」（分泌唾液）的連結，過程中需要食物的「增強」（食物）。其過程有三個步驟摘要，如下：

1. 非制約刺激產生非制約反應：看見食物（刺激物），產生唾液分泌行為（非制約反應）。
2. 非制約刺激＋制約刺激，產生非制約反應：食物（刺激物）＋鈴鐺聲音（非刺激物，制約用），產生唾液分泌行為（非制約反應）。
3. 制約刺激鈴鐺聲音（新的刺激物），產生唾液分泌行為（制約反應）。

　　之後，再改變刺激物，讓鈴鐺和拍手聲一起當作刺激物出現，仍然以食物當作增強物，實驗狗一樣分泌唾液，訓練幾次後，僅出現拍手聲，實驗狗還是有分泌唾液的反射行為。此時，原刺激物已由鈴鐺轉變成拍手聲，稱為二層制約作用。巴夫洛夫的古典制約實驗之改變刺激物與生理反應的連結，雖然對於當前的學習行為沒有產生直接關係，卻帶給後續的研究者一些啟發。

　　另外，巴夫洛夫也在實驗過程中發現一些制約後的作用，如下：

1. **增強**。巴夫洛夫進行實驗時，故意不給狗進食，使狗保持飢餓狀態，這種飢餓狀態使狗保持對實驗環境的警覺。在食物刺激出現時，唾液的分泌被強化，此稱為「增強」作用。

2. **削弱**。巴夫洛夫也發現，當狗對鈴聲的制約作用建立以後，一旦食物不再隨著鈴聲出現，那麼狗對鈴聲做出的唾液分泌反應就會愈來愈弱，直到最後消失，這種情況稱為「削弱」。

3. **類化**。當古典制約行為形成後，除了制約刺激引發行為反應之外，其他一些與制約刺激類似的刺激也可能引發相同的反應。例如：實驗狗可能聽到與制約刺激（鈴聲）類似的鐘聲後，也產生唾液分泌的現象，這種情況稱為「類化」。

4. **辨別**。當古典制約行為鞏固後，刺激間的辨別隨著訓練而變得非常敏銳，亦即實驗狗能夠區分制約刺激與其他類似的刺激物，不會對其他類似的刺激物產生唾液分泌的行為反應，這種情況稱為「辨別」。

5. **自發恢復**。當制約反應被削弱，反應行為不再出現。不過，若先前的制約行為訓練非常鞏固，在經過一段時間後，如果再出現制約刺激，生物體又會出現該制約行為反應，這種情況稱為「自發恢復」。

桑代克的迷籠貓實驗

　　圖 6-1 的迷籠箱（puzzle box），是木條做成的，裡面可以看得到外面。木箱上有門閂，門閂連結到箱裡一個踏板，當貓踩到踏板，門就會打開，裡面的貓就可以跑出來。桑代克先讓貓產生飢餓感，並抓進去迷籠箱關起來，之後，外面擺了一盤食物。這隻貓因為飢餓，食物促進它逃脫，於是開始亂跳亂撞，想拼命地衝出箱子，突然間踩到踏板，門彈開，貓便跑出來開始吃盤中的食物。桑代克對這些貓進行多次相同的實驗，結果發現貓亂跳亂撞的行為減少了，跑出來的時間變短了。桑代克認為動物無法觀察學習，也不會思考，只能從嘗試的動作上去練習。經過盲目嘗試的過程，錯誤的反應逐漸減少，正確的反應漸趨牢固，於是刺激和反應之間構成牢固的連結，此實驗又被稱為嘗試錯誤。

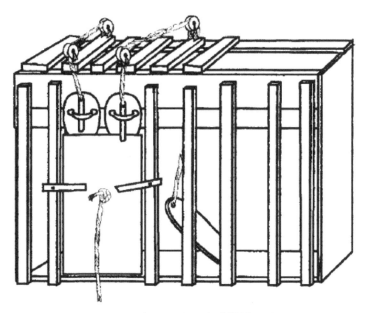

圖 6-1　桑代克的實驗之迷籠箱示意圖

圖片引自 Chance, P. (1999). Thorndike's puzzle boxes and the origins of the experimental analysis of behavior (p.433). *Journal of The Experimental Analysis of Behavior, 72*(3), 433-440.

　　桑代克的實驗論定學習是經由嘗試和錯誤中而來的，並且發展出三個學習原則：效果律、練習律、準備律。以貓的行為而言應該反過來解釋。

1. **準備律**。在實驗中，為了讓貓嘗試錯誤，桑代克讓貓有飢餓感，並看見食物。亦即，想要讓生物體產生某個反應行為，其心理準備狀態很重要。

2. **練習律**。貓不是經由思考而學習，牠是因為多次嘗試錯誤，而將刺激與反應構成連結。這種不斷地嘗試錯誤且不斷地練習，仍可以發展出行為連結。

3. **效果律**。貓跑出來後有食物可以吃，這導致滿意結果，進而強化行為。刺激與反應的連結程度依反應之後是否能獲得滿足的效果而定，當生物體獲得滿足，就會有刺激與反應的連結效果。

即使桑代克的迷籠貓實驗結果指出貓並沒有認知上的學習，僅能解釋外在行為連結，但上述三個學習定律仍可以解釋教學現象。

史金納箱的實驗

史金納箱（skinner box）如圖 6-2，改良自桑代克的迷籠箱。史金納箱內有一隻老鼠，在箱內也設計壓桿和食物盤，史金納訓練老鼠壓桿，老鼠壓對後，會掉一個食物到食物盤，老鼠就有食物可吃。訓練過程的初期是隨意的，亦即類似桑代克的嘗試錯誤實驗，當老鼠不經意的有壓桿行為後，會掉出食物，獲得增強；如此壓桿與食物兩者頻繁出現後，透過壓桿獲得食物的行為就可能形成，這種行為的制約作用稱為「操作制約」或「工具制約」。

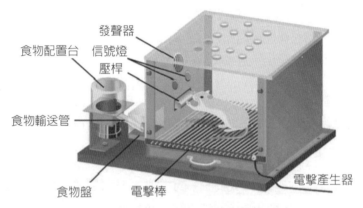

圖 6-2　史金納的實驗之史金納箱示意圖

圖片引自 Lahey, B. B. (1992). *Psychology* (p.156). Dubuque, LA: Wm. C. Brown.

史金納的訓練過程之初期是隨意的，亦即類似桑代克的嘗試錯誤實驗，那如果老鼠從頭到尾都不去壓桿呢？動物學家在訓練動物行為時，會加入一些元素設計適當的環境條件，讓動物在那個條件下可以很自然地做出那些行為。例如：老鼠壓的桿之高度設計在老鼠輕易可以碰觸的地方。

史金納發現有些動物的行為除了如同巴夫洛夫的「增強」、「削

弱」、「類化」、「辨別」和「自發恢復」外，還設計「增強時控」、「增強情境」、「懲罰」和「負增強」的實驗，也就是改變增強時間和改變增強比率與反應行爲的配合。

1. 當老鼠壓桿時，掉出食物的時間是立即或是一段固定時間後，或者是壓桿一次就掉出食物、固定壓桿數次或壓桿非預期次數後才掉出食物等，嘗試發展「增強時控」（增強的時間控制、間歇增強、延宕增強）的作用。
2. 設計紅燈與綠燈，訓練老鼠看到某一種燈號才能壓桿，發展「增強情境」（辨別增強刺激）作用。
3. 若設計綠燈壓桿，而老鼠在紅燈亮起有壓桿行爲，即給予電擊。看到錯誤燈號去壓桿而給予電擊，稱爲「懲罰」作用。
4. 聽到聲音要壓桿，若沒壓桿，則給予電擊，電擊中若去壓桿，則取消電擊。「電擊後知道去壓桿，則取消電擊」稱爲「負增強」作用。

　　不過，史金納提出的操作制約不同於先前巴夫洛夫的古典制約，巴夫洛夫的反應是一種生理反射（例如：唾液分泌）的自然反應，而史金納的反應是外在行爲或自主行爲（例如：壓桿）的反應；另外一個不同是，巴夫洛夫的古典制約之增強物是伴隨刺激物出現，而史金納的操作制約之增強物是在行爲之後出現。

　　史金納也提出二層制約的作用，當設計綠燈壓桿，提供食物增強，可以制約老鼠的壓桿行爲後，再加入另一刺激，例如：聲音，亦即綠燈後要聽到聲音（兩個接續出現的刺激）才能壓桿（反應），正確後才會有食物（增強物）。

行爲改變技術

　　行爲理論發展刺激、反應和增強的學習原則，並藉此處理連鎖動作的訓練。行爲理論所發展的教學方法不關注認知層面的歷程，僅在乎外在或具體行爲的熟練。

　　行為改變技術是行為理論中的刺激、反應、增強及二層制約原理在人類情境上的運用，舉凡學校教育、家庭教育、輔導、心理治療或者是企業管理，均有適用及可行性。行為改變技術的運用，可以促進個體建立良好的行為，也可以反向地消除不適當的行為。不過，行為改變技術源自行為理論，強調可檢視（可觀察）的具體行為，因此，在知識學習上的應用多有限制，但是在純技巧性的訓練有其運用的價值。

　　行為改變技術是以行為理論為學理基礎，發展有系統、有步驟的方法來處理行為，亦即將複雜的行為從學生的起點和要改變或形塑的目標，分割成一系列連鎖的行為動作，並在每個行為動作訓練時，以增強物促進刺激與反應的連結，在某一行為動作形塑後，再進行下一個動作的訓練，最終達到連鎖行為動作或複雜行為形塑的目的。其實際運作的階段如下：

1. 確認目標行為：確認要改變或形塑的目標行為。
2. 設定終點目標：訂定行為的終點目標。
3. 測定起點行為：檢測行為改變或形塑前的起點行為。
4. 形成管理計畫：設計每一個階段要完成的項目。
5. 逐步塑造：根據每個行為的特性加入刺激反應與增強。
6. 評量行為結果：評量學生目標行為的具體表現情形。

　　不過，雖然行為改變技術是以史金納的操作制約為學理基礎，但實際運作時，可以不像操作制約的起始那樣，純以不經意的反應和隨之的增強為訓練作法，可以透過行為動作的觀察模仿，逐一形塑，形塑後再加入一段新的步驟觀察模仿與學習表現，以此類推。特別是在核心素養形塑基礎的技巧訓練上，也由於其多屬於認知行為或認知技巧，因此，在改變行為或塑造認知行為技巧時，可以加入認知方面的理解，可促成認知行為的改變。

編序教學

　　如果把行為改變技術轉變為知識的學習，或者是把認知行為技巧之學習轉變為概念的學習，亦即把知識如同行為改變技術一樣分割成一系列的

知識細節，再透過觀察、反應與增強，逐一學習，即是一種編序教學。如同行為改變技術，編序教學的原理與實際運作階段如下：

1. 確認學習內容：確認要學習知識的內容。
2. 設定學習目標：訂定知識學習的目標。
3. 測定起點行為：檢測學習前對該知識的起點或先備知識。
4. 形成學習計畫：將知識內容分割成數個學習節點。
5. 逐步進行學習：每個節點設計範例提示，學生觀察範例學習作答，系統提供核對與增強。
6. 評量學習結果：評量學生學習目標的具體表現情形。

　　在編序教學的學習上，如圖 6-3，學生看到第一張卡片的正面範例題目 1 的說明與解答過程後，寫練習題目 1，答案出現後，將卡片翻至背面，自己核對答案，若正確，依照增強分數計分；之後，再翻到第二張卡片正面，閱讀範例題目 2 的說明與解答過程後，寫練習題目 2，答案出現後，將卡片翻至背面，自己再核對答案……以此類推，一直到學習結束。

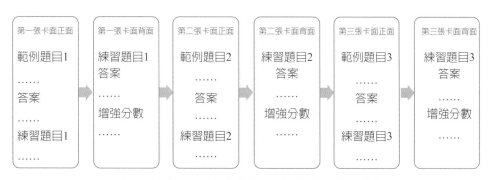

圖 6-3　學生在編序教學設計的學習過程示意圖

　　值得注意的是，學生在編序教學中是藉由觀察範例進行學習，教師沒有直接教導，僅透過編序教學的範例與題目的設計，每位學生依照自己的學習進度進行仿效學習。

1. **優點**。由於編序教學的教材組織是循序漸進，有助於學生學習，也適合補救教學或差異化學習，符合個別化學習的原則。
2. **缺點**。由於僅是學生與學習知識互動，沒有教師與同儕，容易缺乏學習動機，也因為是由系統核對正確或錯誤，可能有固定的選項答案，教師很難察覺學生學習困難所在。
3. **限制**。編序教學是由教師設計，教師對教材脈絡的組織與理解不一定符合每一位學生的思考脈絡，而且難以應用在情意領域上的學習，在適用的學習內容上有限制。

第三節　認知理論與其教學應用原則

　　認知理論探討人類獲得資訊、處理資訊和運用資訊的歷程，是以大腦對外界資訊的主動選擇（注意）、編碼、儲存和檢索之運作模式解釋人們在知識學習的作用。主要的學理基礎來自於艾金生（Atkinson）和謝扶潤（Shiffrin）在 1968 年提出的記憶模式（Atkinson & Shiffrin, 1968），以及在 1985 年被蓋聶（Robert M. Gagné）修改的學習與記憶的訊息處理模式（Gagné, 1985）。以下內容改寫自筆者的另一本書——五南圖書公司出版的《教學實務研究與教研論文寫作》之第三章的部分內容。

訊息處理理論

　　認知理論認為學習是訊息處理的過程與結果，訊息處理模式如圖6-4。

　　一般人會透過視覺、聽覺或觸覺，接受來自環境的訊息，當這些訊息進入感官中，會以極短暫的時間留存在感官記憶中，如果個人對這些訊息沒有知覺或者沒有注意，此訊息很快就會消退；但如果獲得個人的注意或對訊息產生知覺，則會進入大腦的「運作記憶」中。

　　那些獲得個人注意和知覺的訊息，會有三種處理方式：

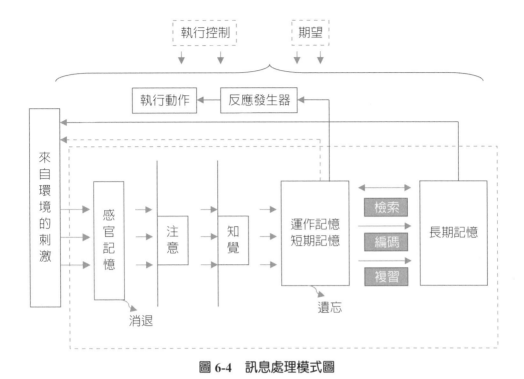

圖 6-4　訊息處理模式圖

1. 若是相當熟練且不需要思考，會由神經系統操作處理，進入自動化的
   過程，例如：一般正常人受到陽光照射就會知覺有太陽。
2. 針對比較簡單的訊息，大腦會自動檢索早已留存的記憶，與新進入大
   腦的訊息進行對照比較，判斷新訊息的意義，例如：當一個人走入停
   車場要找自己的車，大腦會主動檢索自己汽車的樣子與所看見的汽車
   進行對照比較；如果大腦內沒有類似的訊息，個體對外在訊息就無法
   解讀。
3. 若是比較複雜的訊息，大腦可能會將複雜訊息區分成數個部分，一個
   部分處理完畢後（舊記憶與新訊息比較對照），會暫時置放在「短期記
   憶」中，再處理另一部分訊息，以此類推，待全部處理完畢後，大腦再
   運用訊息的組織策略整合所處理過的訊息成為較為完整的知識體系。
   例如：閱讀一篇新聞報導，讀者會先閱讀標題，之後檢索大腦裡的字彙

記憶，對照比較提出新聞標題的意義；其次，逐段閱讀新聞內容，如同先前，讀者將產出新聞各段的意涵，最後讀者會運用組織策略，將所閱讀的內容做整合。

不過，複雜訊息涉及到太多的舊記憶、認知負荷以及訊息組織的知識，導致每個人處理訊息的方式、速度和結果各有不同。

訊息處理完畢後，如果不複習以進入長期記憶中，該訊息很容易就會被「遺忘」，而複雜的訊息因為受到認知負荷的限制，需要編碼，以進入長期記憶中；其次，若學習者不經常從大腦裡面「檢索」以前學過的訊息加以應用，也會容易遺忘。個體就是以上述的訊息處理歷程不斷擴大自己「長期記憶」內的知識量，長期記憶的知識有助於在下一次接收新訊息時被提取出來和新訊息進行對照比較。另外，如果某些訊息不斷被檢索與應用，就會發展成先前所提之自動化（遇到訊息不處理而直接反應）的歷程。例如：一位資深教師不需要思考，就可以很輕易地叫出自己班上所有學生的姓名，或者區別哪些學生是自己班上的學生。

以核心素養的形塑而言，學生通常需要面對複雜的任務或挑戰，這不僅需要關注複雜訊息如何被儲存到長期記憶中，也可能需要將處理的過程表現於外。複雜訊息經過分段理解與整合理解後，需要進行語意「編碼」的轉換，編碼過程是訊息能否存入長期記憶的重要關鍵，語意編碼的方式很多，從口語重複敘述、運用圖像、各種記憶術、心智圖到運用肢體動作均可。特別需要提及的是，處理與編碼訊息到長期記憶不一定是學習的終點，有時需要學生對所接收的訊息做出「行為反應」（純指外在動作，非先前提到的行為主義之刺激後的行為反應）。過於複雜的行為反應，學習者會將處理過的訊息與產出的反應先行置放於「反應發生器」中，處理訊息一部分或全部後再逐漸地透過肢體動作表現出來。當一個人遇到車禍要處理時，就需要報警、救護、請假、保險，甚至申請調解理賠，每當思考一部分的資訊後先置放於「反應發生器」中，可能在部分思考或全部思考完畢後，一一執行動作。

　　但是上述的歷程不一定在每個人身上產出相同的過程表現和結果，原因在於「執行控制」的作用。訊息處理理論之執行控制「監控」和「修正」訊息處理流程與產出的結果。例如：在注意力階段，有些人會選擇某些重點內容，有些人會忽略；在工作記憶階段，有些人會檢索更多的訊息對照，有些人只是單一判斷；在編碼階段，有些人會運用策略組織訊息，有些人只是強力背誦；在行為反應階段，有些人會整合所有步驟後再行動，有些人則想到就做。

　　而個人對訊息處理的「期望」也影響著訊息處理的動機系統，當個人想要解決問題或完成任務的動機非常強烈，其對資訊的檢索與處理會更流暢；反之，如果個人不願意去面對，想要逃避，訊息處理的情形也會不佳。

訊息處理觀點中的認知策略與動機

　　從訊息處理的過程中可以發現，有六個關鍵重點：訊息需要被注意和知覺、新舊訊息的對照比較、訊息進入大腦長期記憶、訊息需要不斷被檢索、訊息處理被自己監控、期望。而這些訊息處理的關鍵點可以發展成認知策略與動機，說明如下：

1. 注意力策略

　　一個人透過感官獲得訊息的量相當大，通常人們會主動選擇某些訊息進入到大腦中。人們通常會對顏色落差較大、畫面中間，以及有別於習慣的語音語調之訊息有較為強烈的感覺，進而接收進入運作記憶中。如果教師需要學生特別注意某些訊息，除了將無關的訊息去除外，可以透過各種指引，例如：字體顏色、語音強調、提問或各種指示，提醒學生接收相關的學習訊息。

2. 理解策略

　　理解來自於新舊訊息的比較對照，亦即當大腦長期記憶中存有和新訊息類似的訊息，理解就容易發生，我們也可以說，當學生具備新訊息的

先備知識，學習就比較有成效。因此，教師得要發現學生的起點或先備知識，提供比先備知識略高的學習內容，以促進學生的理解。另外，教師也可以指出新舊訊息內的細節，鼓勵學生對照比較，以察覺兩者的差異或相同處，以做更進階的學習。

3. 編碼策略

編碼是將訊息編碼成有意義的組織，可以容易複習，也可以容易記憶，以進入長期記憶中。若比較簡單的訊息，可以採用背誦的低層次編碼策略；若是稍微複雜的訊息，可以採用改編的字首關鍵字或故事記憶等中層次的編碼策略；若是相當複雜的訊息，可以採用摘要或心智圖的高層次編碼策略。

4. 檢索策略

訊息檢索在於協助學生遇到新訊息時習慣能檢索大腦內的資訊，也透過檢索讓大腦內的適當資訊能夠被應用，訊息常被檢索，就容易在長期記憶中留存更久。教師經常提供的操作練習或家庭作業，都是檢索的應用；而學生看到考試卷上的選擇題之選項，也協助學生檢索所學習過的知識，做出自己對題目的選項選擇。

5. 心智技能

心智技能源自於「執行控制」的觀點，也就是說，自己對訊息處理與做出自己覺得適當表現的控制能力。個體會選擇自己覺得有用的資訊或不選擇、選擇自己覺得合適的編碼策略、提取長期記憶中的訊息，以及對訊息處理結果的察覺，亦即對認知活動的理解、意識與監控的歷程，亦可稱為「後設認知」。不過，心智技能是解決複雜問題的重要基礎能力，特別針對問題細節的統整、策略的組織和處理計畫上扮演重要的角色。高心智技能者通常在處理複雜問題上會比較容易具有成效，這種技能又被稱為「知道怎麼做某件事的能力」。

6. 動機

　　動機來自於訊息處理模式中的「期望」，當人們期待自己在處理問題上有好的結果，就會有高度的動機，就有助於訊息的處理。期望是指學習者想要達成某種目標的一種特殊動機，學習者本身和他人均為影響自我「期望」的可能來源。因此，教師若能在學生學習時激發學生的學習動機，有助於學生對自己產出高度的期望，亦有助於訊息的檢索、編碼與儲存。

學習理解是發生在新舊訊息對照比較上

　　根據訊息處理模式，個人對外在訊息的理解是建立在新舊訊息的對照比較上，也就是說，當個人接收外在的訊息時，其大腦是否有類似的訊息得以對照比較，若有，則個人會產出比較之後的結果。舉例來說，某個人昨天在市場看到香蕉一斤 18 元，此訊息已經被處理進入長期記憶中，今日看到一斤 20 元，當看到「一斤 20 元」時，其大腦會主動檢索長期記憶中香蕉售價的訊息，相互比較後產出今天的香蕉比較貴的訊息處理結果。昨天的「香蕉一斤 18 元」的訊息，是被大腦檢索出來比較今天「一斤 20 元」訊息的先備知識。

　　若新舊訊息間能夠互相協調，學習理解就比較沒有困難，反過來說，若新舊訊息間無法配合，差異太大，就需要重新建構先前的知識概念。當大腦長期記憶中缺乏得以和新訊息對照比較的舊訊息，教師若沒有察覺，學生的學習理解就很難發生或是理解不充分，可能產出錯誤解讀或錯誤推論。

　　每個人的記憶模式可能不同，在其長期記憶對特定知識的記憶量也可能不同，且均以個別且獨特的架構存在，況且生活經驗、家庭教育、文化背景等因素都可以影響訊息的接收與記憶，導致一個班上的學生在學習理解上會有差異，這也是教師教學時經常面對的挑戰。

訊息處理觀點中的先備知識

　　上一節點提到先備知識，先備知識是指學習者來到學習情境之前，在長期記憶中已有的大量知識和策略，學習者的先備知識會影響其對學習內容的記憶與理解。先備知識的觀點對教材內容分析與教學設計有四點啟發：

1. 教師進行教材內容分析且確認該教材內容的重要元素後，就要思考該重要元素的先備知識，必要時和新單元教材一起繪製出來。
2. 教師進行教學時，可以先複習先備知識，再將新知識呈現出來，鼓勵學生思考先備知識與新知識的關聯，以促進新知識的學習理解。
3. 如果學生缺乏先備知識的學習基礎，教師得要花點時間先指導先備知識，循序漸進；否則，學生對新知識難以理解，多次之後，學生可能就放棄學習。
4. 當學生理解新知識後，務必要複習或練習，要讓此新知識進入到大腦的長期記憶中，作為未來知識學習的先備知識。

　　先備知識也會自我調整，由於大腦內的知識連結非具有客觀邏輯性，若僅在生活中而非接受結構化教材的知識學習，知識間的連結可能會有錯誤，這也是迷思概念形成的原因之一。值得一提的是，當自己發現大腦內的先備知識與新知識的連結有錯誤或不符合邏輯時，會進行修正與調整。若教師在教材內容分析相當具有結構化，而教學活動時也能提供正確連結的訊息，學生便可以察覺自己大腦內的先備知識是否錯誤。

第四節　建構理論與其教學應用原則

　　建構理論者認為知識是學習者自己對外在事務或事物的解釋而獲得的，即使他人進行有系統的訊息傳遞，知識的形塑仍得靠個體心智上對外在事務或事物在理解上的努力。

　　先前訊息處理理論已經提及個體接收外在的訊息與大腦對訊息的運作模式，訊息接收是知識處理與產出的重要來源，但是知識學習的工作重點在於個人大腦內部對訊息的處理。換句話說，訊息處理模式的關鍵重點在於訊息的呈現與選擇、大腦內部對舊訊息的提取以及兩者的對照比較；但建構理論強調的是知識意義形成的作用，簡單來說，個體是怎麼理解外在訊息，進而內化到自己的心智中。

　　在知識意義形成的作用之觀點上，皮亞傑（Piaget）的觀點是基模同化論、布魯納（Bruner）提出發現學習論，而維高斯基（Vygotsky）則認爲社會文化在知識意義形成中扮演重要的功能。

皮亞傑的基模同化論

　　皮亞傑認爲人們在學習上的心智運作有兩個作用（Woolfolk, 2001）：組織（organization）與適應（adaptation）。組織是將行爲與思考透過結合、安排、再結合與再安排，以進入到協調後的心智系統；而適應是個體內部的心智系統與外在環境的調節。

　　皮亞傑認爲每個個體均存有一個或一套得以解釋各種外在事物或事務的心智單位：基模（schemes），有此基模得以讓個體對外在事件進行思考。基模可能很小和很具體，例如：初生嬰兒對母乳的吸吮；基模也可能很大和很普遍化，例如：植物的類別。個體便以這些基模對外在事物或事務進行結合、安排、再結合與再安排的過程，逐漸擴大基模，逐漸在環境中調節與適應環境。

　　在細節上，在適應過程中會出現兩個過程：同化（assimilation）與調適（accommodation）。同化發生在個體既有的基模得以解釋外在事件，或者是將外在事件納入自己的基模中，例如：學生知道鉛筆，之後看到一支自動鉛筆，了解自動鉛筆的作用後，也叫自動鉛筆爲鉛筆。相反地，調適發生在個體的基模無法解釋外在事件，而得要調整自己的基模去符合新資訊，一直到適應環境的狀態，例如：當學生無法用紙筆計算複雜的數字

與關係時，去改用統計軟體，透過數字輸入與功能操作而最終獲得數字分析的滿意結果。

不過，不是每一次的調適都能夠有好結果，能夠透過同化讓外在事件符合自己的基模，維持心智上的平衡狀態，這稱爲一種平衡（equilibration）的過程；反之，若自己的基模無法解釋外在事件，即存在失衡（disequilibration）。雖然同化和調適作用均可能讓個體獲得學習滿意的結果，但兩者的目的不同，同化對知識的累積有助益，但調適的失衡狀況可以產生學習的內在驅力，但也可能使人放棄學習。

因此，教師在設計教材內容時，需要先行了解學生對該知識已經了解的程度，讓學生以同化作用擴大自己的基模去解釋新事件；也要培養學生面對完全陌生的訊息時或存在失衡狀態時，可以嘗試改變自己的基模去符合環境；也可以刻意製造學生基模無法同化外在事件的情境，引導學生改變基模去學習新事務或事物。

布魯納的發現學習論

布魯納認爲學習不能僅在乎分數或同儕間的競爭，也不能僅是強調學習過程中片段知識的理解，而是在於學科的基礎結構的學習，並且能透過這些結構知識面對生活中的問題與挑戰（Bruner, 1977）。布魯納提出：(1) 結構原則：教師提出的學科結構需要符合學生的思考結構（認知結構）；(2) 順序（準備）原則：學習準備度在學習上的作用，由具體到抽象，由簡單到複雜，由動作表徵到符號表徵；(3) 增強原則：學習中的自我增強；(4) 動機原則：學習動機的激發。再說明如下：

1. 結構原則

布魯納認爲學科內容要具有結構性，較早學習的內容要能促進後來學習內容的理解，也就是說，新舊內容之間要有關聯性。另外，學習是一種原則與態度的遷移，因此學習內容的結構組織不是技術操作，而是概念與通則，概念與通則是用來確認與解決問題的基礎知識。教師應該能夠重新

編寫或分析學科內容的概念結構關係，充分了解學科內容，如此，不僅可以建立一般通則知識，也能協助學生將所學習到的通則知識進行遷移，並去解決生活問題。其次，這些概念結構要能符合學生的學習能力，要以學生已經理解的學科結構選擇適當的內容進行教學，學習結果即是在學生大腦中形成各學科的知識結構，亦即認知結構趨近於學科結構。換句話說，教學前，學科結構要改變到貼近認知結構；教學後，認知結構趨近於學科結構。這種結合學科結構與認知結構所設計的課程即是一種「螺旋式課程」的設計。

2. 順序（準備）原則

　　布魯納曾提出「any subject can be taught effectively in some intellectually honest form to any child at any stage of development（Bruner, 1977, p.33）」，亦即「任何學科知識皆能以某種智能上真誠（學生所能了解）的方式，有效地教給任何發展階段的任何兒童。」他強調的是學科內容的結構，而不是教學方法。當學生獲得或學會該學科結構中的基礎內容後，就可以再用此基礎內容繼續學習新的內容，甚至逐漸學習複雜的內容。因此，學科結構內的某一內容學習是進階學習的準備狀態，這也是上一段結構原則提及的新舊知識要具有關聯性之意義。

3. 增強原則

　　布魯納提出的增強並非如同行為理論中提及的增強物，他提到的增強是內控，非外在增強物或分數和競爭。學生在學習活動中自己從學科結構發現原理原則，也因為自己在認知上的理解而自我滿足，進而產生增強作用。

4. 動機原則

　　布魯納的第四個觀點是動機的啟發，他認為學生對教材的興趣是學習的刺激物，教師可以善用媒體和視訊工具協助自己的教學，包含在課堂中的使用以及在課前運用媒體準備教材。

　　另外，布魯納的發現學習論是以上述四個原則為基礎，對學習內容進行**直觀思考與分析思考**的歷程。他認為直觀思考是一種直覺的訓練，經常被忽略，但若僅是直觀思考，不經過分析思考而得出有效或無效結論，看似合理卻僅是一種暫時性的觀點。他認為「發現」不會無故發生，必須經過感覺（感官接受訊息）和知覺（注意與辨別）統合訊息處理後，才可能發現事實真相或公式定理。布魯納的發現學習論之直觀思考與分析思考結合，可以建立孩子自我分析評論的能力。

　　因此，教師在教材分析時需要理解學科結構內涵的關鍵要素與其認知上的順序，也要了解學生對該學科的認知結構；另外，教師可以運用媒體、教具、圖示等視覺上的刺激物，提供學生直觀的機會，除了引起學生學習動機外，可再引導學生注意關鍵細節，最後再鼓勵學生從關鍵細節推論（分析思考）；而當學生結合直觀思考與分析思考，自己發現學習內容或高層次的知識後，就會自我滿足，對自己的學習產生增強作用。

維高斯基的社會文化學習觀

　　維高斯基認為既然人類活動發生在文化脈絡中，就無法脫離文化去理解周遭事務，而透過和他人的互動中促成個人的心智結構與學習過程，這種社會互動對人們心智的影響遠大於純個體內認知發展的作用。換句話說，維高斯基認為個體的心智發展是將社會分享活動內化到個人的心智過程。藉此可以說，個人的心智發展分為兩個階段，第一是社會互動外在層次，第二是個人內在層次，第一層次強調人們透過相互分享共同建構，之後，相互分享的過程與結果被內化到個人心智中。

　　社會分享活動到個人心智的過程是以文化工具為媒介，文化工具包含語言、印刷文章、符號或數字以及圖片（若以現在來說，則包含網路、電子書等數位媒體）。這些文化工具提供人們思考的機會，進而藉由這些文化工具進行推論、問題解決等高層次思考的歷程。舉例來說，一群孩子在互動過程中，他們分別提出自己的想法並且透過聆聽交換想法，在聆聽他

人的想法後，個人可能會調整、修改、強化或放棄原有的想法，包含知識與觀點、態度與價值等，這種一起分享與共同產出（沒有強調共識，僅強調個人想法在一起分享中產出）的想法，就是個人沉浸在社會文化中之文化工具的作用。

在眾多文化工具中，語言扮演重要的角色。因為需要分享，語言提供了表達想法、詢問問題、用來思考的概念與類別，以及過去和現在文化的連結。例如：當一位孩童面對問題時，會利用私語（自己自言自語，但並非對他人講話）進行思考，並藉由這些思考促進認知結構的進階發展。當成為成人時，這類型的私語會轉化成內在語言（不會發出聲音，僅有大腦內的聲音）進行思考。

既然語言或文化工具可以促進個人的思考，在學習過程中，教師、父母或其他成人可以在適當的時間協助學生思考，如此的作為被稱為**搭鷹架**（scaffolding），包含運用語言提供資訊、提醒、鼓勵或以發問促進思考。不過，在協助的過程中，教師要採用符合學生程度的素材或提出符合學生程度的問題，並示範動作技巧和思考過程，帶領學生逐步往複雜問題思考、給詳細的回饋，以及允許學生修正。

然而當有些問題遠超過學生的程度，即使有教師的協助，學生也無法解決問題，面對這種現象，維高斯基提出**近側發展區**（zone of proximal development, ZPD）的理念，那是指在教師協助和學生程度的區間，亦即學生無法自行解決問題，但在教師的協助下或與同儕的合作下便可以完成的落差程度。

結合搭鷹架與近側發展區的理念在教學應用上，教師需要將遠超過學生程度的教材內容以學生認知結構的層次逐段設計，也就是說有層次地降低難度到學生在協助下可理解的程度，再透過搭鷹架的作用，協助學生思考與發展，當學生可逐漸內化思考時，鷹架可以逐漸移除，如此逐步往難度問題發展。搭鷹架與近側發展區的理念除了在教學上的應用外，也可以

運用在評量上，亦即在評量題目設計時，可以採用題組的方式，由貼近學生程度的問題開始系統化的逐題設計，引導學生思考，這種方式特別適合在單元教學的評量或者是運用在差異化教學的評量中。

小結

　　教師的教學活動設計要有學理基礎支持，關於學生學習的學理基礎是基於學生的生理與心理發展現象歸納而成的。行為理論、認知理論與建構理論分別提及學生行為形塑的觀點和認知發展的原則，每一種原則都有其適用的學習內容。教師理解學習理論，除了可以運用其原則設計教學活動，也可以在觀察學生學習表現後，以學習理論作為檢視教學問題與思考因應策略的準則。不過，由於影響學生學習的因素相當複雜，有些學習內容並非採用單一理論或原則即可達到教學成效，教師得要繼續察覺學生的行為與心理變化，調整自己的教學設計。

　　以十二年國教課綱核心素養架構的課程而言，核心素養的形塑會發生在情境問題中，學生需要察覺問題、分析問題、提出策略解決問題或完成任務。由於需要學生自主性地操作與實踐，因此，核心素養形塑的教學之學理基礎會以認知理論和建構理論為主要根基。

　　整體來說，行為理論提示複雜行為技巧可以用源自於二層制約的行為改變技術訓練學生；訊息處理理論提醒我們學生學習理解是建立在新舊知識的比較上，而認知策略的應用可以促進知識進入長期記憶中，以作為進階學習的先備知識；皮亞傑的基模同化論也提示了學生對學習理解是透過基模的擴大與改變；布魯納的學科結構、認知結構與螺旋式課程指導我們設計學習內容要有層次和順序，也需要提供直觀思考與分析思考的機會以促進學生發現學習；搭鷹架與近側發展區的理念指引我們得在教學過程中察覺學生的起點，在可以協助理解的區間下提出問題或其他協助作為鷹架，逐步往高層次學習內容或問題發展。

參考文獻

Atkinson, R. C., & Shiffrin, R. M. (1968). Human memory: A proposed system and its control processes. In Spence, K. W., and Spence, J. T. *The psychology of learning and motivation* (Volume 2). New York, NY: Academic Press. pp. 89-195.

Bruner, J. (1977). *The process of education.* Cambridge, MA: Harvard University Press. (Original work published in 1960)

Gagné, R. M. (1985). *The conditions of learning* (4th ed.). New York, NY: Holt, Rinehart & Winston.

Chance, P. (1999). Thorndike's puzzle boxes and the origins of the experimental analysis of behavior. *Journal of The Experimental Analysis of Behavior, 72*(3), 433-440.

Lahey, B. B. (1992). *Psychology* (p.156). New York, NY: Wm. C. Brown.

Woolfolk, A. E. (2001). *Educational psychology* (8th ed.). Boston: Allyn and Bacon.

教師讀書會或師培生讀書會的參考任務

1. 請以自己班上或以前班上的某一個學習落後的學生為例，先回想他（她）平時上課的樣子，再推論他（她）學習上的困難是什麼？之後，提出某一種或多種學習理論，解釋他（她）學習困難的原因。

2. 根據諸多文獻，建構理論所發展的教學原則可以促進學生更深度的學習，那麼為何許多教師較少採用在教學設計中？請跟同領域的教師或師培生一起討論，有何可以調整之處？

第七章

連結教材內容與教學方法（一）

　　先前提到，學生的學習理解是建立在學習內容的意義建構上，亦即教材內容的概念之屬性細節、兩個或以上概念連結成的策略性知識之建構；而以認知歷程而言，學習理解是建立在新舊教材知識的對照比較上。簡單來說，任何教學活動是促進上述目的之達成，教師要以教材內容思考教學方法，不同的教材內容可能需要採用不同的教學方法。

　　本書在第三章提到教材內容的元素與結構，教師在教材單元內容分析與確認該單元的關鍵知能（概念、技巧、通則等策略性知識）後，要選擇「適當」的教學方法。「適當」的前提是要思考許多因素，而最大的思考因素為學生的生理與心理發展的特徵。舉例來說，若學生的認知發展還在具體運思期，那麼教學方法就需要提供學生操作的機會，協助他們在操作中思考知識的內涵；或者是學生未具有充分的生活經驗，就得要提供擬真的媒體補充其先備知識。不過，僅以學生的認知發展作為採用教學方法的基礎是不夠的，原因是知識愈趨複雜，「獲得知識愈多愈具有力量」的傳統思維已不符合現代或未來社會需求，教師需要培養學生高層次思考與思辨能力。

　　以形塑核心素養的教材內容之元素與結構而言，包含核心知能、策略性知識和情境問題或任務。核心知能屬於基礎知識，可以採用直接教學策略，亦即以教師講述知識、示範技能與問答為主；而策略性知識屬於高層次知識，需要分析、聯想、比較或推論，則採用間接教學策略，亦即教師引導學生思考，學生從訊息中思考與建構策略性知識。若是在核心素養的形塑之情境問題中，由於學生需要在複雜情境中分析判斷與解決問題，因此，教師可以採用更高層次的教學方法（知識仍是學生自我建構），例如：創造思考或問題解決教學法。

　　以教學方法或教學模式為名的書籍很多，但本書之目的在於提供教師在素養導向教學設計的指引，因此，教學方法是以形塑核心素養的教材結構進行分類與撰寫。不過，教學方法的採用沒有固定原則，除了以下提及的教材內容層次之外，教師可以綜合考慮教學時間、教學資源或學生心智

能力等因素酌為調整。

　　本章提及核心知能與策略性知識的教學方法，核心知能可運用的方法有講述、示範、語彙等教學方法，策略性知識可採用的是發現、探究、討論等教學方法。以下分成兩節說明。

核心知能的教學方法（講述、示範、語彙）

　　核心知能是高層次學習的重要基礎，學生開始放棄複雜知識的學習大多源自於欠缺複雜知識相關的基礎知識，因此，核心知能的教學相當重要，教師需要讓每一位學生都能具備該領域的核心知能。

　　核心知能包含概念與技巧，這些概念與技巧有其屬性、特徵或步驟，適合採用直接教學策略，教師針對學習內容搭配媒體圖片先進行分段、再進行統整性地講述與示範，過程中再透過問答與練習確認學生的學習理解情形，以達到精熟或熟練的程度。

　　核心知能的教學非常強調「練習」，由於概念與技巧都是由教師直接傳遞，在教學時，學生僅是聆聽或觀察，如此不一定能夠學習理解與熟練，學生需要透過練習，學習單上的題目或者是要求學生多次仿效技巧，都是可行的練習方法。

　　另外，教師在核心知能的教學時，要多講解一些屬性細節和強調重點，教學時講出來的內容一定會比大腦知道的還要多，原因是學生的起點行為和思考脈絡不一定和教師的一樣，教師多講一些，可以促進學生的概念理解與技巧熟練。

講述教學法

　　講述教學法如同其名，是由教師講述與解釋學習內容（通常是事實性知識或概念性知識），並告訴學生學習內容的細節，再要求學生表現學習

成果。由於講述教學是由教師講解，經常用來進行大班級的教學，也是許多教師常常使用的教學方法之一。不過，講述教學並非教師從上課起就講話到上課末，過程中還需要師生互動的歷程，包含教師針對講述的內容進行提問，以及指導學生記憶學習內容的歷程。

　　概念的理解是發生在新舊知識的對照比較上，也需要學生對概念內容進行意義的建構，因此，講述教學法可以在喚起學生的先備知識後，根據一個單元或一堂課的核心概念之定義、屬性細節和事實示例分段進行講解。教師可以參考以下步驟進行：

1. **複習先備知識**：教師先喚起學生在該學習內容的先備知識，可以透過問答或給予任務要求書寫，了解學生先備知識的具備情形，若學生缺乏或較少先備知識，教師則需要花一點時間補充說明。
2. **講解**：教師講解與呈現（第一個）概念與其定義、特徵、屬性細節或事實示例，可運用教具、媒體或多舉出各種實例以促進學生理解。教師務必將概念的定義、屬性細節和事實示例講解清楚，也可以講解反例，亦即不包含在該概念內的屬性或事實，用反例來強化正例，如此，可避免學生產生迷思概念（學生對概念的誤解）。
3. **提問**：教師以上述的概念與其屬性細節發展可提問的問題，指定或鼓勵學生回答（先提出問題，幾秒鐘後再指定或鼓勵學生發言，讓所有學生都能思考過問題）。
4. **回饋**：教師針對學生回答的內容進行回饋，包含訂正性回饋（指出哪些正確或錯誤，並且提供修正方向）、增益性回饋（鼓勵學生自我察覺與自我調整）和表揚性回饋（讚美學生）。
5. 可重複第 2-4 步驟，直到概念完全講述完畢。
6. **複習**：教師針對概念的定義、特徵、屬性或細節進行「重點說明」，歸納屬性特徵，強化概念的定義。若較難或較複雜的概念，教師可以指導記憶術協助學生記憶。
7. **練習**：教師以習作上的問題或設計學習單題目，要求學生練習。練習題

目設計時，可以故意設計反例或不正確的屬性和特徵爲選項，以察覺學生是否有誤解或迷思概念。

8. **錯誤校正**：教師察覺與檢討學生錯誤之處，再針對錯誤之處進行指正。

　　舉社會領域的一個單元爲例：政府組織（大概念）包含行政院、立法院、司法院、考試院、監察院，教師可以先講解行政院的功能與其細節內容後，提問學生並給予學生回饋；之後，再講解立法院的細節內容，提問與回饋後，再講解司法院，以此類推。五個小概念的內容都講述完畢後，教師先做複習，把行政院、立法院、司法院、考試院、監察院等各院的重點再強調一次；之後，要求學生寫講義或學習單，幾分鐘後核對答案，教師再針對學生錯誤較多的地方進行指正。

　　講述教學法可以和其他教學法一起在一個單元教學活動中使用，通常一個單元內容都會包含基礎知識和進階知識，基礎知識就可先以講述教學法指導學生學習與記憶；有了基礎知識，高層次知識的教學策略才比較容易有學習成效。另外，一節課可能會有兩個或三個教學活動，講述教學可以成爲某一個教學活動，與其他教學活動共同組織成教學活動設計。

　　其他教學法若有教師講解，那不一定是講述教學，可能僅是講解內容而言。講述教學有上述所提的關鍵元素，包含分段式的講解、提問、回饋、練習與錯誤校正等步驟。

　　另外，講述教學過程中若特別強調概念的意義，教師就得透過先備知識、生活經驗、事實示例和教具解釋新概念的意義。由於強調先備知識與新知識的連結，以及過程中對概念意義的解釋，如此的講述教學可被稱爲「解釋教學法」、「前導組織教學法」或「前階教學法」等。讀者可以查詢教育心理學相關書籍，先行理解奧斯貝爾（D. P. Ausubel）的前導組織（advance organization）之概念。

示範教學法

　　示範教學法類似講述教學法，但是講述教學法是將概念的內容進行「分段講解、提問、回饋、練習與錯誤校正」，而示範教學法則是將技巧的內容「分段示範、要求練習、回饋、綜合練習與錯誤校正」。因此，示範教學法特別適用於基礎技巧的指導，也因爲是教師直接示範技巧，學生仿效與練習，示範教學法也是一種直接教學策略。

　　由於技巧是一系列的動作行爲與步驟組成，因此，教師在示範技巧時，務必將每個步驟的動作行爲示範清楚，特別是肢體動作的細節，也務必確認學生已經專注在教師身上時才開始示範；另外，單一動作行爲示範之後，可讓學生練習仿效，或者也可以將幾個簡單的動作行爲示範完畢後，再行練習與仿效。最終，教師務必把技巧的連續性動作重複幾次，讓學生察覺「一系列」動作行爲的關聯。

　　教師在說明學習目標以及說明學習該技巧的重要性後，將技巧細分成幾個動作行爲（可能只有兩個動作行爲，也可能是一組動作行爲），再參考以下步驟進行教學：

1. **完整技巧操作**：如此作法是「先見林再見樹」的理念，亦即教師先完整操作該技巧一或兩次，讓學生知覺完整技巧與單一動作行爲之間的關聯，也讓學生知道某一動作行爲在整體技巧中的組織結構。以籃球三步上籃爲例，教師先完整地做過一遍，也可以讓學生知覺所要學習的目標行爲。

2. **逐項動作行爲示範**：教師邊講解邊操作單一動作行爲，遇到關鍵細節時，務必慢慢地操作，也需要多做幾次，強調關鍵細部動作，也可以用反例強化正例，故意操作錯誤動作，並提醒學生不該有的動作。再以籃球三步上籃爲例，教師可以分解成運球、行進間運球、持球邁步上籃等分解動作，逐一示範與練習。

3. **學生練習仿效**：教師要求學生練習上述的動作行為，若較為簡單的動作行為，可結合二、三個動作行為後，再要求練習。學生練習時，教師務必巡視與觀察學生在關鍵動作行為上的正確與否，若發現多數學生動作行為有錯，可以停止練習，重新示範。例如：教師示範行進間運球後，將學生分組，要求練習。

4. 可重複 2-3 步驟，直到技巧行為完全示範與練習完畢。若是簡單的技巧，可以全部示範完畢後，再行練習與仿效。

5. **完整技巧連結**：教師再針對完整技巧的操作歷程組織起來與重新示範，雖然學生可能已經學習與練習分解動作的要領，但連續性動作的組織連結（步驟化）相當重要，教師完整示範有助於學生將動作行為組織連結起來。之後，再要求學生練習。

6. **完整練習**：教師要求學生練習該技巧的完整動作，教師仍然需要巡視與察覺學生在連續性動作的表現情形，此時要特別觀察學生在動作關聯的組織與順暢性，如同前述，必要時停止練習，重新講解與示範。

7. **提供練習的機會**：所有技巧需要達到熟練或自動化的程度，因此，教師可以提供學生在課中或課後長時間練習的機會，包含場地、設備、工具或助教等資源的確認。之後，提出該技巧的實作評量任務，以評量學生在技巧的學習是否達到學習目標；若是簡單的技巧，技巧的評量在課中練習後即可實施。

技巧的示範教學可以運用在許多的學習領域，數學領域的圓規使用和各種量測技巧、自然領域的顯微鏡操作、科技領域的各種軟體之學習，都可以採用示範教學法，也可以結合知識的學習，例如：指導學生繪製心智圖於某個領域單元內容中。

需要再強調的是，教師在示範時，務必要讓每一個學生都能觀察與注意，換句話說，教師要確認學生都已經將注意力集中在教師時，再開始示範，在示範中也要持續觀察學生是否繼續注意，重新安排座位或教師移動示範位置，都是有用的方法。

語彙教學法

　　語彙不限在國語文或英語領域的知識內容，舉凡各領域知識的閱讀理解，就需要有充分的語彙。特別是素養導向的教學設計和其學習評量時，學生需要閱讀比傳統更長的文章，對各領域知識中的專有詞彙需要充分掌握其意義。當我們察覺學生無法理解部分題目時，我們大都可以判斷學生對該題目的語彙量不足。在十二年國教推動核心素養架構的課程後，語彙教學法逐漸成為每一個領域教師都需要了解與在課堂中採用的教學法。

　　語彙教學法可以發展成某個單元中的一個教學活動，若教師發覺單元知識內容中有重要的事實性知識、專有名詞、字彙或成語，就可以利用五至二十分鐘進行語彙的教學。由於語彙的教學也是由教師傳遞，因此，語彙教學法也是一種直接教學策略。

　　語彙類似概念，但概念強調定義、特徵、屬性和事實示例，語彙則強調語彙意義的理解與建構，因此，該語彙應用的情境與生活經驗是學習理解的關鍵因素。教師可以參考以下步驟進行教學：

1. **喚起相關的背景經驗**：教師先喚起學生在該語彙可能會發生、使用情境之相關故事或生活經驗，至少是生活中的一段話。
2. **讀出語彙與其聲音**：教師將語彙提出或書寫在黑板上，並讀出該語彙的語音和拼音。
3. **拆解語彙的字詞**：若是多字詞的語彙，教師可以拆解並分別說明重要字詞的意義。部分語彙的字詞具有隱喻，而非表面上的意思，例如：朝三暮四，並非上午看三次，下午看四次，而是形容一個人意志不堅，出爾反爾，這種語彙拆解後要特別強調其隱喻作用。
4. **解釋語彙的意義**：拆解後再組合，重新解釋語彙的意義，善用媒體、教具或各種視覺聽覺等擬真的圖像協助學生建構語彙的意義，之後，教師以問答的方式，讓學生嘗試解釋語彙。

5. **講解語彙應用的情境**：了解語彙之後，教師可以提出該語彙可能會出現的應用情境，可以要求學生舉例，若是國語文或英語領域，可以要求學生造句，以確認學生是否完全理解該語彙的意義。

6. **提供同義詞和反義詞**：教師再針對該語彙提供同義詞和反義詞，同義詞可以讓學生靈活運用語彙於文章或表達中，而反義詞可以讓學生區別不同語彙的意義，也是一種反例強化正例的教學理念。

7. **指導字詞變化與型態**：若是語文的重要字詞，可以再指導該字詞的變化與型態，例如：單複數、過去式或分詞等型態變化，並利用造句和使用該語彙變化的情境協助學生理解語彙變化上的使用。若所指導的語彙沒有字詞變化和型態，此步驟可以略過。

值得一提的是，有些語彙有不盡相同的意義，那是因為使用情境不同而有不同的使用方式。例如：「同志」指某一個政黨的「夥伴」，又可以稱為「同性伴侶」；而「檢討」可以是「總結經驗」，但在某個情境可能是「批評或指責」。這也是教師指導語彙時要與適用的情境一起說明的原因。

另外，許多語彙逐漸發展引申的意義，例如：選舉時的「奧步」，「奧」本指奧妙、精深或幽隱之意，原有極好的意思，但因過於奧妙，就經常被政治對手引申成含有揶揄的意思，導致「奧步」變成一種負面語詞。另外，「蹲點彰化」的「蹲點」也是類似，從表面語彙來看，僅是在某個地方停駐，逐漸引申為長期在某個地方沉浸、調查或者投入某個意圖性的工作。

再者，也有些語彙在早期雖然稱不上文學字彙，但也在生活中使用到成為某個世代或團體的溝通語言，例如：「爬文」是指「上網看看類似主題的文章」，亦即在網路平台發問前，先往上滑，先看看類似的問題是否已有人發問且版主已經回答，若有，就不需要再問。若教師指導學生閱讀生活訊息而遇到此現象，也可以多做說明。也有廣告文宣故意採用諧音來強化文宣效果，例如：止咳藥的廣告用「咳不容緩」，不過，教師教學

或指導學生採用時，建議將諧音加上引號，避免被學生誤認或進行錯誤學習。

　　核心素養的形塑是在情境任務中，而情境任務會有許多的語彙應用，在各學習領域均有共通或獨特的語彙需要理解。閱讀理解本是學習上相當重要的能力，以核心素養的課程而言，更彰顯其重要性。教師可以在單元教材內容文章的閱讀中或者是情境任務進行前，將語彙融入其教學活動中。

第二節　策略性知識的教學方法（發現、探究、討論）

　　本書第三章提及，策略性知識是指通則、方法、能力、定律、定理、公式、價值組織等，是由兩個或以上的概念、技巧或情意因子所連結成，形成一句可表達兩者關係的句子。由於不同概念、技巧或情意因子的連結並沒有一定的方式，只要能連結成有意義的想法，都屬之。例如：「天氣溫度低的時候，厚外套就會賣得很好。」這是一句連結「概念」（溫度）與「概念」（消費）形成關係的「通則」，這可能不存在於某個學習領域的教材單元內，卻發生在日常生活中。再舉一例：一位教師指導學生運用縮時攝影技巧去拍攝招潮蟹的生活，這是「技巧」（縮時攝影）和「概念」（招潮蟹生活）相互連結成一句「利用縮時攝影技巧記錄招潮蟹生活習性」的「方法」，也就是學生學會了方法。再舉另一例：教師分別指導學生蒐集資料與組織分類資料的技巧，這兩個技巧便可以形成「資料探索的能力」，通常兩個或以上的「技巧」可以連結發展成「能力」。因此，教師得要培養學生在學習過程中不斷聯想思考，隨時面對可以相互關聯的概念、技巧或情意因子，也可以鼓勵學生思考後自己建立通則、方法與能力。

　　既然策略性知識的建構需要聯想，就無法採用直接教學策略，而需要採用間接教學策略，亦即不直接告訴學生知識的結果，而是透過問題

思考、教具或實驗操作、觀察記錄和數據分析,要求學生自己發展與產出。簡單來說,包含通則、方法、能力等策略性知識是由學生自己講出或表現出來,非聽從教師的講解而回憶產生的。為了讓學生能夠順利的產出知識,教師需要參考本書第六章所提及的學習理論,特別是近側發展區與鷹架作用,協助學生思考與聯想。

　　教師可以先以講述教學法講解某個概念,或運用示範教學法指導某個技巧,無論是概念或技巧,在指導之後,教師需要發展問題、提供資料或要求學生設計實驗與方法,針對學習內容和資料,鼓勵學生聯想資料內的概念或技巧之間的關聯。

　　協助學生分析思考策略性知識的教學方法有發現教學法、探究教學法、討論教學法、批判思考教學法、問題解決教學法、合作學習教學法、專題導向教學法、創造思考教學法等,但後五種教學法通常被運用在情境問題或任務中,待下一章再說明,本節先說明發現教學法、探究教學法、討論教學法的使用方式。

發現教學法

　　發現教學法的學理基礎來自於本書第六章提及的布魯納之發現學習論,這是一種「直觀思考」到「分析思考」的歷程。簡單來說,是教師引導學生在數據中或在資料中進行思考與推論的歷程,其目的在於學生自己發現通則、方法等策略性知識。而學生檢視資料是屬於直觀思考的範疇,分析與推論即是分析思考的歷程。

　　從布魯納的發現學習之認知歷程發展教學步驟,則有以下五個步驟:

1. **提出問題**。教師分別指導或複習先前已經學過的概念與技巧後,提出涉及到兩個或以上的概念或技巧間的問題。

2. **提供資料**。教師在黑板上或在講義上呈現兩類的資料或數據,或先呈現一類概念的資料,讓學生思考可能產出的結果(屬於另一類的概

念）。此時透過學生的直觀思考去找出數據資料之間的關係。

3. **發展通則與驗證**。教師鼓勵學生對照比較不同數據間、不同資料間是否存在什麼關係，教師藉由提問讓學生提出暫時性的觀點後，再從其他數據或資料進行驗證。

4. **解釋與描述通則**。當通則被建立後，教師要引導學生去解釋兩個或以上不同概念間的關聯，並且使用表達關係的語句進行描述。

5. **建立聯想能力**。教師引導學生思考從數據與資料找規則、建立可能的關聯以及確認關聯的歷程，也鼓勵學生在生活或未來面對問題時，從不同的資料或從單一資料往另外一種資料聯想，自我發展解決問題的策略性知識。

探究教學法

　　如果不提供學生數據和資料等學習內容，而要求學生從擬訂計畫、設計方法、資料蒐集與分析，進而獲得結構性的知識，這即是探究的歷程，換句話說，探究教學也包含著發現的思考歷程，在教學上也有部分階段是相同的。探究教學法是一種過程導向的教學模式，目的在於指導學生在探究問題中系統性思考所需要學習知識的概念、技巧、通則和方法，也就是說，學生在探究學習中能夠自我發覺策略性知識的存在，以及與策略性知識關聯的概念與技巧。

　　探究教學模式不斷被發展，從 Suchmam（蘇克曼）的探究訓練開始，逐漸將探究領域從課堂知識延伸至生活現象，也從教師引導發現通則延伸至學生自主探究以建構某個現象的結構內容，逐漸建立各種探究教學模式（Kilbane & Milman, 2014, p.247），包含 4E 學習圈教學模式（Engage 參與、Explore 探索、Extend 延伸、Evaluate 評估）、5E 教學模式（Engage 參與、Explore 探索、Explain 解釋、Elaborate 精緻、Evaluate 評估）、WebQuest 模式（Instruction 介紹、Task 任務、Process 過程、Evaluation 評估、Conclusion 結論）。因此，探究教學除了經常被使用在

自然科學領域內容的學習外，也因為它在生活現象的運用與發展，可以在其他學習領域以及在各年級的教學中被採用，在採用上，也有一些程度的差別。

而當前一般的探究教學過程是：學生需要藉由提出問題、形成假設、分析資料與驗證假設的過程去探討某一種現象，最後發展結論，並與他人分享。另外，有些探究教學沒有既存知識與文獻可以事先建立假設，因此，部分探究過程是針對生活中的現象，形成探究主題，進而去蒐集資料與分析資料，最後發展與產出成果報告，便發展成專題導向或專題本位的學習模式（Project-based Learning），這部分將於下一章說明。

本節之目的在於提供教師想法去引導學生發現學習內容的策略性知識，因此，本節點是以 Suchman 探究訓練模式為基礎，而教師所設定的學習目標可包含學生在知識通則的發現以及探究方法的建構（通則與方法均屬於策略性知識）。

若將 Suchman 探究訓練模式轉變為教學步驟，則有以下五個步驟：

1. **選擇問題與進行研究**。教師提出一個讓學生困惑的情境（主題），再藉由發問，引導學生思考與問題相關的因素，再引導學生形成自己想要探究的問題。例如：在太陽與地球的主題內，學生提出「太陽高度和影子有何關係？」之問題。

2. **蒐集資料**。學生根據問題去蒐集資料，包含設計實驗、調查活動或探討文獻。為了讓學生能發現通則等策略性知識，教師需要指導學生觀察、記錄與分類，例如：教師指導學生製作工具、指導觀察與記錄數據的技巧。

3. **發展通則與驗證**。教師鼓勵學生對照比較不同數據間、不同資料間是否存在什麼關係，提出暫時性的觀點後，再從其他數據或資料進行驗證。例如：教師引導從幾個時間點的數據去發現太陽高度角和影子長短的關係，嘗試提出來後，再從其他數據進行驗證。

4. **解釋與描述通則**。當通則被建立後，教師要引導學生去解釋兩個或以上不同概念間的關聯，並且使用表達關係的語句進行描述。例如：當學生發現太陽高度角與影子長短的關係後，引導學生說出「當太陽高度角愈大，影子愈短；當太陽高度角愈小，影子愈長。因此上午和下午的影子比較長，中午的影子比較短。」前兩句話是知識通則，後兩句話是生活通則。

5. **分析探究的歷程**。最後教師引導學生回憶與思考探究歷程的活動，引導學生藉由分析探究的歷程去發現資料蒐集與分類的技巧，哪些資料呈現什麼概念，而哪些概念又與什麼技巧有關，提供學生自我建立策略性知識的機會。例如：教師引導學生回憶「所使用的工具可以用來記錄影子長短」（這是方法），引導學生建立「當太陽高度角愈大，影子愈短；當太陽高度角愈小，影子愈長」（這是通則）。

　　為了讓探究教學的效果得以發揮，教師需要注意以下兩個問題：

1. **蒐集資料與設計實驗的技巧**。由於探究教學之主要目的在於學生自己發現概念或技巧之間的關聯，也就是說學生需要在數據間或資料間發現內容的關聯性，因此，教師需要指導學生蒐集資料與記錄資料的技巧。如果學生數據錯誤或資料有誤，探究發現的情形就不會發生。

2. **教學之後的後設認知歷程**。學生從數據或資料中發現通則，也在探究過程中發現方法，這些通則與方法要在學生長期記憶中建構，以便在未來面對挑戰時得以應用。教師需要在教學之後透過回憶與省思，強化學生經驗與記憶之間的關聯。

　　探究教學法在課堂中的應用不會一開始就成功，根據筆者的教學和研究經驗，多數學生的學習在起初時不善於思考，但思考卻是建構策略性知識相當重要的元素。教師可以逐步發現學生的學習問題，調整自己的教學策略，也多使用媒體和教具，可以更促進學生從直觀到分析思考的作用。

討論教學法

　　先前提及探究教學，鼓勵學生去發現數據或資料間的關係，如果讓學生進行同儕討論，會更刺激學生的思考，易於發現探究歷程中的策略性知識。另外，討論教學法也經常被使用在教學過程中，但有時候會被教師誤用，誤用的情形有兩種：

1. **誤以為學生對話就是討論**。部分教師在學生練習或書寫習作題目時，偶而會說「不會寫的同學可以跟同學討論」，但實際的結果是不會寫的同學問會寫的同學「答案」。

2. **討論的問題太過於事實性知識**。部分教師在講解概念後，只是要確認學生是否理解，卻將提問的問題轉變成討論問題，由於答案過於固定或事實性知識，一位學生回答後答案即出，失去討論的意義。

　　討論教學法的學理基礎源自於維高斯基的社會文化學習觀（請參閱本書第六章第三節），其認為個體的心智發展是將社會分享活動內化到個人的心智過程，強調從分享活動在內化心智的作用，因此，教師採用討論教學法時，就需要讓學生分享與鼓勵學生思考他人的觀點。以分享而言，教師需要提出問題後，要求學生先思考與先建立自己的觀點，才可能在分享的時候提出觀點，若欠缺此步驟，就可能在討論時針對某一個或第一個人提出的觀點進行批判；其次，再以內化心智而言，教師在學生分享或在不斷地對話中或對話後，應該鼓勵學生對照比較自己與他人的觀點，進一步調整、修正、放棄或擴大原有的觀點。

　　若將上述分享觀點與內化心智的歷程轉變為教學步驟，則有以下五個步驟：

1. **思考與組織**。教師提出問題或作業，要求學生先思考自己的觀點或答案，或者要求學生先寫自己的作業。

2. **表達與聆聽**。將學生配對，要求學生輪流分享自己的觀點或答案，而且要求每一個人都要分享。

3. **對照與比較**。教師鼓勵學生對照比較自己與他人的觀點，自我發覺多人觀點的差異處，並省思差異處的合宜性。

4. **認同與質疑**。教師可以設計第二輪的討論活動，亦即每位成員均輪流分享之後，可以在對照與比較不同觀點後，鼓勵學生針對其他成員的觀點提出認同、詢問、質疑或進一步請教細節。

5. **重組與建構**。最後教師要求學生重新組織問題的觀點或答案，若學生確實相互分享與刺激思考，教師也可以允許學生修改作業上的答案。

　　不過，為了讓討論效果得以發揮，教師需要注意以下四個問題：

1. **討論問題要有可詮釋性或可評鑑性**。討論問題不可以過於簡單或僅以回憶知識的答案，最好存有多種觀點，也可以讓學生採用不同的標準看待問題中的事件。即使答案具有方向性，也要設計到答案無法用回憶先前記憶過的話來完成（例如：颱風的生成原因就無法用一、二句話說清楚，那涉及到海水溫度、氣壓、氣旋、風速等關鍵要素），如此才能促進學生組織、對照與重組。

2. **教師需要建立友善心理安全的討論環境**。部分學生擔心分享時說得不好而被他人嘲笑或指責，學生也可能對自己的觀點缺乏自信。教師可以在討論前提醒討論活動的目的，並非評量，也非對他人觀點打分數；另外，也可以將程度略有些許落差（勿太大落差）的學生配對，可發揮鷹架作用。

3. **指導學生討論的程序**。除了提醒學生發言的內容要與討論問題有關外，討論的程序也需要教導，發言的順序、時間以及是否二輪發言，教師都需要指導，必要時，先指導一組學生並示範發言的程序。

4. **引導建立討論的認知歷程**。討論之目的在於知識內化到心智，因此，在討論過程中，結合討論程序發展成討論的認知歷程，並且在討論過程中或討論後，以後設認知的方式引導學生察覺知識的認知歷程。例如：讓學生察覺自己的觀點建立、和他人對照比較，以及重新組織的歷程。

　　教師採用討論教學法於策略性知識的建構時，可以將兩個或以上的核心知能之屬性細節、事實示例或動作流程並列，或者是提供不同概念內涵的數據，再以「⋯⋯這兩個或幾個⋯⋯有什麼關係」、「⋯⋯有什麼異同」或「⋯⋯可以產生什麼」等提示性的問題，讓學生思考並講出「通則」或「方法」的句子。不過，教師不必要求學生講出流暢的語句來形容「通則」或「方法」，只要能表達概念或技巧之間的關係即可。

　　討論教學法也可以運用在合作學習和情境問題的解決上，若學生面對的問題或任務是屬於高度複雜性，也就是說不是解釋某個現象即可以回應，而是需要分析、綜合或提出策略解決的問題，教師可能設計成小組合作活動，學生討論就會出現在活動中。這將比上述的討論活動多了一個程序，亦即產出共識，而此共識也是需要經過分享、對照比較、重組的歷程，最終小組成員再以認同某觀點、調整自己的觀點以及擴大自己的觀點，產出任務的共識。

小結

　　本章提到的各種教學方法與其步驟並沒有固定的運用方式，也並非只能選擇其一，教師可能在一節課或一個單元內同時採用不同的教學方法，並將各種教學方法逐一轉換成各種教學活動。另外，在採用這些教學方法上宜思考教材內容的合宜性。教師的教學時間有限，基礎知能可以不需要花太多時間，只要透過教具、媒體或事實示例以及搭配問答，將概念的屬性細節講授清楚，或是透過具體操作示範與練習讓學生具備基礎技巧，之後把時間花在概念間的聯想以及策略性知識的建立。

　　教師在採用教學方法時，宜先閱讀本章在各種教學方法中的學理基礎（本書第六章），不宜直接套用教學模式。影響教學的因素很多，舉凡學生的先備知識、設備資源、班級氣氛，以及學生學習風格都可能影響教學成效。因此，本章即使提供教學步驟，教師也可從學理基礎的說明中理解

該教學方法的意義與價值，再參考教學步驟與學生的特質，調整、補充或擴大教學步驟的內容。

　　教師理解學理基礎以及考量學生的學習特質後，再加入科技媒體（例如：視訊小組討論）、調整各教學方法的步驟（例如：兩段式的作業），以及綜合幾個教學方法（例如：探究與線上討論），發展新穎的教學模式，再經過教學實驗後，可建構屬於自己獨特的教學模式。

參考文獻

Kilbane, C. & Milman, N. (2014). *Teaching models: Designing instruction for 21st century learners*. Boston, MA: Pearson

---

教師讀書會或師培生讀書會的參考任務

1. 請先選擇一個大約半節課可以教完的概念和技巧，再參考本章所提到的直接教學策略（講述、示範或語彙），條列式寫出具有教材教法的教學步驟。
2. 請先選擇一個策略性知識，再參考本章所提到的討論教學法，條列式寫出具有教材教法的教學步驟（包含具有可詮釋性或可評鑑性的討論問題）。

第八章

連結教材內容與
教學方法（二）

　　先前提過，核心素養沒有辦法直接教導，是讓學生在生活問題情境中，運用所學的策略性知識對情境進行分析、判斷、解決問題或完成任務。情境任務的設計就需要與所學的策略性知識有關，而指導策略性知識就必須要從基礎知能開始教導起。基礎核心知能和策略性知識可採用的教學方法已在第七章說明，本章主要提及形塑核心素養的教學方法。

　　形塑核心素養的教學通常有兩類型的設計，第一是安排情境問題，提供學生在問題情境中，嘗試運用所學的策略性知識解決其問題；第二是設計複雜度較高的情境任務，引導學生運用所學的策略性知識規劃、產出或完成任務。以下則分兩節說明。

第一節　情境問題可採用的教學方法（批判思考、問題解決、合作學習

　　核心素養的形塑是教師將學生在生活中或在未來情境中可能面對的問題與挑戰，設計成在課堂學習中的活動，提供學生運用各種策略性知識嘗試去面對與解決問題的機會。當學生在面對挑戰與解決問題上形成習慣，我們就可以期待學生在生活或未來能習慣地、敏捷地檢索大腦所具備的知識、技能、態度與策略性知識去面對挑戰與解決問題。因此，素養導向教學設計之最後活動，即是學生在生活情境任務中進行批判思考和解決問題，也可能需要進行小組合作學習，以達到解決問題的目的。而小組合作學習也可以同時被採用在情境任務的設計中。

批判思考教學法

　　批判思考是十二年國教核心素養課程中相當重要的教學方法，核心素養既是培養學生適應現在生活與面對未來挑戰所需要的知識、能力與態度，而在現在生活與未來社會中充斥著許多不真實的訊息或言論，學生相當需要具備分析思考以及合宜評估訊息的生活素養。

　　批判思考的定義是學習者在投入批判思考的歷程活動中，針對外來資訊的觀察、體驗、省思和推理，有技巧地概念化、應用、分析、綜合和評估資訊的認知作用；若以大腦的認知運作而言，即有認知理解、認知衝突、認知調整之歷程。而批判思考的教學是學生以充分的知識、意向及技巧，針對問題事件發生的脈絡或者是生活中的訊息面貌，嚴謹地建立一套有效及合理的判斷規準，審慎地對訊息的陳述或發生的問題加以澄清與評估，以做成判斷訊息的決策或者是提出另類的觀點。因此，在教學設計上需要檢視學生對問題事件是否具有基本的知識、理解與觀察技巧，以及激發學生分析、判斷資料的動機。

　　若將上述的原理轉變為教學活動，則有以下八個步驟：

1. **閱讀事件訊息**。以學生關心的議題蒐集相關事件與細節訊息，教師引導學生閱讀事件中訊息，並且確認學生理解訊息敘述中的語詞與段落意義。
2. **摘要與轉譯訊息**。教師引導學生尋找與問題事件相關的重要訊息，試著摘要每段落訊息文字與轉譯每段落訊息文字所要表達的意涵。
3. **綜合事件的訊息**。指導學生將不同段落的訊息文字進行整理、排序、重組與綜合，呈現段落訊息與整體訊息的關聯。
4. **建立規準**。教師指導學生尋找與該事件訊息相關的文獻、理論，建立一套合理的規準，此規準通常是某個通則或一些通則組成的規準。
5. **比較差異**。教師指導學生針對不同段落訊息和整體訊息，以相關的規準進行對照比較，以發現規準與訊息之差異與關聯。
6. **篩選與描述理由**。指導學生提出合適與不合適的規準與訊息連結，並且嘗試描述合適與不合適的理由。
7. **發展觀點**。在比較、篩選與描述理由後，指導學生提出評估後的觀點與結論，而多數批判思考的結果是部分訊息正確，但部分訊息過於偏頗。

8. **分享與報告**。指導學生將批判思考的結果進行分享與發表，在分享報告時，要指出評估的規準與其比較後的情形，也鼓勵學生從他人的回饋中進行省思。

為了讓批判思考教學達到成效，教師要設計教學、進行活動與學習評量時，需要注意以下三個問題：

1. **找出關心的議題以激發學生批判思考動機**。要使學生投入批判思考歷程，首先要思考學生生活中是否在議題上有充分經驗，若曾思考過的議題最合宜；另外，提出的議題訊息不應該是早有共識的議題（例如：政府應該照顧人民的福祉），才能激發學生批判思考的動機。

2. **關鍵在於批判思考，不在於獲得共識**。閱讀與綜合訊息、尋求與建立規準、比較與發展觀點，這三者是批判思考能力的訓練之要素，每個人涉及的經驗與文化可能不同，有些事件難以獲得共識，教師宜鼓勵學生發展自己的想法，但保留自我調整的空間。

3. **批判思考的評量在於論證基礎**。學生提出觀點需要有充分的論證基礎，每一個觀點至少要有一個論證基礎，此論證基礎來自於法規條文、事實性的數據、學理基礎，或者是已經約定成俗的觀點，而採用類似「根據……法規第……條條文，教師需要……，因此，該新聞提及的……，顯然在……上有差異，此新聞的觀點顯然不合理。」這樣的觀點描述。若具有論證基礎的陳述，在評量上便可以給分。

問題解決教學法

早先時代，學校教育教導學生理解多種知識與熟練許多技巧，在期末評量時即是以那些知識進行命題，在測驗時，就是將那些技巧進行反覆與機械性的操作。在社會中若發生課本裡的情境，所熟練的知識與技巧或許可發揮效率，但社會愈趨複雜，未來會發生的問題在現在可能還未出現，僅有熟練的知識與技巧對較深度問題的理解、複雜資訊的處理和解決則無效率。因此，當代教育的思維以及核心素養的定義幾乎都提及教師

應該培養學生面對問題與解決問題的能力。而關鍵不在於解決某個特定問題，而是面對問題的知能聯想、實踐與省思的能力與態度。

再者，培養問題解決能力時，要能從生活情境可能的現象、問題或挑戰設計問題，當學生參與問題解決的情境與實際生活和未來可能的情境類似，就可以強化能力的記憶保留以及提高功能性，亦讓學生知覺那就是生活上的問題，以激發情意表現。

歸納來說，問題解決策略之目的在於培養一個人面對一個複雜的、變動的問題時，能勇敢、負責、有效能、成功地解決問題。在教學上，是引導學生運用既有的知識、經驗、技能，藉各種思維及策略來處理問題，使問題的處理能達到預期的狀態之心智與表現之歷程。

若將上述的原理轉變為教學活動，則有以下五個階段步驟：

1. **確認問題與關鍵訊息**。教師呈現一個問題，確認學生對問題的陳述是否理解，之後，藉由問題情境的分析引導學生找出問題的關鍵訊息，並可能形成子問題。

2. **發展問題解決計畫**。藉由上述問題和子問題的確認，教師採用提問方式引導學生思考解決問題的可能性資料與方法，並且形成解決問題的計畫，包含解決問題的通則、方法等策略性知識與其流程。也可以將學生安排小組進行，惟教師需要注意的是小組成員間的互動，這可以參閱下一節點的合作學習教學法之說明。

3. **實踐問題解決計畫**。教師要求學生實踐上述的計畫，也要指導學生蒐集、記錄與分析資料的技巧，再透過資料的分析，進一步評估計畫中所提出解決問題方法的合宜性。

4. **評估與省思成果**。教師指導學生評估與省思問題解決的結果，可能包含過程中對問題的分析、策略的架構等。若是小組進行，還得要評估小組成員的貢獻，也可以相互比較不同小組對於問題解決的策略。

5. **經驗內化**。接上述第四點，教師再從中引導學生回憶處理問題事件過程，將此過程結果與自我省思內化到心智，進而轉變成問題解決能力與態度。教師可再進一步提供類似情境，檢視學習遷移情形。

　　另外，文獻上經常看到 Problem-based Learning 被翻譯成「問題本位學習」和「問題導向學習」，而問題解決教學則是「Problem-solving Teaching」。「問題本位學習」、「問題導向學習」和「問題解決教學」有些微小的和應用上的差異。如下列說明：

1. **「問題導向學習」和「問題本位學習」的比較**。從上述的第一個步驟來看，「問題」是起點，以「導向」或「本位」而言，若問題比較明確，以問題為本位進行學習，例如：汽車修護科的學生可以在一部汽車發不動的問題中學習（修護汽車具有油、水、電等明確的思考方式），則可用「問題本位學習」；若只描述問題事件，沒有指出具體問題，需要先引導學生分析思考與確認問題，則傾向為「問題導向」。例如：師培生面對國中生中輟的問題，則可用「問題導向學習」，也會傾向於專題導向的學習（下一節說明）。

2. **「問題本位學習」和「問題解決教學」略有不同**。問題本位學習的目的即在於透過解決問題獲得與問題相關的基礎知能和策略性知識，而教師運用「問題本位學習」的原理設計教學活動，是針對已經有答案的問題進行教學，期待學生連結某些特定知能與特定問題之間的關係；而問題解決教學是期待學生運用策略性知識去解決問題，目的在於習慣解決問題，培養問題解決的能力，以面對現在生活與未來挑戰，至於用什麼樣策略性知識解決問題不是重點。

　　若再以本書第一章的「工作素養、職業素養和生活素養」而言，問題本位學習傾向「工作素養」的形塑，而問題導向學習和問題解決教學比較傾向「職業素養」和「生活素養」的形塑。

　　問題解決教學除了真實情境的問題外，也可能需要運用合作學習、探究學習、批判思考等能力，更需要解決問題的基礎知識與技巧，多數學

生在解決問題過程中失敗之主要原因是缺乏基礎知能。因此，可以指導基礎知能以及先培養學生策略性知識與方法後，再發展問題解決的學習活動。而問題解決也需要學生花一些時間去計畫與解決，在學生動機的維持上，教師需要不斷地激發與引導，讓學生在過程中獲得成就感，願意繼續發展解決問題策略與嘗試實踐。

合作學習教學法

　　如同討論教學法一樣，有些教師誤解合作學習的意義，最常見的誤解有下列兩種情形：

1. 誤認為學生分成小組即是合作學習

　　教師誤認為把學生分成小組即是合作學習，或者是有完成小組任務即達到合作學習的目的，這除了並非合作學習的意義外，誤用的話可能讓部分學生學習落後的事實被忽略。筆者在觀課時，偶而會發現教師發問問題後，指定某一學生回答，該學生回答正確後，教師說「第三組加一分」，其實回答者是第三組的其中一個學生，那為何要第三組加一分？若以小組加分，則第三組學習落後的學生不僅落後的事實被忽略，也可能讓落後的學生不會知覺自己學習落後。另外，筆者在某一個課堂觀課中發現另一現象，教師對每一小組發下一張學習單或壁報紙，提出問題後，要求學生小組討論並把討論結果寫在壁報紙上，但卻看到一組內僅有一、二人在寫，其他人只在旁邊觀看，甚至有些人沒有參與，然而寫完之後因為結果非常好故該小組被教師讚美。

2. 誤認為小組內高成就學生指導低成就學生即是合作學習

　　部分教師會因為學生成績不好、學習狀況不好，而鼓勵高成就學生指導低成就學生，或者是鼓勵低成就學生求助於高成就學生，這無可厚非；但筆者經常看到高成就學生僅是將自己書寫題目的過程講給低成就學生聽，甚至低成就學生以獲得答案為目標，沒有藉由高成就學生的指導去思考。除了高成就學生是否能了解低成就學生的思考脈絡，達到指導的

效果之質疑外，把不同能力的學生排在一組，僅期待高能力教導低能力學生的思維也不符合合作學習的學理基礎，合作學習之意涵如同其名，在合作中學習，每個人都要貢獻小組，以及「每一個人都可以在合作過程中學習」。

　　小組合作學習源自於美國反種族隔離政策，一位教授將黑人、黃種人、白種人等各種學生安排在一起進行共同學習，原本認為這樣安排會讓各類型學生自己做自己的事，學習情形可能不佳，想不到透過合作任務的需求（任務分工後可以符合黑人、黃種人、白種人的特質），讓各類型的人都可發揮特質，相互補足，達到任務學習的目的。這也提及了合作學習的異質性分組是讓每一個人的特質都可以發揮，相互學習且貢獻小組任務，而非指高成就學生和低成就學生安排在一組的異質性分組。另也提及了小組「合作學習」而非小組「合作」或「小組學習」的真正價值，是小組成員各有特質，相互學習與仿效，並共同完成單一個人很難完成的任務。

　　小組合作學習的學理基礎來自於社會相互依賴（social interdependence）理論（Johnson & Johnson, 1987）。社會相互依賴觀點認為唯有個體與團體中其他成員一起達成共同目標，才是自己目標的達成時，這種結果促進彼此合作、鼓勵並幫助別人學習；然而，當個體發現別人的成功會排斥自己的成功與獎勵，則產生消極的相互依賴，這種結果產生了競爭的行為；另外，當個人在目標的努力自認為與他人無關，也不會受到別人影響時，這種結果產生個人與團體互不依賴的情形。Johnson 兄弟認為學生若要具有學習成效與發展正向的學習態度，增加學習興趣，則彼此合作進行學習的效果最佳。

　　若將上述的學理基礎轉化為教學步驟，則有以下六個步驟：

1. **設計合作任務**。教師提出的任務是無法單獨一個人獨自完成的，即使提出較為複雜的任務，也需要有不同工作的安排，讓不同工作的能力

得以發揮。

2. **說明任務細節**。教師提示小組合作學習的目標後，說明小組合作的可能細節，特別指出任務包含的子任務所需要的工作與能力，這些工作要由不同的人擔任。例如：拍攝教學影片，需要寫劇本、演戲、掌鏡、剪接、配音、配樂等。

3. **組成學生小組**。教師可以思考學生的能力安排在各組中，或者是學生自己組成小組後，要求他們依照自己可以付出的工作選擇與分工，每一個小組成員工作不同，但都要有幾乎等同的工作量。若有些學生程度落差太大，教師在合作初期可以另行設計或協調工作量。

4. **任務階段進行**。教師宜將小組任務分段指導或分段要求，例如：第一次上課時要求小組討論產出任務方向與撰寫計畫書；第二次上課要求小組成員分工，每個人知道自己的工作與小組任務之間的關係；第三次上課可能分別指導或追蹤各工作的表現；第四次上課則要求學生小組在組內報告工作情形，必要時提供相互協助的機會；第五次上課則鼓勵他們統整。

5. **檢視、報告與調整**。教師不宜在課程最終時才檢視各組合作任務執行結果，過程中便需要察覺各組進度，也可以讓各組學生在過程中上臺報告，提供組間相互學習的機會，教師也可以給予各組回饋，提供小組調整的機會。

6. **成果與分享**。最後教師要求各組透過書面、展覽或報告等形式，將小組合作學習成果彰顯出來，組間相互學習，擴大學生任務學習的機會。

　　如同先前的教學法，為了讓合作學習效果得以發揮，教師還需要注意以下四個問題：

1. **強調個人績效責任**。在教學中強調小組每個成員的責任與貢獻，不可以由小組中某一成員替代完成（可協助或指導完成，但一定要由工作責任者完成）。

2. **強調個人工作與小組任務的連結**。小組合作學習既是分工，也要合作。部分學生在分工後，即以為完成自己分工的事就已經學習結束，為避免這個問題，教師除了設計需要讓學生相互依賴才能完成的任務（例如：A 的工作與 B 有關，A 不了解 B 的工作時，A 就做不好）外，也需要提供小組組內分享的時間，讓學生相互了解每個分工任務與整體任務之間的關係，

3. **提供相互助長學習的機會**。學生在分工與相互分享的機會中，了解他人的進度和投入的態度，如此提供他人仿效良性特質的機會，也能透過組內觀察，相互助長學習。

4. **指導溝通與領導技巧**。小組任務分工與合作中，極可能產生衝突，教師需要指導成員溝通技巧與領導技巧。領導技巧不限於領導者或小組組長，當個人特質發揮，以及個人工作在小組任務中扮演重要角色而需要引導時，就需要領導技巧。在過程中，教師也需要引導學生相互信任、相互自我調整與相互支援，唯有如此，才能完成任務與其任務的要求。

　　教師也可以根據上述的學理基礎，自己或與其他教師共同發展合作學習的教學模式，例如：增加兩段式作業、加入各人不同評量標準、以組間競爭激勵組內合作等。以下提出三種文獻上經常提及的典型小組合作學習模式。

合作學習之小組成就區分法

　　小組成就區分法（Student Teams-Achievement Division，簡稱 STAD）是 Slavin（1978）提出，其步驟是：

1. 教師先將學生以過去表現情形進行異質性分組。
2. 教師呈現學習內容，進行全班性的教學，教師可以提供作業、任務或學習單，讓學生個人書寫，並且檢視每個人在學習問題上的困難。

3. 小組小老師帶領組員一起學習的型態，包含小組成員共同學習並協助同組其他同學學習，特別是針對上一步驟的學習困難進行協助。

4. 教師對全班學生施予測驗，有三種計分方式：

    (1) 個人測驗分數與個人先前分數比較（也可以和班上平均分數比較），依照進步分數的「高、中、低、無進步」轉換為「得分」（例如：8、6、4、0）。

    (2) 若無先前分數，則將個人測驗分數比較於班上平均分數的「高於平均、處於平均、低於平均」等轉換為「得分」（例如：4、2、0）。

    (3) 每一組第一高分進行比較，比較後轉換為「得分」（例如：6、4、2、0），各組第二高分、第三高分也進行比較與轉換得分，以此類推。

5. 獲得每個人的「得分」後，小組內再將此「得分」加總，組間比較「總得分」。這是一種藉由組間競爭激勵小組合作學習的方法。

6. 表揚獲得總得分高分的小組。

　　這樣的設計是鼓勵高能力學生協助低能力學生學習（不一定是指導，能夠分享觀點亦屬之），如果沒有協助學習，即使高能力的人得高分，小組總得分仍然不高；而對於低能力學生只要學習有進步，一樣可以為小組爭取到「得分」，亦即對小組有貢獻。整體而言，小組成員除了分享與協助學習外，每個人的努力可以對小組積極貢獻。

合作學習之小組遊戲競賽法

　　小組遊戲競賽法（Team-Games-Tournament，簡稱 TFT）如同小組成就區分法，只是將第 4 步驟對全班測驗以產出個人分數，改成學術競賽。在準備競賽時，是將各組內高能力的學生安排在一個競賽組、中能力學生安排在第二組、低能力學生安排在第三組，或以此類推，同一等級的學生安排在一組競賽，比賽結果就不會有太大落差，低能力學生也不會有學習無助感。之後，以具有固定答案的題目進行搶答，也可以讓學生輪流抽籤

回答題目，競賽組內統計答對最多題者，可得 8 分、次多題者可得 6 分，以此類推；最後競賽組解散，每個人持著競賽的得分回原小組統計小組得分；教師再表揚得分高的小組。

　　過程中也可以再進行第二輪的學術競賽，採用能力轉換方式，亦即第一競賽組（高能力組）的最後一名移至第二競賽組（中能力組），第二競賽組（中能力組）的最後一名移至第三競賽組（低能力組），也把第三競賽組（低能力組）的第一名移至第二競賽組（中能力組），第二競賽組（中能力組）的第一名移至第一競賽組（高能力組），如此確實做到相同競賽組有相同能力等級。小組遊戲競賽法特別適用在複習記憶或理解型的基礎知識，又有競賽趣味性。

合作學習之拼圖法二代

　　拼圖法二代（Jigsaw II）是 Slavin（1978）改良自德州大學的合作學習方法，採用拼圖法二代有以下七個步驟：

1. 教師先將學生 4-5 人一組，而學習材料也分成 4-5 份；若一組 6 人，就得要分為 6 份，每個學生負責一份。
2. 每個小組成員先閱讀主題資料，包含自己負責部分的資料。
3. 然後各小組負責同一部分的學生，集合到另組成的專家小組中去討論各自負責的相同主題，教師也可以指導或協助，熟練之後回到原來的小組。
4. 回到原來的小組後，向其他成員報告或教導其他小組成員其所負責的主題。
5. 全班統一測驗，所得分數再和課前依據個人程度或上一單元表現的情形設定的個人基本分數進行比較，若高於 20 分或滿分者，可得 10 分、高於 10 分者可得 5 分，以此類推，教師可自行設計「得分」。
6. 最後小組統計得分。
7. 教師再表揚得分高的小組。

　　拼圖法二代和小組成就區分法一樣強調異質分組、個人進步分數。不過拼圖法二代的特徵是採用了專家小組的設計，與其他組員學習共同主題時達到精煉，而與自己組員學習時具有交互依賴性。

　　拼圖法二代的使用若將全班統一測驗以後的步驟刪除，其應用時機相當廣泛，教師讀書會亦可能採用，學生小組期末任務亦可以如此。以教師讀書會而言，在教師社群內每一個人負責一個主題，先閱讀或先透過各種方法精煉自己的內容，於小組聚會時報告給其他成員聆聽和討論；以學生小組期末任務而言，教師在分組與各組分配工作後，可以集合相同任務的各組成員，教師指導子任務的進行，再要求這些成員回組上指導其他成員，每個子任務都指導後，小組任務即可完成。如此作法不僅可以讓每個成員對小組有所貢獻，也可以知道組內其他成員的任務與自己的任務和小組任務的關聯。

　　合作學習非常適合在複雜情境任務或跨領域課程的學習。複雜情境任務或跨領域內容具有多個子任務或次主題，每個小組成員可以負責其中一部分，但需要連結不同的概念與技巧進行思考，運用策略性知識於小組任務中，並在貢獻小組任務中相互學習。此教學法也可以形塑溝通、合作、表達以及問題解決相關的核心素養。

第二節　情境任務可採用的教學方法（專題導向學習、創造思考）

　　除了上一節提到合作學習可以運用在情境問題外，也可以運用在情境任務的教學設計中，本節再說明專題導向學習的教學方法以及創造思考的教學方法。學生在現在或在未來都可能會遇到一些好奇的現象而需要深入了解，也可能需要因應時代的變遷而有不同的創意思維；另外，若是因應問題的解決，也可以發揮創意思維，結合問題解決教學法，提出具有創意性的問題解決策略。

　　如同上一節，核心素養的形塑是學生在生活情境任務中進行實踐，本節說明專題導向學習教學法以及創造思考教學法的應用。

專題導向學習教學法

　　專題導向學習（Project-based Learning）教學法與先前問題解決教學法比較，兩者均需要探究、發現與質問的技巧，但問題解決的問題是學習的中心，學生不斷地探索相關知識和策略性知識，找出問題解決的方法；專題導向學習是期待學生進行相關現象或變項的探索，藉以獲得知識與能力。而在專題內，學生對現象好奇和察覺後自己建立問題，並蒐集與分析資料，解決自己好奇的問題，再完成各現象或變項的成果報告。專題導向學習教學法也類似探究教學法，但專題導向學習教學法是「專題導向學習」的教學法，是一種促進學生自我導向學習的教學法，非常強調學生的「自主學習」過程與成果產出，培養學生未來面對各種情境現象時，能自主性地探索、發現新知。整體來說，專題導向學習是學生藉由長時間的探究與回應真實的、複雜的問題或挑戰，進而獲得知識與技能的一種教學方法。

　　如同 Problem-based Learning 的中文翻譯，文獻上經常看到 Project-based Learning 被翻譯成任務本位學習、專題本位學習、專題導向學習等名詞。以「導向」或「本位」而言，若任務比較明確，則可用「專題本位學習」或「任務本位學習」；若任務有既定範圍但比較模糊，則可用「專題導向學習」，亦即學習者在某個專題範圍內，可以選擇其有興趣且可引發自主學習的主題進行探究學習與產生成果。這也是和本章第一節提到問題導向學習不同之處。專題導向學習時，學生可以自己產生驅動問題進行學習，而問題導向學習則強調事件隱含的問題與解決。

　　既然學生以專題導向進行自我導向的學習，教師在專題的選擇就會非常重要，專題選擇得好，就能激發學生自主學習與持續動機到產出。好的專題導向的教學有四個特徵：(1) 需要長時間（通常是幾個星期）去完成；

(2) 連結許多學科知識或技巧；(3) 過程和結果一樣重要；(4) 教師需要引導以及學生也需要合作。而在教學上，通常會需要批判思考、問題解決、合作和溝通技巧。除了專題選擇外，教師也要知道學生已經具備專題的基礎知能，也要確認學生在專題學習中可以掌握完成專題的策略與方法。

　　既然專題導向學習是學生藉由長時間的探究與回應眞實的、複雜的問題或挑戰，進而獲得知識與技能的一種教學方法，也可能需要批判思考、問題解決和合作溝通，因此，在學習內容的選擇上，教師可以考慮生活情境中的一些現象與問題。本書提供幾個面向讓教師思考：家庭（用水、用電、產生垃圾）、環境（噪音、汙染偵測）、社區（人文習俗、環境再造）、族群（新住民、底層階級、工作與生活）、習慣（飲食、運動）、需求（休閒、文化、醫療）等。

　　若將上述的原理轉變爲教學活動，則有以下五個階段步驟：

1. **呈現專題與挑戰**。教師呈現一個生活情境，其具有眞實性，學生卻有點陌生，可以激發學生學習，但要了解需要花許多時間，不像是寫作業或例行性任務那麼簡單。例如：臺南的古蹟很多，但怎麼有些古蹟會成爲當前的寺廟？學生選擇「大天后宮」（明朝時期的寧靜王府）進行專題研究。

2. **發展可驅動探索的問題**。藉由上述的描述，引導學生觀察，再透過教師提問，學生確認要回答的問題。學生需要在專題內產出許多感到有興趣的驅動問題。例如：學生到大天后宮觀察後，寫下驅動問題：「聽說寧靜王在此自縊嗎？爲何王府的階梯是七階？康熙的碑文怎麼來的？裡頭一口井和寧靜王有關嗎？……」由於專題導向學習強調學生的自主學習，因此，教師務必引導學生自己發展好奇的問題，以驅動自己的探索動機。

3. **資料蒐集與分析**。教師指導訪談問卷調查、實驗設計以及工具運用的方法，若經由小組分工，也需要引導學生分工合作以及整合任務的完成。例如：小組分工進行，有人上網查詢資料、有人到現場訪談宮廟的

主委、有人描繪建築特色……等，可以運用知識與技巧所連結的策略性知識去獲得資料。

4. **進行解釋與調整**。教師引導學生針對先前的驅動問題，對應所獲得的資料，逐一檢查與解釋，確認答案是否合宜以及是否需要補充資料。例如：學生藉由整理資料與小組討論，對照資料的真實性或可用性，可能需要補充資料或蒐集其他資料。

5. **產出成果報告與發表**。教師指導學生將所有的驅動問題與其解釋進行分類，再依據各類所呈現的訊息之邏輯結構組織安排，最終建立成果報告，並進行發表。例如：教師引導學生分類資料，類別為：歷史、地理、建築和文化四類，從歷史一直探討到成為人民的信仰中心之歷程。各組上臺報告，之後再微調報告成果。

　　在專題導向學習的教學過程中，教師要不斷引導學生發展驅動問題，這是強調自主學習的專題導向學習之特色；另外，教師也要確認學生是否能掌握策略性知識的應用，而在教學中，教師可以在不同的階段和學生分組討論，或讓學生上臺報告與組間分享，讓各組可以自我調整與修正，逐漸在過程中實踐與獲得成就感。專題導向學習教學法如同問題解決教學法，可能需要運用合作學習、探究學習、批判思考、問題解決等能力，這也是此教學法會應用在情境任務中的原因。

創造思考教學法

　　創造思考是個體在特定領域中產出一個適當、具原創性、價值性的觀點的歷程，涉及知識（包含先備知識與經驗）、意向（包含態度、傾向與動機）及技能（包含方法與能力）的統整與有效應用。因此，創造思考教學也符合核心素養形塑之所需，學生在需要創造思考的情境中，運用策略性知識進行創造思考以及可能產出創意作品。

　　創造思考教學法即是教師根據創造力發展原理，在教學過程中，採取各種教學方法和策略，以啟發或增進學生創造想像力為目標的一種

歷程。美國心理學家基爾福（J. P. Guilford）提出創造力包含四種特徵（Guilford, 1967）：

1. **流暢性（fluency）**。在規定時間內，表達出類似觀念和想法的數量。例如：在十分鐘內寫出可以販賣牙膏的地方。

2. **變通性（flexibility）**。能從不同角度、不同方向靈活地思考問題，擴大思考範圍。例如：與教育單位合作的牙膏銷售計畫，以提升牙膏銷售量。

3. **獨創性（originality）**。具有與眾不同的想法和別出心裁的解決問題思路，具有不尋常的特性。例如：為了提升牙膏銷售量，把牙膏的出膏口做大一點點，讓牙膏很快就用完，很快需要再買一條。

4. **精密性（elaboration）**。能想像與描述事物或事件的各個具體細節，力求完美，精益求精。例如：牙膏生產時能考慮到美觀、開關、份量、味道等細節，而且搭配良好。

　　創造力不會無中生有，是需要透過認知歷程產生，其認知歷程包含四個階段（Rothenberg & Hausman, 1976）：

1. **準備期（preparation）**。了解問題，積極準備解決問題的相關資料之歷程。

2. **醞釀期（incubation）**。深思熟慮，積極思考問題與可解決的方案之思考歷程。

3. **豁朗期（illumination）**。思考過程中，突然頓悟，靈機一動，產生靈感，指出可以解決的方法之歷程。

4. **驗證期（verification）**。驗證解決問題的策略之可行性，包含具體表達或產出作品的驗證之歷程。

　　因此，根據上述的原理轉變為教學活動，則有以下四個階段步驟：

1. **呈現有待解決的問題**。教師描述一現象，提出當前方法無法克服的困難，鼓勵學生思考其問題的內涵、屬性或相關細節。

2. **思考解決問題的策略**。教師鼓勵學生發散思考，自由想像，可用腦力

激盪法讓學生針對某一細節或跳脫固有模式提出策略，包含應用通則、方法等策略性知識。

3. **設計突破問題的鈴鐺**。當學生突然想到某個策略可行，便敲打鈴鐺，再說明想到的方法。此時，教師與同學對於新點子要暫緩批評，若不適當，可繼續上一步驟。

4. **驗證解決問題的策略**。若提出的新點子沒有產生其他的問題，可以完整地說明各細節或設計初步的實驗，進行驗證。

　　創造力的產生不容易，有時也需要跳脫固有的思考模式，多數學生有想法，但缺乏信心或擔心被他人嘲笑責罵，教師在創造思考教學前務必要跟學生說明與要求；教師要接納學生的想法，也不可以太急躁或太嚴肅，更不可以強調每個策略點子的完美性，有時候初期產生的粗糙想法是後期完美想法的基礎。更需要注意的是，創造思考教學之目的不在於學習基礎知能與策略性知識，而是策略性知識的聯想，特別鼓勵學生將不同的概念、非單一教材內的概念等聯想在一起。

　　當現在生活與未來挑戰逐漸產出先前無法預見的問題，提出具有創造力的解決策略、滿足生活需求的產品或提出具有創意價值的觀點相當重要，然而，學生需要不斷聯想，在問題與情境中聯想出通則、方法與策略的應用，因此，創造思考教學對形塑學生核心素養是一種相當有用的教學方法。

小結

　　教學法有既定的學理基礎，但沒有固定不變的程序，教師在採用時得要思考學生的基礎知識與心智能力，再將這些教學法的步驟調整設計於教學活動中。

　　在素養導向的教學設計中，情境問題和情境任務是最常被使用來形塑素養的教學活動，在實際生活情境中，人們所面對的挑戰也大都屬於這兩

類。這兩類可採用的教學方法雖然略有不同，但引導學生在過程中對情境現象蒐集資訊，也對所蒐集的資訊進行分析、判斷與產出想法，都是需要的教學步驟，教師可以在不同的教學方法中選擇部分且相互交替運用。

　　另外，需要注意學生學習時的參與動機，有時還得培養學生的挫折忍受力和面對失敗時的心態調整；而如果採用小組合作進行，小組成員間的互動與社交關係，可能也會影響問題解決或完成任務的學習效果。教師閱讀第七章和第八章內容後，若要採用教學方法於素養導向的教學設計中，可以加入學生特質、環境資源以及學習情境，統合思考與調整。教師初次採用時，可能會面對一些問題，除了加入一些自己情境的因素與逐步發展自己的教學模式外，本書鼓勵教師面對教學挑戰時，也能像學生面對情境任務的挑戰時一樣，思考問題與自我調整，發展出成功且屬於自己教學情境的教學模式。

參考文獻

Guilford, J. P. (1967). *The nature of human intelligence*. New York, NY: McGraw-Hill.

Johnson, D. W. & Johnson, R. T. (1987). *Learning together and alone: Cooperative, competitive, and individualistic learning*. Englewood Cliffs, NJ: Prentice-Hall.

Rothenberg, A. & Hausman, C. R. (1976). *The creativity question*. Durham, NC: Duke University.

Slavin, R. E. (1978). Student teams and achievement divisions. *Journal of Research in Education, 12*, 39-49.

教師讀書會或師培生讀書會的參考任務

1. 請以一個生活中或學校情境中的問題，試著思考若要引導學生進行創造思考，其引導歷程有哪幾個階段？請試著以條列方式寫出階段與內容。
2. 請先選擇一個可以進行小組合作的學習內容，再參考本章所提到的合作學習教學法，以條列方式寫出具有教材教法的教學步驟（小組合作任務要包含許多細部工作，細部工作間也要能連結）。

第九章

設定學習目標

　　當教師確認所要教學的核心知能、策略性知識和情境問題或任務後，便要思考學生在學習之後要在這些學習內容上表現到什麼樣的行為程度，包含認知、技能或情意等領域的表現以及表現的層次（行為程度）。學習內容與學習表現即是學習目標內兩個重要的元素。

　　以素養導向的教學設計之三個層次的學習內容分別來說，核心知能的學習內容包含核心概念、技巧與情意因子，其學習表現通常僅是記憶、了解、應用、熟練或認同等層次的表現；策略性知識的內容則包含通則、方法、策略、能力、定理、定律等，其學習表現包含分析、評鑑、創造或複合反應和價值組織等；而情境問題或任務即是提供情境，讓學生在情境中分析、判斷、解決問題與完成任務，亦即讓學生運用策略性知識對情境問題進行分析、策略評估，或提出具有創造思考的任務，因此，需要設定到分析、評鑑、創造或價值組織的學習表現。策略性知識和情境問題或任務可能有相同或類似的目標層次，略有不同的是，策略性知識是教師需要指導，而情境問題或任務是讓學生運用所學習過的策略性知識在新的情境中挑戰，教師提供協助。

　　既然形塑學生核心素養通常涉及情境問題或任務，亦即學生在情境中發現問題或因應任務需求而提出一套作品，需要學生具備分析（問題要素）、評鑑（問題策略或採用方法）或創造（某個計畫書）等高層次的學習表現。因此，教師在素養導向的教學設計時要有「高層次表現與高層次目標」之預設想法。

　　本書已經在第三章到第五章提及教材內容分析後的學習內容，在設定學習目標時，就需要思考這些學習內容要讓學生表現的層次。學習表現層次即是以布魯姆（B. S. Bloom）的認知、技能與情意三個領域，與其向度內涵的表現層次進行採用與設定。

第一節　學習目標的領域與層次

學習目標分爲認知、技能與情意三個領域，每個領域再有其表現層次之分。不過，即使本書提及各表現層次的行爲動詞，教師們在參考採用時需要連結學習內容，一併思考整體內容是屬於哪一個表現層次的意涵，勿以爲某個表現動詞即是專屬於某個表現層次。

另外，學習目標的寫法是「一個學習表現（動詞）＋一個學習內容（名詞）」，每一個目標若有兩個學習表現（動詞）或兩個學習內容（名詞）即爲錯誤，原因是如果學生僅達到一個表現或內容的程度時，就不好確認學生是否具備學習目標提及的能力。解決此問題可以：(1) 將兩個表現動詞或兩個內容名詞的學習目標拆解成兩條學習目標；(2) 將兩個表現動詞轉換成一個更高階的表現動詞，或採用可包含另一動詞的其一動詞；(3) 將兩個內容名詞轉換成一個更上位概念（大概念）的內容名詞。

目標的發展與領域

學習目標包含認知、技能與情意三個領域，教育領域的課程若要發展學習目標，絕大多數引用布魯姆於 1956 年發表的《認知領域教育目標分類手冊》（*Taxonomy of Educational objective, Handbook1: Cognitive Domain*）。布魯姆將認知領域教育目標分爲知識（Knowledge）、理解（Comprehension）、應用（Application）、分析（Analysis）、綜合（Synthesis）、評鑑（Evaluation）六個主要類目，絕大部分的教學設計都採用這些教育目標。

不過，近年來，學習上強調學生能具有主動（active）、認知（cognitive）和建構歷程（constructive processes）的能力，不只強調學習者的知識（know），也強調學生的思考（how they think），前者指的是知識，後者指的是認知歷程。經由多年的討論，在西元 2001 年由 L. W. Anderson 和 D. R. Krathwohl 出刊修訂版，將教育目標分成兩個維度，原

有的認知歷程向度改變成：記憶（Remember）、了解（Understand）、應用（Apply）、分析（Analyze）、評鑑（Evaluate）、創造（Create），刪除「綜合」層次，新增「創造」爲最高層次。而爲了強調學習目標是認知歷程的結果，將原本各層次的關鍵行爲也從名詞轉爲動詞。

　　2001 年版另外增加一個知識向度：事實性知識、概念性知識、程序性知識、後設認知知識，如圖 9-1。事實性知識指的是感官所得、實體存在現象的名稱等知識；概念性知識是指多個具有相同屬性的事實示例經由抽象化作用而發展的概念詞語；程序性知識是指處理事情的程序之相關知識，較爲複雜的公式或者是設計某個程序性的任務均屬之；而後設認知知識是指知道認知策略的使用時機，並且在學習過程中使用得宜。不過，本書素養導向的教材內容分成三個層次：核心知識、策略性知識和情境任務，核心知識包含上述事實性知識和概念性知識，策略性知識和情境任務也涉及上述的程序性知識和後設認知知識。本書先前提及素養是在情境問

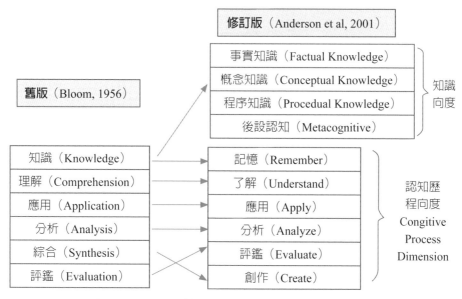

圖 9-1　Bloom 教育目標分類系統新舊版本對照圖

資料來源：譯自 Anderson, Krathwohl (2001), p.310.

題或任務中應用策略性知識，進而在解決問題或完成任務過程中形塑，因此，本章不論述修訂版的知識向度，而以核心知識、策略性知識和情境任務等三個層次的內容進行學習目標的說明。

　　本章節內容以 Anderson 和 Krathwohl（2001）修訂版的認知歷程為目標說明的參考資料來源，部分資料亦寫在五南圖書出版公司出版《教育實習與教師之路：成為教師的十四堂課》的第三章內，本章節再略補充當前教師在發展目標時遭遇到的問題以及可參考的內容。

認知領域的層次

　　多數學習內容屬於認知領域，或者是說知識為主的學習內容比較多，認知領域的目標之設定與採用幾乎是每一位教師在備課時會思考的內容。表 9-1 說明認知領域與其向度內涵的認知表現層次，以及其參考的行為表現之動詞用語。數字愈大，表示學習表現愈高層次，亦有知識內容愈趨複雜之意。

表 9-1　認知領域學習目標的層次與說明表

1. 記憶（Remember）：從長期記憶中提取相關知識。
1.1 再認（Recognizing）：檢索長期記憶，找尋和所呈現的教材資訊一致或近似的知識。 　1.2 回憶（Recalling）：從長期記憶中檢索相關知識。
參考動詞：知道、列舉、回憶、描述（事實）、命名、指出（名稱）
說明：通常學生需要回憶某個事實、指出某個文本中的某個細節，都屬之。
2. 了解（Understand）：從教師教學訊息中（包含口語、書面與圖形訊息）建構知識的意義。
2.1 詮釋（Interpreting）：從一種知識表徵改變到另一種知識表徵。 　2.2 舉例（Exemplifying）：對概念或原則的定義舉出一個特定的例子。 　2.3 分類（Classifying）：指認出某事事物屬於某一特定的概念或原則。 　2.4 摘要（Summarizing）：從諸多事實示例中提取一個主題或要點。

2.5 推論（Inferring）：從所呈現具有感官知覺的教材訊息中引出一個具有邏輯的結論。

2.6 比較（Comparing）：在兩個或以上的事實事物間發現關係。

2.7 解釋（Explaining）：建構一個具有感官知覺事務系統中的因果模式。

參考動詞：解釋、說明、舉例摘要、歸類（事實示例）、歸納（事實示例）、指出（事實示例的關係）

說明：

1. 學生需要用自己的語言去解釋某個概念或現象、陳述某個事件，不能是背誦或記憶文本上的內容。

2. 不過，上一個欄位中的 2.5、2.6、2.7 中的動詞會容易讓教師誤解成高層次的表現動詞。「了解」層次中若提及「摘要、推論、比較和因果」，都僅是在事實示例的摘要、推論、比較、由幾個事實示例推論到另一個事實示例，或者是兩個事實示例所產生的因果對照關係，僅就因果的事實示例建立系統連結。

3. 例如：課文第一段提及「某人去打球、去游泳、去跑步」，學生可以「摘要」或「推論」成「去運動」，因為「某人去打球、去游泳、去跑步」是課本中可以提取的事實，因此，此「摘要」或「推論」是屬於「了解」層次的表現；另外，「比較」正方形和長方形的差異，是屬於黑板上圖形的感官事實察覺，這類的「比較」僅屬於感官事實的對照，也僅是在「了解」層次；再者，學生看到吹氣，氣球變大，「吹氣」是「氣球變大」的「原因」，雖然有因果關係，但也因為僅是感官上的對照，因此還是在「了解」層次。

3. 應用（Apply）：執行或使用一個程序在另一個情境。

3.1 執行（Executing）：執行一組程序在一個熟悉的任務中。

3.2 實行（Implementing）：執行或修改一組程序在一個不熟悉的任務中。

參考動詞：應用（某個公式或程序性知識）、證明、解決（單一問題）、改變、使用、轉變、計算（某個應用題）

說明：學生應用所學習的知識去解釋另一個情境的現象，或證明其所學習的知識可以在另一個情境中適當的展現出來，也可以是運用已經學會的知識去解決另一個類似的問題。上欄的 3.2 指的是學生需要在不熟悉的任務中，先回憶程序性知識，再去執行，難度比 3.1 略高一些。

4. 分析（Analyze）：分解教材資訊成幾個組成要素，並且確認各要素之間與整體結構的關聯。

4.1 區別（Differentiating）：從所呈現的教材訊息中指認出有關的或無關的，或是重要的與不重要的部分。

4.2 組織（Organizing）：在一個知識架構中指認出各細部要素如何統整與關聯。

4.3 歸因（Attributing）：在所呈現的教材資訊中指認出觀點、偏見、價值或意圖。

參考動詞：分析（流程）、找出（各細節的關聯）、比較、推論（主旨）、區別（不同類別的異同）、指認（因果）、分類（不同概念）、指出（不同事件的差異）

說明：

1. 通常指一個或兩個以上包含許多因素的事件或事務，而非指一個包含許多事實的概念。分析即是在於找出這些事件的關鍵要素（包含價值性觀點）、組織與統整要素之間的關係、確認要素之間的因果，或者是多個事件或事務的綜合比較。

2. 此層次的比較和因果不同於先前「了解」層次的比較和因果，它們是屬於兩個或以上「概念」的比較和因果關係，非兩個或以上「事實」的比較和因果關係，讀者可以多加閱讀並察覺它們的不同。

3. 以語文領域而言，每個段落大意是一個概念，學生知道該段落在描述一個細節，而將所有段落的細節摘要與組織起來，可以進行這篇文章主旨的推論，這時的推論即是屬於「分析」層次。

5. 評鑑（Evaluate）：根據規準（criteria）與標準（standards）作判斷。

5.1 檢查（Checking）：在一系列過程或事物中，發現內部不一致、矛盾或是一組實踐成效的效果。

5.2 評論（Critiquing）：在事物與外在規準中發現不一致，或指認一組程序在問題解決的適當性。

參考動詞：評估（策略可行性）、判斷（優劣好壞）、評論、批判

說明：

1. 通常需要學生先藉由基礎知能產出一套評鑑的規準或標準，再藉此標準去與現象或策略進行對照比較。與「應用」層次不同的是，「應用」層次是採用已經確認過的程序性知識，而「評鑑」層次則需要學生先組織好一套規準，再去判斷或評估。

2. 在學習表現設計上，教師可以呈現某個複雜問題情境後，提出多種解決策略，要求學生先思考問題情境的細節，再根據某個規準去評估哪一個策略的優劣價值。

6. 創造（Create）：將各個元素組裝在一起去形成一個完整且具功能的整體，或重組各要素成一個新的組型或結構。

6.1 產生（Generating）：基於特定規準，形成另一種可能性或假設。
6.2 計畫（Planning）：規劃一個可以解決問題的程序。
6.3 製作（producing）：發明、設計或改寫一個特定的事物、程序或方案。

參考動詞：設計、規劃、創造、產出、改寫

說明：
1. 通常需要學生先了解某個複雜問題或情境，根據情境的各細節或各要素，改變某個或全部細節或要素，再去組織與形成新的方法、任務、計畫和成果。
2. 難度較高之處在於學生不僅需要知道情境要素，也需要知道有何替代或創新的思維可以在該情境要素中運用，最後還得組織起來成為有意義的內容。

　　教師可能會發現一個「動詞」的詞彙可能適用於兩個不同層次的目標類型，單一領域目標的表現動詞需要和學習內容一起思考才能確認是哪一個層次。例如：「學生能解釋平行四邊形的面積公式」和「學生能解釋清末衰敗的原因」分別屬於「了解」和「分析」層次，原因是前者的平行四邊形的面積公式是透過感官察覺長方形的事實所發展的「概念」；而後者的清末衰敗之原因得要從很多的施政與戰爭因素中釐清各要素之間的關係（屬於通則之策略性知識），因此，前者屬於了解層次，後者屬於分析層次。

　　另外，值得一提的是，學生要達到高層次的認知目標，需要有低層次的認知目標作為基礎，但有些不一定要有每一個低層次的認知目標，即使每一個低層次的認知目標都需要具備，其具備的認知強度可能也不同。舉例來說，學生要「分析」某個地方遭受汙染的原因，就得先「了解」環境汙染的意義，但可能不需要環境汙染的程序原則，因此就沒有「應用」層次目標的需要性。這也說明了當一個目標有兩個動詞的時候，教師可以保留較高層次的表現動詞之原因。

技能領域的層次

技能領域是屬於心理動作技能，原文是 Psychomotor，包含內在心理因素（認知心理能力）對外在技能學習與形成的影響，亦即心理動作技能不僅是表現於外的動作之熟練度與精確度，也包含知識理解等認知領域以完成動作的內在因子，因此，以 E. J. Simpson 技能領域分類理論最符合認知心理知能在技能學習之論點。Simpson 對技能領域教育目標的分類，區分為七大主階層與次階層的行為表現（表 9-2）。

表 9-2　技能領域學習目標的層次與說明表

1. 感知（Perception）：是指感官察覺、注意或感應到外界之物體、性質或關係的歷程。
參考動詞：描述、說明、指出、發現
說明：感知是成為一項動作的最初步驟，也是「情境－解釋－行動」鏈（Situation-Interpretation-Action Chain）的最基本事項，換句話說，當個體學習動作技能，則會經歷心理察覺刺激、判讀或解釋意義、產生相應動作等三階段歷程，而感知是屬於第一階段。例如：知覺三個動作的順序。以打籃球的三步上籃而言，當學生能注意察覺教師的三步上籃之歷程，即有感知層次的「心理」動作技能表現。
2. 趨向（Set）：是指感官接收刺激、產生感覺或感應後，開始要進行某種動作或意向之心智與肢體的準備狀態。
參考動詞：選用、回應、表現、嘗試
說明：有「預備」和「預勢」的意思，指當學生要開始表現動作時的準備狀況。例如：選用合適的肢體動作表現。再以三步上籃為例，當學生能手持籃球隨意測試三步上籃之動作，即有趨向層次的心理動作技能表現。
3. 引導反應（Guided Response）：是指在教學者的教學指導示範下，或類似操作手冊、作業範例、標準程序單等書面文件或視聽媒材的導引下，所明顯跟隨引導後做出的動作與行為。
參考動詞：模仿、複製、依從、跟隨
說明：亦有模仿之意。技能的學習通常透過教師示範，學生跟隨仿效，當學生仿效正確，亦即達到此技能的表現層次。例如：跟隨教師做出開合跳動作。在三步上籃例子中，學生能在教師的示範下，分別練習行進間運球、靠近籃框向前持球跨步、跳躍……等分解動作，即有引導反應層次的心理「動作技能」表現。

4. 機械化（Mechanism）：是指動作技能可成為習慣性、反射性的連續順暢動作反應。機械化的技能表現，源於長久或多次的技能練習，而能不經思考，立即正確反應的動作與自信。

參考動詞：操作、裝卸、熟練、校驗

說明：有動作熟練之意，行為動作表現到自動化的狀態。當教師示範後，學生展開練習，一直到在需要的時候可以立即展現行為動作的程度。例如：熟練顯微鏡的操作動作。又例如：學生能夠熟練三步上籃的每個細節動作，無須教師示範，此情境即有機械化層次的心理動作技能表現。

5. 複合明顯反應（Complex Overt Response）：含有綜合複雜動作內容所表現明確有效率的動作技能。

參考動詞：組合、修繕、統整、混合

說明：「複合明顯反應」超越機械化的反應動作，能最有效能地融合多種動作或行為的技能反應，這個層次強調多個動作技巧組合成一系列具有意義的行為系統。例如：完整做出跳箱的連貫動作；或是學生能將三步上籃所有細節動作完整做出一遍而無錯誤，即有複合明顯反應層次的心理動作技能表現。

6. 適應（Adaptation）：面對內容不明或初次嘗試的事項，重組、調整或修正動作行為，以因應新問題情境或解決的技能能力。

參考動詞：調整、修正、改變、改組

說明：比上一層次更高，是在一系列行為系統表現時遇到需要部分改變的狀況，而能夠調整與修正原有動作，以達到具有意義的動作狀態。例如：因應某個節奏，加入一段舞蹈動作；或者是學生能在有人阻擋下，藉由假動作修正，並完成三步上籃所有細節動作，即有適應層次的心理動作技能表現。

7. 創新（Origination）：依據既有的知識與技能為基礎，加入個體的創意，建構新的動作、行為、處理方式或程序。

參考動詞：設計、規劃、編輯、製作

說明：這是最高階層的技能表現，能自既有的技能表現形式中，發揮不同以往或超乎現有水平的技能。例如：運用基本動作即興創作一分鐘的舞蹈表演；或是學生能自我整合先前所學技能，發展創新不犯規的三步上籃動作如挺腰延遲投籃，這即是創新的心理動作技能表現。

　　有些技能領域的目標之表現動詞似乎與認知領域的目標動詞相似或雷同，如先前所提，教師在撰寫學習目標時，宜搭配學習內容來判斷所撰寫

的目標之表現的領域與層次，例如：「設計」一套舞碼是屬於技能領域的目標、「設計」一套解決問題的方案是屬於認知領域的目標；另外，「將不同的動作技巧組織起來」和「將不同的資料進行分類組織」亦分別屬於技能和認知領域的目標。

情意領域的層次

情意領域目標指的是學生面對事務或事物的情感表現，例如：感覺、價值、欣賞、熱忱、動機和態度。根據布魯姆的學習目標，情意領域之分類有五個目標層次。

表 9-3　情意領域學習目標的層次與說明表

1. （願意）接收（Receiving Phenomena）
1.1 知覺，意識到現象或事物的存在。 　1.2 有意願接受，願接受特定刺激並不作判斷。 　1.3 選擇注意，將特定的現象或事物區分成形象與背景，並只注意其喜愛的部分。
參考動詞：詢問、選擇、傾聽、注意、尊重、指認
說明：通常學生只要願意聆聽上課的講解、願意注意教師指示要注意的教材，即達 　　　到此層次的目標。例如：傾聽他人、能注意上課的內容。
2. （積極）回應（Responds to Phenomena），是指參與學習、對特定現象回應，亦有學習結果獲得滿意之意。
2.1 屬於被動的或順從的反應。 　2.2 出於自願、自動的反應。 　2.3 除自願反應外，另伴隨著愉快、趣味。
參考動詞：回答、協助、順從、表現、（聽從指示）練習、樂於（參與）
說明：不管是被動還是主動，或者是愉悅或者是被要求，只要學生能回應教師的指 　　　示，均屬之。例如：參與課堂討論、主動舉手發問、知道安全規則後進行動作。
3. 價值化（Valuing）：指一個人賦予一個特定的個體、現象或行為的價值。
3.1 接受現象、事物或行為的價值並對其有一致的反應。 　3.2 接受、認同、堅信價值並進而追求。 　3.3 完全肯定某種價值，並表現於行為、進一步說服他人接受。

參考動詞：解釋（某個價值）、闡述、認同（某個活動的意義）、啟動、分享、說服、規劃、探討（某個活動的意義）
說明：學生對某個事務、事物或活動在內心產出一種特殊的態度，大部分都是正向的態度，此態度將影響自己參與活動的行為。例如：闡述民主的價值、認同環境保護的重要、規劃校園安全維護的路程圖。
4. （價值）組織（Organization）：是指一個人將諸多價值組成一體系、區別價值的意義、確定價值的關係。
4.1 價值概念化，將價值概括化，使其成為抽象的、符號的。 4.2 價值體系組織：將複雜的價值組成一個有順序、內部一致的體系。
參考動詞：建立、安排、組織、歸納、形成、綜合
說明：組織即是兩個或以上的價值之相對或聯合，例如：論述自由和責任的平衡需要；建立一套社會生活規範；有效地運用時間符合家庭、工作與社會的需要。
5. 內化價值（Internalizes Values）或品格形成（Characterization）：是指一個人依據價值體系表現前後一致且趨近長久的行為。
5.1 一般態度，依據價值體系，表現一致而有效的行為。 5.2 品格形成：是情意領域的最高目標，即具有內在一致的態度、信念。
參考動詞：信守、實踐、呈現、影響、形塑、表現、改造
說明：這是最高層次的情意表現，是在某個領域統合所有價值意義的人事物發展成一種足以作為個人行事的信念，例如：實踐自己的專業責任、顯示學習的責任感、信守教育承諾、具有悲天憫人的胸懷等。

　　情意目標愈來愈常受到教師的採用，不僅在輔導活動、藝術與人文領域課程中需要設定，愈來愈多的教師也在素養導向的教學設計中加入「回應」或「價值化」層次的目標。例如：學生在面對問題與挑戰時，能夠「主動」去發現問題，當學生主動去發現問題時，此情意目標便已達到「回應」的層次；或當學生在小組合作解決問題或完成任務時，他們相信只有團隊合作才能夠完美的達成任務，「相信團隊合作在學習上的價值」即是「價值化」層次的目標。

　　在學生表現情意目標的確認上，多數需要透過學生自陳和教師觀察，當學生表達團隊合作的重要性，並確實投入小組合作與討論中，教師

便可以確認學生已經達到此「價值化」層次的目標。

第二節　領域綱要與雙向細目分析表

　　學習內容（核心知能、策略性知識）確認後，教師需要繪製雙向細目分析表，將學習內容與學習表現相互對照，並再考慮學生特質、環境資源和對照領綱中的學習內容與學習表現，即可以發展成素養導向教學或單元教學的學習目標，再藉此學習目標發展教學活動與評量設計。

可以參考教師備課手冊對照學習內容和學習表現

　　教師分析教材內容結構以及選擇重要的核心知能與通則等策略性知識後，可以再與教師備課手冊相互對照。部分教師直接採用教師備課手冊內的學習目標，本書仍然建議教師再探討教師備課手冊提及的核心知能是否充分，也是否可以組織成策略性知識，以發展情境問題或任務，形塑學生的核心素養。必要時，教師可以補充核心知能或將不同的概念連結成策略性知識。

　　特別是策略性知識的建立，策略性知識是由兩個或以上的概念、技巧與情意因子所組織而成，那是學生在面對情境問題或任務時需要具備的策略，部分版本的教師手冊沒有充分地提及策略性知識的建立。如果教師未將策略性知識納入教學設計，學生若未具備該策略，而讓學生直接面對情境問題或任務，不僅學生可能感覺到挫折，教師也可能對素養導向教學失去信心。

務必以領域綱要確認教師所發展的學習內容和學習表現

　　雖然教科書和教師備課手冊可能提及該單元的學習目標，但教科書是由編輯閱讀總綱與領綱後轉化其內容為教材單元的學習內容和學習表現，教師也可自己將某些概念或技能組成通則等策略性知識為學習內

容，並設定學習表現的目標。不過，教師自行發展策略性知識以及情境問題的內容與目標時，宜多和總綱與領綱中的學習內容、學習表現與核心素養進行對照。

例如：國小四年級社會領域某一個單元「家鄉的產業與生活」中，教師選定核心概念，包含：(1) 產業發展因素；(2) 農林漁牧業的適合環境；(3) 產業種類，以及通則爲：(1) 產業間分工合作關係；(2) 產業間競爭現象。雖然這個單元是基於九年一貫課程而非十二年國教課綱編輯出來的教科書，但教師想要發展素養導向的教學設計與提前嘗試教學，檢閱了社會領域課程綱要中的學習內容，其中學習內容 Ad-II-1 提及「個人透過參與各行各業的經濟活動，與他人形成分工合作的關係。」教師先確認了「產業合作」是學習內容中相當關鍵的內容，也知覺各行業的經濟活動的基礎知能（包含發展因素、適合環境、種類），因此將「產業間分工合作關係」視爲發展情境問題或情境任務的策略性知識。

另外，教師察覺學習表現 3d-II-1 提及「探究問題發生的原因與影響，並尋求解決問題的可能做法。」此內容的學習表現是「探究」和「解決問題」，再考慮到學生生活情境中可能有些家庭面對產業的問題，也期待有好的策略可以因應，爲了達到「解決問題」的程度，教師便把學習目標層次設定在「創造」層次。最終教師在「家鄉的產業與生活」單元的教學活動中設計一個情境任務，學習目標和評量目標是學生能「提出策略以面對產業競爭的問題」。題目如表 9-4。評量目標的設計將在第十章說明。

繪製雙向細目分析表

先前提到的學習目標與命題目標是由學習內容與學習表現交叉對照而來，以國小四年級社會領域某一個單元「家鄉的產業與生活」爲例，雙向細目分析表舉例說明如圖 9-2。

表 9-4　素養導向的情境問題之命題設計

評量目標	提出策略以面對產業競爭的問題。

題目與選項

廷安的爸爸是在關山鎮德高里種稻的農夫，發現今年稻米的銷售情形變差了，因為雖然稻米產量豐收，但是現在人們吃米飯的次數卻變少了。廷安爸爸該怎麼做才能改善家中稻米銷售情形？

評分標準

向度級分	認知層次	表現敘述
4 分 能實踐	創造	能針對問題原因，提出有策略的解決方法。
3 分 能表現	分析	能綜合各要素，提出解決方法。
2 分 能理解	理解	能寫出廷安爸爸問題的原因。
1 分 能知道	記憶	能寫出廷安爸爸的問題。

命題者：臺東縣德高國小曾美菊老師

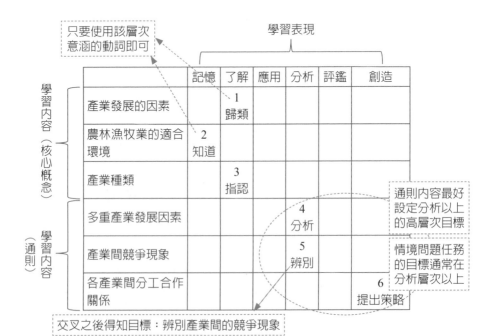

圖 9-2　雙向細目分析表的實例與說明圖

　　若是一個單元的教材內容設計，繪製雙向細目分析表（可參考圖 9-2 的格式）與設定學習目標的流程如下：

1. 確認學生所需要學習的核心概念與通則等策略性知識，並分別寫在雙向細目分析表的左邊欄位內。
2. 針對每一個學習內容思考學生要表現的層次，並且在第一列的空格中寫下來。只要具有某層次意涵的動詞即可，不一定要用記憶、了解、應用等詞彙。
3. 對照總綱與領綱中的學習內容與學習表現，必要時調整。
4. 從領綱的學習表現中找出最高層次的表現動詞（如上一節點說明），再逐漸參照學習內容設定較低層次的表現，亦即學習表現層次化。
5. 將學習內容與學習表現交叉形成學習目標，多數目標是動詞（學習表現）＋名詞（學習內容），並寫上代號，表示是第幾個學習目標或第幾題的評量目標。
6. 潤飾。學習目標也可以加入一些子句，適當地運用子句可以讓目標更明確一些，或加入一些情境用語。例如：「學生能藉由估算與兩位數的加減法整合思考，解決生活情境中的問題。」子句即是「藉由估算與兩位數加減法的整合思考」。

第三節　學習目標設定的問題

　　學習目標的設定非常重要，它指引著教學活動的設計，也對應著評量工具的發展與設計。若學習目標寫得不清楚或者是選擇採用的領域和層次錯誤，不僅可能產生混亂的教學活動，也無法促進學生的學習成效，更無法達到素養導向教學設計之目的。

　　目標有邏輯結構，亦即有上位目標和下位目標，上位目標涉及到比較高層次的表現以及比較寬廣的學習內容；反之，下位目標比較具體。教師在設定學習目標時，宜先設定最高層次的目標，再往下設定較低層次的目

標，最終再整合調整。這樣做的目的在於讓教師清楚知道要達到最高層次的目標前，需要讓學生具備較低層次目標的學習表現。

　　本書建議教師撰寫學習目標前，可以將所有的學習目標繪製成具有上位和下位概念的樹狀圖，如此可以讓教師知覺要形塑學生核心素養並沒有快速的方法，需要由基礎目標逐漸建立起。圖 9-3 便指出一個單元的目標之上位和下位之區分。

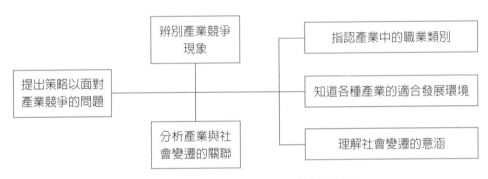

圖 9-3　學習目標之上位和下位的實例圖

　　另外，關於學習目標的設定，根據筆者實際帶領教師撰寫教案的經驗，經常產生一些迷思或誤解，以下分別說明之：

切勿以為低層次的目標就不好

　　部分教師在思考學習目標時，會將目標設計在高層次目標。若是形塑素養的問題或任務，高層次的目標是理想的；不過，複雜性的問題與任務也需要基礎知能，欠缺基礎知能，學生可能無法面對問題與任務的挑戰。

　　教師可以思考學生面對問題與任務需要哪些基礎知識或技能，這些基礎知識或技能在素養導向的教學設計中扮演重要的角色。例如：學生的任務是提出策略以面對產業競爭的問題，那麼學生就得先了解產業發展的因素、產業競爭的定義、產業競爭的原因，最後才有知能去提出產業競爭的策略。教師可以設計低層次的目標，也需要確認學生具備低層次目標的表

現能力時，才進行高層次的問題與任務。

　　而在實際教學時，也是從低層次的目標設計教學活動與評量，在其教學活動結束與評量確認學生達到學習目標的表現之後，再逐步往上教學與評量。核心素養的形塑是在情境問題或任務中運用策略性知識，而策略性知識是核心知能的連結，核心知能是相當重要的基礎。

目標使用的動詞一定是描述學生結果的動詞

　　學習目標是指學生在教師某個教學活動後（不一定一節課或一單元，可能一節課會有兩個學習目標），達到教師預期在學習內容上可表現的行為（多是指認知歷程後表現於外的行為）。根據筆者多年來的研究與教案審查的經驗，部分教師在撰寫學習目標的表現動詞時，經常有兩類型的錯誤：

　　第一，誤把教師教學活動當作學習結果，例如：「培養學生能具備顯微鏡操作的能力」或「促進學生理解本課大意」，這些似乎在指教師教學活動的目的，甚至少數的目標寫成「讓學生遊戲」。修改方式即是把學生當主詞（這主詞可以省略），例如：「（學生）能具備顯微鏡操作的能力」、「（學生）能理解本課大意」、「（學生）能在遊戲中察覺與他人合作的好處」。

　　第二，目標動詞都是表示一種學習結果（outcome），而非過程中的學習活動（activity）表現，例如：「學『習』顯微鏡操作的技巧」，可以改成「學『會』顯微鏡操作的技巧」或者是「熟練顯微鏡操作的技巧」；「練習上步上籃的動作技巧」之「練習」是一種過程中的活動表現，非結果表現，可以將「練習」改為「熟練」。另外，有些動詞看起來既是顯現過程行為，又可以當作結果行為，例如：能聆聽、能主動分享等，這在情意領域且較低層次的目標中特別多。那也算是一種結果，因為那是對教師教學引導的回應，不過，教師在設定這類學習目標時，就同時要有「學習中觀察」的評量之想法。

高層次的技能領域目標可能需要包含低層次的認知領域的目標

高層次的技能領域目標可能需要包含低層次的認知領域和情意領域的目標，反過來說，高層次的認知領域目標可能也需要低層次的技能領域和情意目標作為基礎。也可以說，認知、技能與情意的目標會有彼此關聯的現象。

素養導向的教學設計需要發展情境問題或任務，這些複雜性的問題或任務通常涉及許多認知與技能相關的學習內容。例如：「能規劃彰化景點的導覽行程」是一種認知領域高層次（創造層次）的學習目標，學生需要先了解彰化地區有哪些景點（認知領域低層次的記憶），也要能操作 Google 地圖，確認景點 A 到景點 B 的距離和所需要的時間，這便是技能領域的機械化（熟練）層次。如果教師設計此任務是以小組合作進行，小組成員在分工各景點的資料後要能分享和相互協助，就涉及了情意領域的目標。

核心素養的定義是「一個人為了適應現在生活及面對未來挑戰，所應具備的知識、能力與態度。」其中的「知識、能力與態度」就說明了學生要解決問題或完成任務，就需要整合知識、能力與態度為高層次能力。

小結

學習目標的設定非常重要，不僅在素養導向教學設計中可以確認要形塑學生核心素養之預期結果，結構性的目標設計可以讓教師知覺高層次目標需要低層次目標作為基礎，複雜性任務也需要基礎知能作為先備知識，這也說明了，素養導向的教學設計是需要一段從低層次目標往高層次目標逐步開展與學習的歷程，無法一蹴可幾。

另外，根據筆者的經驗，部分教師在設定目標時已經了解認知、技能與情意領域的目標，以及可以理解自己的學習內容涉及哪一個領域的目

標，較爲困難的是，教師在選擇表現動詞時往往思考很久，找不到適當的詞彙。本書建議教師可以先以長一點的句子描述希望學生學習之後要表現到什麼程度的行爲，這可以協助教師思考表現動詞的採用。

　　從學習目標就可以看到學生要學習的內容和需要表現於外的行爲，學習目標寫得好、寫得貼切，其他教師閱讀學習目標後就可以合理預期上課時會呈現什麼樣的教材，以及如何評量學生的表現。確認學習目標之後，就可以藉此設計評量題目以及安排教學活動的流程。

參考文獻

Anderson, W. & Krathwohl, D. R. (Eds.) (2001). *A taxonomy for learning, teaching, and assessing: A revision of Bloom's educational objectives*. NY: Longamn.

Bloom, B. S., Engelahar, M. D., Frust, E. J., Hill, W. H., & Krathwohl, D. R. (1956). *Taxonomy of Educational Objective, Handbook1: Cognitive Domain*. N.Y.: David McKay.

教師讀書會或師培生讀書會的參考任務

1. 請先分析某一個教材單元內容，選擇核心知能、策略性知識，以及擬定一個情境任務等學習內容，再根據所提出來的學習內容，繪製雙向細目分析表，以及參考學習目標的格式，分別寫出所有的學習目標。

2. 承上一題，再參考本章圖 9-3 的學習目標之上位和下位的實例圖，把所有的目標繪製成具有上下位結構的圖示，並嘗試列出這些學習目標在教學活動過程中的順序。

第十章

編擬素養導向的
評量題目

　　當教師編擬學習目標且進行教學活動時，需要知道學生學習結果是否符合教師的學習目標，這時候就需要進行學習評量。評量結果不僅可以讓教師知覺其教學效果以及進行後續教學活動的教學決定，也可以讓學生知覺自己的學習結果。教材內容、教學活動（教學方法）與學習評量三者是相互關聯，也相互對照的。

　　編擬評量的試題或情境任務是一種系統化過程，是由選定的教材內容為起點，設定學習評量的目標，之後根據目標，發展評量內容，並在進行教學活動後，以評量工具對學生進行評量。理想上，教師的學習目標若設定合宜，教學活動也如同預期，評量內容若能根據學習目標所轉化的評量目標進行設計，也沒有其他干擾因素影響評量進行，評量內容便具有效度。換句話說，評量題目要根據所選定和經過教學的教材內容，而題目的難易度也要符合學習目標（與轉化的評量目標）中的表現程度。

　　另外，一個單元或幾個單元一起命題時，可以綜合發展核心知能、策略性知識和情境任務等評量題目。核心知能的評量目標層次較低，通常設定在了解或應用程度即可；策略性知識是涉及概念之間的關聯，評量目標需要達到分析（組織）以上的認知層次；而情境任務則是需要學生運用所學習的知能與策略性知識，在情境中達到分析、判斷、解決與創造等認知層次，評量目標也是需要達到這些層次（情境問題或任務的學習目標層次通常會比策略性知識的學習目標層次略高一些）。不同層次的教材內容有不同層次的評量目標，教師藉由發展不同認知表現程度的多個題目，評量目標會以接近常態分配地分布在雙向細目分析表中，亦即中等程度的題目會較多，低層次和高層次的題目會比較少，如此可以強化評量題目的效度，也可以鑑別學生的學習理解程度，亦即評量內容也具有鑑別度。

　　本章僅對素養導向之核心知能、策略性知識與情境問題或任務進行評量上的說明與舉例，沒有針對題目的語句與形式進行探討，若需要這類型的資料，請讀者自行查閱測驗與評量相關書籍。

　　設計評量題目的第一件事是需要思考與確認哪些核心知能和策略性知識是該單元的關鍵內容，也曾經於教學中提示或指導過，因此教材內容分析是評量的起點（教材內容分析於本書第三章、第四章與第五章詳述，讀者可以先行參考）。

可從教材內容分析圖中檢視要評量的關鍵內容

　　教材內容分析圖中可以發現單元教材的概念、技能或情意因子以及其中的關聯。舉一個歷史單元為例，圖 10-1 是某歷史學科單元的教材內容分析簡圖。

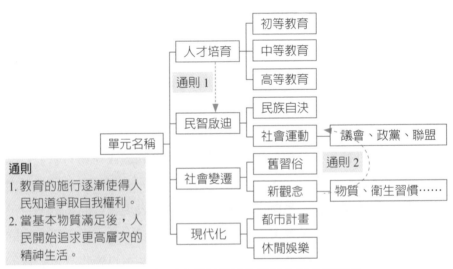

圖 10-1　一個歷史學科單元的教材內容分析簡圖

　　如果沒有從教材內容分析圖檢視，部分教師可能就會翻閱課本或教材，找到其教學經驗中曾強調過的知能，也可能從會考或學測題的閱讀經驗中提出自己認為重要的教材內容進行評量。上述這些作法並沒有錯

誤，但若僅是如此，則欠缺系統。以素養導向的評量設計而言，可以有兩種參考作法。

第一，既然素養的形塑是在情境問題或情境任務中運用策略性知識去面對與挑戰，那麼策略性知識（通常是通則或方法）就得要先評量，那即是重要的關鍵內容之一；其次，策略性知識是由兩個或以上的概念、技能或情意因子所連結而成，被用來形成策略性知識的概念、技能或情意因子也是命題的關鍵內容。換句話說，教材內容的分析圖所發展出來的通則、策略、方法等策略性知識是教師選定命題內容的核心或思考的起點。策略性知識往上可以發展情境問題或任務（本章第三節會說明），往下可以確認所要命題的概念、技能或情意因子。以圖 10-1 為例，「教育的施行逐漸使得人民知道爭取自我權利」是通則 1，是由「人才培育」概念與「民智啟迪」概念所連結成的關係，則「教育的施行導致人民知道爭取自我權利」、「人才培育」和「民智啟迪」即是命題的重點，前者是通則，評量目標略高；後者是概念，評量目標可以設定在理解或應用層次。

第二，具有豐富教學經驗的教師可以容易地檢閱該單元的重要核心概念、技能與情意因子，也知道其中的通則等策略性知識，這些都是重要的命題內容，教師再從策略性知識發展情境問題或任務。不過，如果教師想要檢視學生在高層次的策略性知識的理解或困難，可以先針對策略性知識所包含的概念等核心知能進行評量，如此，若發現學生在概念等核心知能表現無誤，卻在策略性知識上不知道如何解題，那即是策略性知識的形成（概念之間的聯想）上有了問題。根據筆者這兩年的研究觀察，特別是國中學生，在學習評量表現上常會有如此現象。

整體來說，在選擇命題的教材內容時，通則、方法等策略性知識可以優先檢視，讓核心知識、策略性知識和情境問題或任務成為素養導向命題的系統結構。因此，教師在教材分析時一定要列出通則等策略性知識，再把通則寫在教材內容分析圖空白處。如圖 10-2 顯示。

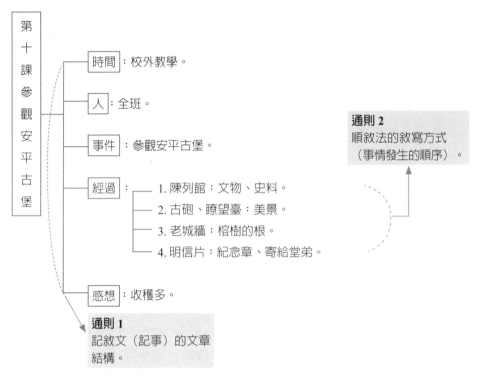

圖 10-2　教材內容分析與通則之摘要圖

設計者：臺東縣德高國小方慧如教師

寫下每一個要評量的內容

　　每一個學習目標在教學中都需要被用來設計形成性評量，但在單元複習考試或總結性評量中，就不一定每一個概念或通則都會被評量，教師需要再從教材內容分析圖中選定與寫下要評量的學習內容。如圖 10-3 的實例說明。

二、教材內容結構圖
　　（一）圖示

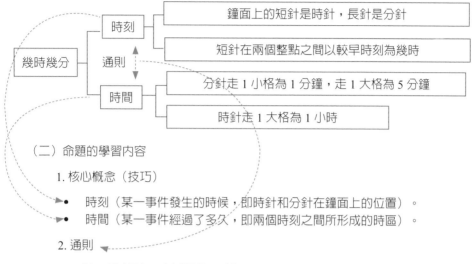

（二）命題的學習內容

　　1. 核心概念（技巧）

　　　● 時刻（某一事件發生的時候，即時針和分針在鐘面上的位置）。
　　　● 時間（某一事件經過了多久，即兩個時刻之間所形成的時區）。

　　2. 通則

　　　● 從 A 時刻到 B 時刻經過 C 時間；
　　　● A 時刻經過 C 時間之後是 B 時刻；
　　　● B 時刻之前 C 時間是 A 時刻。

圖 10-3　教材內容分析與通則之摘要圖

設計者：臺東縣三間國小錢玉蓉教師

設定每一個題目的評量目標

　　學習目標不僅在教學活動中，也在評量命題中扮演重要的角色。學習目標呈現教學活動的意圖、指引教學活動的進行，也在檢視學生學習表現上提供具體方向。撰寫評量目標與學習目標的方式一樣，多數教師也將學習目標直接轉化成評量目標，但可能在期中考或期末考這種比較大型的考試中，就無法將每一個學習目標全部轉化為評量目標，因此，教師為了命題，還是需要再提出一次評量目標，特別是在複習考試或總結性的期中、期末考試時。

　　評量目標一樣使用雙向細目分析表，雙向細目分析表的細節請讀者參考本書第九章第二節。教師把上一節點提及要命題的核心概念與通則依序寫在雙向細目分析表的左邊欄位，如圖 10-4 實例中的箭頭顯示處。

（二）命題的學習內容
　　1. 核心概念（技巧）

- 時刻（某一事件發生的時候，即時針和分針在鐘面上的位置）。
- 時間（某一事件經過了多久，即兩個時刻之間所形成的時區）。

　　2. 通則

- 從 A 時刻到 B 時刻經過 C 時間；
- A 時刻經過 C 時間之後是 B 時刻；
- B 時刻之前 C 時間是 A 時刻。

三、命題
　　（一）雙向細目分析表

	記憶	了解	應用	分析	評鑑	創造
時針和分針	1 知道					
時針走 1 大格為 1 小時	2 知道					
鐘面（含數字鐘）是幾時幾分	3 認識	4 解釋				
短針在兩個整點之間以較早時刻為幾時		5 說明				
指定時針再過幾分鐘是什麼時刻				6 指認		
指定時刻之前或之後幾小時是什麼時刻				7 指認	9 判斷	
兩個時刻之間經過多少時間				8 指認		10 規劃

圖 10-4　評量的學習內容轉入雙向細目分析表之摘要圖

設計者：臺東縣三間國小錢玉蓉教師

　　之後，教師就要判斷該學習內容的表現程度，並填入在雙向細目分析表的第一列欄位中。通常事實性的知識會設定在記憶層次，而概念性的知識都會設定在了解和應用層次，若是技能領域的核心技巧，則從引導反應到機械化層次。而策略性知識的目標需要設定在分析以上的層次，因為策略性知識至少是由兩個概念或技能的關聯形成，分析層次的組織、區別或因果關係，正可以成為策略性知識建構的標準程度。

　　舉例來說，教師指導學生藉由感官記憶某個符號，則只需要設定在「記憶」層次，如圖 10-4 中，前三個學習內容（時針、分針、位置）均是感官可以察覺，因此目標只使用「知道」或「認識」等「記憶」層次的學習表現動詞。

　　另外，在核心概念上，教師選定某一個核心概念時，可以思考這概念是否需要了解其細節或容易和其他概念混淆，這時可以設定在「了解」層次，利用誘答題目（下一節說明）確認學生的學習；或者是這概念可以用來解釋另外一個情境的細節，即可以設定在「應用」層次，如圖 10-4 中，讓學生解釋鐘面的意義和時刻的定義，這即是需要學生解釋的內容，設定在以「解釋」和「說明」的「了解」層次。

　　若是通則，教師可以思考是否讓學生組織與建立此通則，則設定在「分析」層次；若是要讓學生藉此通則來判斷某個事件的解決策略，則可設定在「評鑑」層次；若是想要讓學生藉由通則或多個通則去完成一件任務、計畫或作品，則可以將目標設定到「創造」層次，例如在圖 10-4 中，三點通則的目標均可設定在分析、評鑑和創造層次。需要提醒教師的是，所使用的學習表現動詞不一定是「記憶、了解、應用、分析、評鑑、創造」等詞語，只要連結學習內容後而形成的目標句子，其所表達的意思是屬於該層次的意義即可。

　　不過，如同第九章所提，學習目標的層次要設定多高或多低，需要對照領域綱要的學習表現，並非以教師自己的意識為主，若考慮到學生的程度較低，一樣得設定到領綱學習表現的高層次之程度，再逐步往低層次

設定為多個學習目標。換句話說，學習目標的高低多寡，要考慮的因素是領綱中的學習表現以及自己學生的起點知識程度。如果學生缺乏足夠的先備知識或者是較少有思考與挑戰的經驗，中低層次的學習目標可以多一些，但仍需要有符合領綱中學習表現的高層次目標。可期待的是，學生在中低層次的目標中表現良好，產生學習成就感，再逐步往高層次目標學習與挑戰。

寫下每一個評量目標

　　完成雙向細目分析表後，開始撰寫評量目標。評量目標的寫法跟學習目標的寫法是一樣的，大部分都是學習表現（動詞）在先，學習內容（名詞）在後，如同本書第九章第一節所提，在必要時，教師可以加上一些詞句讓評量目標更能清楚陳述學生在評量中應有的表現。

　　再以圖 10-4 中的雙向細目分析表為例，總共可以寫出十點評量目標，如下。在十點學習目標中，畫底線的部分即是學習表現動詞；而第十點評量目標中，「利用兩個時刻之間經過多少時間」即是教師補充的句子，讓此目標更清楚明白學生要評量的過程與結果。

1. 知道時針（分針）。
2. 知道時針走 1 大格為 1 小時。
3. 認識鐘面是幾時幾分。
4. 解釋鐘面（含數字鐘）是幾時幾分。
5. 說明短針在兩個整點之間以較早時刻為幾時。
6. 指認指定時刻再過幾分鐘是什麼時刻。
7. 指認指定時刻之前或之後幾小時是什麼時刻。
8. 指認兩個時刻之間經過多少時間。
9. 判斷指定時刻之前或之後幾小時是什麼時刻。
10. 利用兩個時刻之間經過多少時間規劃生活事件。

　　本書建議教師將每一個評量目標以口語唸出來，或與其他教師共同備

課時，將評量目標唸出來，請教師們共同檢視，除了文句是否通順外，是否能具體呈現學生要表現的學習結果，必要時可以修正。

　　通常教師會在學習表現動詞的採用上產生些許困難，教師可以先用比較大量的語段陳述出來，再從中選擇學生要表現出來的行為，藉此行為思考和選用學習表現的動詞。

第二節　概念技巧內容的命題

　　評量題目有許多種形式，包含是非題、選擇題、計算題、配對題、應用題、填充題、簡答題、問答題與寫作申論題，這些題目有封閉型和開放型的區別，也有提供訊息檢索（例如：選擇題和配對題）和沒有提供訊息檢索（例如：問答題與寫作申論）的題目之差異。而在技能領域，則會有操作題、表現題和結合認知領域所形成的任務實作題，其中單一技巧的檢測可以用操作題進行實作評量，多個技巧連結成的能力或者是結合認知領域所形成的方法之評量，則可以採用任務題，任務題也可以從簡單的表現到複雜的作品呈現等不同層次命題。

記憶層次的命題是檢測學生事實的回憶

　　有些領域內容有特定的物品名稱、單字語彙、時間地點、特殊意象等事實性知識，許多教師忽略了這些事實性知識的檢測，然而學生要能與他人互動溝通，需要先知覺這些事實性知識。例如：在圖 10-4 的雙向細目分析表中，學生要知道鐘面上的「長針」和「短針」，這種透過感官獲得的事實性知識在進行下一個階段的學習前需要檢測。

　　另外，一個國語文單元內的其中一個段落，或是一個歷史單元中敘述某一個情境的段落，有一些事實的呈現，例如：作者、時間、地點、人物、視覺景象等。這些事實性知識雖然不是主要的評量內容，卻是形成概念的基本要件，以少量的題目來檢測還是必須的。

　　在事實性知識的命題時，選項設計要類似，才能確實檢測學生對事實性知識的回憶。有些命題不一定要列入考試題目中，教師在上課的時候就可以用問答的方式讓學生回憶事實性知識，確認學生是否達到記憶層次的學習目標。

　　例如：某一社會領域單元中，教師設計的評量目標是「知道農林漁牧業的適合環境」，其題目與附加選項如下。由於在課本中已經提及丘陵適合發展牧業及林業，此題即屬於事實文字提取類型，屬於記憶層次。

評量目標	知道農林漁牧業的適合環境
題目與選項	
下面描述的是哪種自然環境？ 「這個地區有許多草地及樹林，居民在這裡發展牧業及林業。」 □山地。 □丘陵。 □平原。 □海邊。	

設計者：臺東縣德高國小曾美菊教師

概念題的命題是基於概念的屬性與事實示例

　　在核心概念的命題時，教師要先寫下此概念相關的屬性、細節、事實示例。從屬性細節和事實示例去發展題目，以確認學生對概念的了解和應用程度。

　　在設計「了解」層次的題目時，概念名詞可以成為題目，而屬性細節或事實示例（通常來自課本文本中的實例）可以編寫成選項，所有選項要有類似性，也就是具有誘答性，才能確認學生對此概念的意義是否完全掌握。在編擬題目時，也可以反過來，將概念的屬性細節或事實示例編寫成題目，而概念名詞成為選項，相同地，選項中各個呈現概念的詞彙或意象也要類似，才能確認學生對此概念的意義是否完全掌握。

　　例如：某一自然科學領域單元中，教師設計的評量目標是「了解熱輻射在生活中的應用」，其題目與附加選項如下。題目是屬於熱輻射的事實示例，而附加選項是概念，三個概念名詞的詞彙或意象具有類似性，具有誘答效果。

評量目標	了解熱輻射在生活中的應用。
題目與選項	
使用鋁箔材質的保溫袋保溫食物是哪一種熱傳播的應用？（答案③） ①熱傳導。 ②熱對流。 ③熱輻射。	

設計者：臺東縣三間國小溫怡婷教師

　　其次，在設計「應用」層次的題目時，是將概念內涵的屬性細節編寫成在另外一個情境（非課本或教學過程中提及），因為具有共通屬性，概念若能遷移到另外一個情境去解釋、操作或實踐，即是有「應用」層次的表現程度。

　　例如：某一國語文領域單元中，教師設計的評量目標是「指認使用擬人修辭的句子」，其題目與附加選項如下。「擬人修辭」是概念，此概念有「將事物賦予人的性格、情態」的定義，評量題目已經提示「它安靜的站在公園裡，好像在說著過往的故事」，選項設計上提出四個句子，評量學生是否將「擬人修辭概念：將事物賦予人的性格、情態」遷移到選項的情境中，是屬於「應用」層次的題目。

評量目標	指認使用擬人修辭的句子。
題目與選項	
下列哪個句子和「它安靜的站在公園裡，好像在說著過往的故事」一樣使用擬人的修辭法？ (1) 天上彎彎的月亮像香蕉。 (2) 我在路上看著來來往往的車子。 (3) 頑皮的雨滴最愛在雨傘上盡情的跳舞。 (4) 一大早，清涼的微風，一陣陣從遠山吹來。	

設計者：臺東縣德高國小方慧如教師

　　下列這一題是反過來，在某一國語文領域單元中，教師設計的評量目標是「能練習相似詞語的替換」，其題目與附加選項如下。學生需要先了解選項四個詞語的定義，再選擇其一替換「剪影」一詞，並使原來的句子仍有意義。不過，題目並沒有說替換後的意義要與原來一樣，因此，只要四個選項的定義確定後，再置入句子中形成有意義的一句話即可。

評量目標	能練習相似詞語的替換。
題目與選項	
「我揮揮手，那個夕陽前『剪影』也揮揮手。」句中「剪影」可以替換成哪一個詞語？ 1. 掠影。 2. 背影。 3. 電影。 4. 倒影。	

設計者：臺東縣瑞豐國小許珍慈教師

　　簡單來說，教師在命題概念的題目時，需要掌握概念的屬性細節或定義。若是讓學生藉由屬性細節或定義來確認概念，那即是「了解」層次的題目；若是讓學生將概念的屬性細節或定義轉換到另外一個情境去操作、去解釋或去實踐，那即是「應用」層次的題目。

技巧內容的命題是基於一系列動作

如同概念的命題是基於概念的屬性細節與定義，由於技巧是一系列的行為動作所組成，因此，在設計評量題目時，需要思考一系列的動作可以如何呈現。

如果是屬於「引導反應」的目標層次，教師可以在示範完畢後，要求學生表現一系列的動作；不過如果是「機械化」的目標層次，就得要求學生在一定時間內熟練地完成該一系列動作。

不過，為了強化學生的技巧在問題情境中應用的準備，教師在提示任務時可以把該技巧的使用情境描述出來，由於僅是一個技巧的呈現，非兩個或以上的技巧連結（先前提及技巧和技巧可以形成能力，先完成什麼事，再完成什麼事，表示會做某件事的能力），因此，這不算策略性知識。下列是籃球三步上籃技巧的命題實例，評量目標是「熟練三步上籃的技巧」，而「在籃球場上與同學打籃球，此時你接到同學傳給你的球，前方無人阻擋，你可以運用三步上籃去投籃。」即是把技巧的使用情境描述出來。

評量目標	能熟練三步上籃的技巧
題目與評分	
在籃球場上與同學打籃球，並且分兩隊比賽，此時你接到隊友傳給你的球，前方無人阻擋，你可以運用三步上籃去投籃。請操作。	
評分標準	
3分，操作無誤、動作順暢。 2分，操作無誤、動作連結不順暢。 1分，部分動作有誤。	

第三節　策略性知識與情境任務的命題

　　策略性知識包含通則、方法、能力等，是由兩個或以上的概念、技能或情意因子形成一個可以表達關係的句子，由於此句子可以通用在許多地方，有些教師直接以「通則」來表達所有的策略性知識；另外，也因為是「兩個或以上」要素（概念、技能或情意因子）所建立起來的策略性知識，因此，在命題時就得要針對所有要素連結思考。之後，情境問題或任務的編擬，即是設計真實生活或未來生活會發生的事件、狀況或問題，讓學生在情境中運用策略性知識，因此，情境問題或任務的編擬要與策略性知識有關。

策略性知識在分析層次的命題

　　本書第九章第一節提及認知領域目標的分析層次之定義是「分解教材資訊成幾個組成要素，並且確認各要素之間與整體結構的關聯。」亦即要素的重要關鍵（可能具有因果關係）、區別、關聯與組織，因此，命題時，可以從這些要素的關鍵、區別、關聯與組織思考。

　　第一種是屬於「分析」層次之「因果」或「歸因」類型的題目。例如：以下為某一社會領域單元的分析層次之題目，教師設計的評量目標是「分析產業發展因素」，其題目與附加選項如下。題目是關於臺東縣成功鎮漁業產業發展的描述，在描述的語句中可以發現很多要素，包含海岸線、平原、山區、海域有黑潮經過等，每一個都是需要解釋的概念（部分概念已經成為先備知識，不需要在此課程中解釋）；而題目最後一句話提問「成功鎮約有 4,000 人從事漁業活動，可能原因請打 ✓」，亦即成功鎮有許多人從事漁業，而要學生找出關鍵原因。不過，值得一提的是，所有選項都是與題目相關的要素，但只有一個具有因果關係，才是其原因。

評量目標	分析產業發展因素
題目與選項	
臺東縣成功鎮有臺東縣最長的海岸線，東部為狹小的海岸平原，西部為海岸山脈山區。因太平洋海域有黑潮經過，所以漁業的資源非常豐富，是花東海岸線上最大的漁貨中心，由於成功鎮漁業技術的蓬勃發展，也使成功鎮成為臺東縣內的第一大鎮。成功鎮約有 4,000 人從事漁業活動，可能原因請打 ✓。 □成功鎮靠近海洋。 □居民有捕魚及養魚技術。 □成功鎮的山地多。 □是臺東縣內的第一大鎮。	

設計者：臺東縣德高國小曾美菊教師

　　這類型的題目可以培養學生分析事件要素的能力。再以一個自然科學領域之單元為例，下列題目的評量目標是「指認熱傳播在生活中問題的原因」，題目是一個事件，選項即是發生此事件的原因。可以再說明的是，如果題目與選項文字均來自於課本中的文字，那此題屬於「記憶」層次的題目；如果將選項改為熱傳導、熱對流和熱幅射，則此題為「了解」層次的題目。

評量目標	指認熱傳播在生活中問題的原因
題目與選項	
烤桶仔雞時，雞肉明明沒有接觸到桶子外的炭火，為什麼雞肉會變熟呢？原因是下列哪一項？ ①鐵絲傳導熱給雞。 ②鐵桶中的空氣產生熱對流傳熱給雞。 ③炭火的熱輻射給雞。 ④火有穿透鐵桶燒到雞。	

設計者：臺東縣三間國小溫怡婷教師

　　第二種是屬於「分析」層次之「區別」類型的題目，例如：下列題目評量目標是「能區別一篇啟事文章的相關內容要素」，區別的定義是指

「從所呈現的教材訊息中指認出有關的或無關的，或是重要的與不重要的部分。」此題目是指一張尋物啟事要包含的要素，其中學生要能區別哪些要素是有關或無關，或者是重要的與不重要的部分。

評量目標	能區別一篇啟事文章的相關內容要素
題目與選項	

張大同在社區遺失一輛腳踏車，他想要寫一張尋物啟事，張貼在公布欄上，下列哪些內容要寫出來，才能幫助其他人發現此腳踏車？
1. 腳踏車的售價。
2. 腳踏車座墊的顏色。
3. 腳踏車的牌子。
4. 是阿姨送給他的。
5. 他很喜歡這輛腳踏車。
6. 腳踏車的高度。
7. 腳踏車擋泥板貼了一張海綿寶寶貼紙。

　　第三種是屬於「分析」層次之「關聯」類型的題目，例如：下列題目的評量目標是「指認兩個時刻之間經過多少時間」，關聯的定義是指「在一個知識架構中指認出各細部要素的關聯」，此題目是指兩個時刻之間的關聯（經過多少時間），學生要能將前後時刻建立關聯。

評量目標	指認兩個時刻之間經過多少時間
看圖回答問題	

哥哥上午 7 時出去騎腳踏車，在上午 10 時回到家，共花了幾小時？

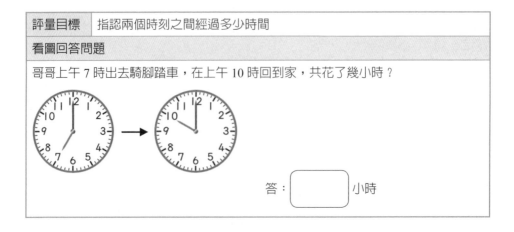

答：　　　　　小時

　　也可以是下列類型的題目，評量目標是「能指認天然災害與經濟活動的關係」，關聯的定義是指「在一個知識架構中指認出各細部要素的關聯」，題目是一個要素（天然災害），選項是一個要素（經濟活動），學生需要將題目與選項的要素建立關聯（通則），形成有意義的一句話或組成一個整體。

評量目標	能指認天然災害與經濟活動的關係
題目與選項	
某一個地區已經半年沒下雨，水庫的水已經到達警戒線，氣象報告也預報未來三個月很難有大雨，此時，哪一種行業最受到影響？ 1. 游泳池業。 2. 飲料業。 3. 水電業。 4. 餐飲業。	

　　第四種是屬於「分析」層次之「組織」類型的題目，例如：下列題目的評量目標是「能藉由文本推論文章的意涵」，題目是關於四個時間點的活動，學生需要組織這些要素，最後去推論「文章的意涵」。

評量目標	能藉由文本推論文章的意涵
題目與選項	
一篇文章的時間順序排列如下： 甲、他到臺南參觀安平古堡 乙、他看到了陳列館、古炮、瞭望臺和老城牆。 丙、參觀結束後，特別寄明信片給表弟。 丁、這次的教學參觀，讓他覺得收穫好多。 四位同學讀完了之後，講出下面的話，哪一個人的說法錯誤？ 小華：這是一篇遊記。 小英：這是一篇記敘文。 小明：這是一篇採用順序方法寫作的文章。 小新：這是一篇描述作者傷心的文章。	

設計者：臺東縣德高國小方慧如教師

策略性知識在評鑑層次的命題

　　評鑑的定義是「根據規準與標準作判斷」，其中包含檢查（在一系列過程或事物中，發現內部不一致、矛盾或是一組實踐成效的效果）和評估（在事物與外在規準中發現不一致，或指認一組程序在問題解決的適當性）。

　　第一種是屬於「評鑑」層次之「檢查」類型的題目。例如：下題是自然科學領域某一單元的評鑑層次題目，教師設計的評量目標是「檢查時間、速度和距離實驗中的錯誤數據」，其題目附上一份數據，要求學生先產出一套規準（時間、速度和距離的關係），再去做出判斷。題目敘述「速度非常穩定且誤差值 10% 以內的電力車」，這句話可以讓學生來檢視數據表格中所呈現的「速度大約是每秒鐘行進 7.5 公尺」，亦即這是產生的規準，用來檢查判斷其他數據，最後能檢查出第 3 次和第 6 次的數據是有錯誤的。

評量目標	檢查時間、速度和距離實驗中的錯誤數據
題目與選項	

教師要我們進行時間、速度和距離的實驗，我們拿速度非常穩定且誤差值 10% 以內的電力車進行實驗並且記錄數據，但之後我們發現某些數據很奇怪，請問哪些數據是錯誤的？

次別	1	2	3	4	5	6
公分	30	78	52	20	118	22
秒	4	10	22	3	18	110

　　第二種是屬於「評鑑」層次之「評估」類型的題目。例如：下題是自然科學領域某一單元的評鑑層次題目，教師設計的評量目標是「評估熱脹冷縮在生活問題中應用的策略」，其題目是描述一個問題，選項是解決問題的策略，學生看了選項後要產出熱脹冷縮的原則（規準），再去判斷哪

一個選項（解決問題的策略）是合宜的。

評量目標	評估熱脹冷縮在生活問題中應用的策略
題目與選項	
當發現腳踏車的輪胎沒氣，要幫腳踏車輪胎打氣，在不同的季節應該充氣到哪一種程度比較合適？（答案） ①夏天時，氣充得愈飽愈好。 ②夏天時，氣不要充得太飽。 ③冬天時，氣充一半就好。 ④冬天時，不需要充氣。	

設計者：臺東縣三間國小溫怡婷教師

策略性知識在創造層次的命題

　　「創造」的定義是「將各個元素組裝在一起去形成一個完整且具功能的整體，或重組各要素成一個新的組型或結構。」替換與重組要素是將既有結構的要素區別出來，先要思考可以替換的要素，替換後重新組織一個具有功能意義的整體結構。而若將「許多原來沒有關聯」的要素（概念）提出來，再依照某個可能出現的邏輯系統去重新組織成一個新的結構，這個難度更高，但也真的具有創意。在細節上又可以分為「產生」、「計畫」與「製作」等三類型的題目，因為這三類型都需要產出一個新的結構，因此，若要以選擇題方式命題，需要提列選項，這樣就很難達到創造的「產生」、「計畫」與「製作」之定義。

　　第一種是屬於「創造」層次之「產出」類型的題目。「產出」的定義是「基於特定規準，形成另一種可能性或假設。」下列題目是國語文領域某一單元的評量題目，評量目標是「能依據本課順敘法的結構設計出參觀校園的活動流程表」，這即是根據某個特定規準（順序法的結構），形成另一種可能性（可以視為順序法的遷移應用，而非單一概念的應用）。學生在設計與呈現成果後，教師將依照評分標準表檢定學生的學習表現。以

下面的題目而言，命題者發展四種等級的分數，最高等級「能實踐」即是達到此題的評量目標，依序再往下，思考學生可能的表現情形；若學生能「組織」各景點的順序，則有「分析」層次的表現；若學生知道要舉出哪些景點，有安排路線，但不夠流暢，那則達到「了解」層次；若學生僅回憶景點，那只有「記憶」層次。

評量目標	能依據本課順敘法的結構設計出參觀校園的活動流程表	
題目與選項		
這個月有貴賓要到學校參觀，校長希望學生可以安排一個參觀學校的活動流程表，作為當天參觀活動的參考。請依照課文的活動安排，以學校為參觀地點，幫貴賓設計參觀校園景物的順序和活動內容（或參觀活動行程表）。		
評分標準		
向度級分	認知層次	表現敘述
4 分 能實踐	創造	實際規劃活動流程表，包括景點、路線安排的流暢性和充足的時間。
3 分 能表現	分析	知道要舉出哪些景點，且組織景點路線流暢，但時間安排上有部分錯誤。
2 分 能理解	了解	知道要舉出哪些景點，有安排路線，但不夠流暢。
1 分 能知道	記憶	知道學校有哪些景點可以參觀。

設計者：臺東縣德高國小方慧如教師

　　第二種是屬於「創造」層次之「計畫」類型的題目。「計畫」的定義是「規劃一個可以解決問題的程序。」下列題目是社會領域某一單元的評量題目，評量目標是「提出策略以面對產業競爭的問題」，題目敘述一個複雜的問題，要求學生分析問題的關鍵後，再提出合宜的策略解決問題。這即是根據某個特定規準，形成另一種可能性。在評分標準表的設計上，最高等級「能實踐」即是達到此題的評量目標，依序再往下，思考學生可能的表現情形；若學生能「分析銷售情形變差」，但未提出或提出不當的策略，則有「分析」層次的表現；若學生解釋問題的原因，則達到「了解」層次；若學生僅看著題目提出問題，則只有「記憶」層次。

評量目標	提出策略以面對產業競爭的問題	

題目與選項

廷安的爸爸是在關山鎮德高里種稻的農夫，發現今年稻米的銷售情形變差了，因為雖然稻米產量豐收，但是現在人們吃米飯的次數卻變少了。廷安爸爸該怎麼做才能改善家中稻米銷售情形？請你運用所學習的知識寫出解決問題的方法與步驟。

評分標準

向度級分	認知層次	表現敘述
4 分 能實踐	創造	能針對問題原因，提出有效策略的解決方法。
3 分 能表現	分析	能綜合各要素，提出解決方法。
2 分 能理解	了解	能寫出廷安爸爸問題的原因。
1 分 能知道	記憶	能寫出廷安爸爸的問題。

設計者：臺東縣德高國小曾美菊教師

　　第三種是屬於「創造」層次之「製作」類型的題目。「製作」的定義是「發明、設計或改寫一個特定的事物、程序或方案。」下列題目是社會領域某一單元的評量題目，評量目標是「設計一份產業間分工合作的計畫書」，題目敘述要開一家早餐店，開店需要與其他產業合作，要求學生根據該單元所學習過的產業合作以及其他產業的特徵，設計一份產業間分工合作的計畫書。學生不僅需要先提出來「產業的特色、功能」與「產業合作」的可能性，再前後組織起來成為一份產業間分工合作的計畫書，也就是發展成一個具有意義的程序。在評分標準表的設計上，最高等級「能實踐」即是達到此題的評量目標，依序再往下，思考學生可能的表現情形；若學生能「綜合各產業關於早餐店的內容」，則有「分析」層次的表現；若學生能解釋產業的原料或特色，則僅達到「了解」層次；若學生僅看著題目回憶經驗，則只有「記憶」層次。

評量目標	設計一份產業間分工合作的計畫書	
題目與選項		
不同產業間，因為產品的原料取得、加工製造、運輸及販賣過程，產生合作關係。亞馨媽媽想開一家早餐店，她需要和哪些產業分工合作，才能順利開店？請你提出一份產業間分工合作的計畫書。		
評分標準		
向度級分	認知層次	表現敘述
4 分 能實踐	創造	能規劃產業間分工合作的方案流程。
3 分 能表現	分析	能綜合寫出早餐店需要合作的各種產業內容。
2 分 能理解	了解	能寫出解釋早餐店需要的原料、設備。
1 分 能知道	記憶	能寫出要開哪一種早餐店。

　　上述評分標準表之認知層次可再跟隨題目與學生可以表現的程度進行調整，但仍以認知領域的各層次表現作為級分的設計，如此也可以看出部分學生雖然沒有表現到最高層次的目標，但教師也可知覺他們在素養導向教學與評量中的表現程度。

　　不過，值得提出來的是，學生初期面對創造層次的題目，即使有些構想，要形成規劃書也很不容易。教師可以提供規劃書的表格，表格內提示相關的項目，可以提示學生思考這些項目，並且組織起來。等到學生具有類似的經驗後，可以讓學生參考表格或鼓勵學生自己依照情境問題或任務的屬性設計格式。

情境問題與情境任務的特色

　　情境問題或情境任務的編擬如同分析、評鑑和創造層次的策略性知識題目編擬原則，不過有以下三點特色：

1. 盡可能接近真實情境中會發生的問題或現象，不過需要把事件、狀況的細節描述清楚，題目會略長，教師在教學時也要培養學生閱讀題目和分析題目的習慣。

2. 不是應用題，並非加了情境就是素養導向的情境問題或情境任務，素養題目沒有固定答案，只有解題方向，最終是以評分標準表進行評分，學生會因為表現程度不同而有不同的分數，而非全對或全錯。

3. 具有知識應用的整合性，是所學習的策略性知識（通則、方法……）之遷移應用，去解決問題或完成某項任務。策略性知識的應用最少一個，也可以多個一起運用。

　　整體來說，情境問題或情境任務是期待學生運用高層次學習內容（概念、技能與情意因子整合後的策略性知識），在情境中有高層次的表現（分析、評鑑與創造等層次）。

情境問題與情境任務的編擬參考步驟

　　核心素養的形塑是「學生運用高層次學習內容在情境中有高層次的表現」（也可以思考成「策略性知識在情境中的高層次遷移應用」），這句話可以分析成三個語詞，並藉此思考情境問題與情境任務的編擬與其編擬步驟。三個語詞是：高層次學習內容、高層次表現、情境。高層次學習內容是策略性知識，因此，編擬時需要先確定有哪些策略性知識可以使用（不排斥學生自己由某一概念與另一概念進行聯想）；其次是高層次表現，亦即分析、評鑑與創造，這讓教師決定學生要表現的程度；最後是情境，亦即問題或任務的背景資訊。最後再綜合起來，提示學生要表現的具體內容。若把這些理念發展成編擬步驟，則有以下四個程序，本書以表10-1 陳述並舉例之。

　　上述是情境問題與情境任務的編擬步驟，不過根據筆者的研究心得，部分教師在思考情境任務題時是先寫出情境背景資訊，再設定目標，亦即第二步驟和第三步驟顛倒使用，本書建議第二步驟和第三步驟可以來回思考與修正。有些教師看到一些新聞題材、生活經驗的資訊時，才發展出具體的學習目標和評量目標，此時第二步驟和第三步驟可以交換思考。

表 10-1　情境問題與情境任務的編擬參考表

步驟	該程序的內容	舉例
1	確認策略性知識	〈燭之武退秦師〉文章中的談判技巧：「說之以理、誘之以利、激之以宿怨、惕之以後患、動之以情」五大技巧的整合。
2	確認學習表現（創造）後發展成學習目標	學習目標是「能運用〈燭之武退秦師〉的勸說技巧寫出一篇遊說性的文章」。
3	根據此評量目標編擬（描述）情境事件	兒福聯盟一篇「2016 年兒少休息與休閒生活現況調查報告」顯示，七成八（78.2%）兒少週間睡不滿八小時：即使是國小生，在週間能睡滿八小時的比例目前還不到一半（41.9%），到了國中比例更低，僅一成九（18.7%），而高中的孩子竟然只有 4.7% 能在週間平日睡滿八小時。以睡眠時間最少的高中一、二年級孩子來說，早上六點半出門，一直到晚上六點左右到家，扣除通勤與休息，每天上學的「工時」至少十小時，比一般上班族工時還要長。如果還要上補習班或是課後輔導，回到家都已經八、九點，還要吃飯、洗澡、寫作業、準備考試……也難怪每天要忙到十一、二點才能睡。臺灣畸形的教育現象可見端倪。
4	根據評量目標提出意圖性問題或任務	請你寫出一篇文章，以某個政府教育當局為對象，勸說改善教育制度，以讓青少年有健康的學習生活。

　　在情境背景資訊的選材上，雖然需要盡可能接近真實情境中會發生的問題或現象，但各教育階段也略有不同。國小階段可以思考學生日常生活的經驗；國中階段可以擴大選材自相關的新聞報導或網路媒體；而高中階段則可以加入已經發生在社會或國際上的事件，或國際關係的文章。情境問題或任務的「情境」之意，是指學生已經或可能會接觸到的事件、狀況、現象或問題，而非僅只發生在生活情境中的問題或現象。唯獨需要注意的是，若學生沒有類似經驗或背景知識，教師則需要先補充說明；若學生不了解題意，教師也需要進行閱讀理解的指導。

情境事件編擬的重要性與參考方向

　　根據筆者這一、兩年來帶領教師發展素養任務的經驗，一般教師在表 10-1 的第三個步驟編擬情境事件上略有困難。由於素養任務是策略性知識在情境中遷移應用，因此情境事件的編擬要符合該策略性知識得以使用的要件，反過來說，教師也可以從策略性知識去解構，並連結學生生活相關的情境要素，整合思考情境事件的核心內容。舉例來說，一個單元內的策略性知識是「有生活需求就會有相對應的產業型態出現」，「生活需求」和「產業型態」是兩個概念。教師可以思考學生或學生家人的生活需求，包含食衣住行等項目；而產業型態則可以思考學生對社會中產業型態（教材內容已提及服務業）的了解，再逐漸擴大思考，食衣住行和各行各業的關聯性以及在生活中出現的實例，最終以 Uber Eats 或 foodpanda 的外送現象去描述情境。

　　再者，教師可以隨著學生的年齡，將生活事件往外擴大。對較低年齡的學生，教師可以從「人與自己、人與朋友、人與家人」思考生活中可能會發生的事情；對中等年齡的學生，教師可以從「人際互動、人與自然、人與社會經濟作為」去思考；而對較高年齡的學生，教師可以從「國際事件、新聞議題、國家發展」等面向去思考可能的情境要素。雖然生活情境是素養導向教學中相當重要的元素，但不能限於學生身體接觸的情境，只要學生認知上可能接觸的情境事件都可以成為情境編擬的內容。

　　不過，值得注意的是，若學生對於上述提及認知上可能接觸的情境文章之內容生疏，教師應該先補充其先備知識或補充其生活經驗。例如：偏鄉地區的教師是否可以讓「捷運」入題？「捷運」不是偏鄉學生的生活經驗，但卻是他們同年齡層學生的經驗。本書建議，可以讓「捷運」入題，但需要先指導「捷運」的基本知識，特別是與情境任務相關的內容。

參照課綱領綱的素養內容思考情境任務的意圖問題

　　上述表 10-1 的第四個步驟是意圖問題，雖然已經知道意圖問題是讓

學生運用策略性知識在情境中遷移應用，可能是分析某個事件、提出策略或實際解決某個問題、或者是根據某個需求完成一件任務或表現，但這種遷移應用到底是「分析」、「評鑑」、「創造」或其他高層次學習表現，接受筆者訪談的教師產生不確定感，亦即到底要多深多淺，困惑著他們。本書建議，可以參考該學生學習階段或年段的領域綱要，領域綱要中提及三面九項的核心素養，這些素養中有一些高層次的表現動詞，例如：探索、覺察、分析等，教師可以將意圖問題設定在那些層次上。

　　本書再提供一些參考方向，如果發現學生對某些事件訊息知覺較淺、容易受到偏頗的意識影響，或者是學生需要深度了解的問題，可以將意圖問題設定在「分析、判斷、探究」等層次，通常意圖問題會是「請分析……因果或關鍵要素……」。如果是某些事件訊息之數據相當多，需要重構整理的問題，可以將意圖問題設定在「綜合、組織、論證」等層次，通常意圖問題會是「請重新整理……細節與觀點……」；如果是為了滿足某種生活或工作上的需求，或者是需要計畫執行的問題，則可以將意圖問題設定在「評估、創造、發展、設計」等層次，通常意圖問題會是「請評估或提出一份……計畫……」；而若是關於人際衝突，需要同理省思的問題，則可以將意圖問題設定在「價值組織、尊重多元、永續」等層次，通常意圖問題會是「在設想……條件下，請論述……的樣貌」。這些僅是參考，僅提供尚未有經驗的教師發想，教師若有經驗，可以依照自己的經驗發想。

　　當學生知道策略性知識，也實際在情境中實踐與省思，如此便可能在情境問題或任務的挑戰中，形塑與情境相關的核心素養。而學生投入整個過程再經過經驗內化後之素養形塑的流程，如圖 10-5 說明，其中第一步驟和第二步驟可以形成學習目標，第三步驟與第四步驟即是素養任務的題目，而第五步驟則是經驗內化的素養形塑。

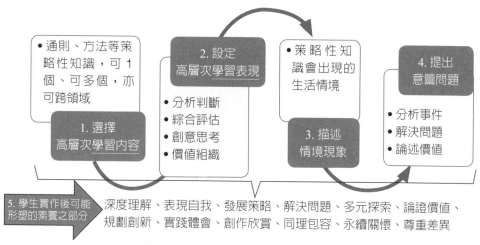

圖 10-5　素養形塑的教學設計流程

情境問題與情境任務的評分標準表之設計

　　評分標準表分為級分和向度，級分要有多少數量的等級沒有一致性的原則，本書建議從任務的難易度思考，儘量讓每位投入學習的學生都可以達到一半等級以上的分數。而向度則是要考慮學生表現的內容是否可以分割，例如：上臺表演，肢體動作和表情是無法分開檢視的，那就綜合為一個向度；不過，一件廣告文宣作品可以將語句和色彩分開檢視，則可以分開為兩個向度。

　　另外，本書使用「能知道、能理解、能表現、能實踐」四個等級設計評分標準表，再將其意義說明如下：

1. 能知道（問題）：意指學生能從情境任務中提取訊息或回憶資訊，知道要進行的任務或要解決的問題。

2. 能理解（問題與方法）：即是從要解決的問題或完成的任務中去解釋原因，並從相關知能中舉例出可行的方法，但不一定充分正確。

3. 能表現（應用方法）：這至少是「應用」層次以上（多是「分析」層次）的學習表現，亦即學生能分析情境要素，從相關知能中找出可行的觀

點與方法，並嘗試運用，且具有部分成效。

4. 能實踐（完整實踐）：這至少是「分析」以上層次的學習表現（較多是「評鑑」與「創造」層次，依據情境任務的需求而定），表示學生能從分析情境中，提出合意的觀點或策略，並可能進一步解決問題或完成任務，且具有充分成效。此即為學習目標的表現。

　　再以上一題「〈燭之武退秦師〉文章中的談判技巧」的任務之評分標準表為例，如表 10-2。「4 分 能實踐」等級是學生完全掌握五大勸說技巧，並且針對休息和學習之間的平衡提出見解；學生「3 分 能表現」等級是學生「應用五大勸說技巧的內涵於休息和學習生活中，但不具有勸說性」，因此僅有「應用」層次的學習表現；學生若只能提出五大勸說技巧與「休息或學習」的關係，那僅是知道五大勸說技巧在任務中的方法，只有在「了解」方法層次。

表 10-2　情境問題與情境任務的評分標準表之實例摘要表

向度級分	認知層次	表現描述
4 分 能實踐	創造	能綜合五大勸說技巧，針對休息和學習的關聯，寫出具有勸說性的文章。
3 分 能表現	應用	能寫出五大勸說技巧的內涵，並對休息與學習提出見解，但不具勸說性。
2 分 能理解	了解	能寫出五大勸說技巧的內涵，包含以休息或學習去解釋五大勸說技巧。
1 分 能知道	記憶	能寫出五大勸說技巧。

素養任務題與素養測驗題的異同

　　如果將素養任務題應用在傳統的考試上，則是素養測驗題，其理念是若學生能在素養測驗題中選對或寫出正確的答案，可以推論學生具有解決情境問題的策略性知識，當未來遭遇生活情境問題時，亦可能檢索策略性

知識去面對挑戰與解決問題。

　　素養任務題和素養測驗題有兩個相同點和一個不同點。相同點是它們都需要從策略性知識發展情境問題，題目也需要提供學生分析思考與策略應用的機會；而不同點在於，素養測驗題的題目需要「充分揭露」情境相關訊息，畢竟素養測驗題是應用在具有時間地點和功能限制的考試，不像素養任務題那樣，學生還可以蒐集其他資料，逐漸發展策略。

　　素養測驗題的題目文字量一定要很多嗎？這是許多家長對素養測驗題的質疑，甚至認為素養測驗題只是測驗學生的閱讀理解能力。筆者也經常發現少數教師選用某一篇文章當作素養測驗題的材料，再提出文章中某個段落的意涵當作測驗題目，這也就是為何許多人誤解素養測驗題是閱讀測驗的原因。

　　雖然素養測驗題需要在題目上充分揭露情境訊息，題目的文字量可能會比傳統的考試題目還要多，但這並非一定。只要把握「策略性知識在情境中的應用」的原則命題，就可能是具有素養形塑的意涵。舉例來說，下面的題目是以「氧氣有助燃作用，導致大火會往助燃物方向快速燃燒」的通則（策略性知識）進行命題。從題目上來看，文字量不多，圖示也可以清楚地呈現情境訊息。當前國中會考的題目中有部分已經是素養測驗題的形式，教師可以參考其題型，了解素養測驗題的發展與命題的關係。

這位小朋友住在 10 樓，當他發現門口已經發生火災，無法從大門逃生，請你告訴他，他需要做什麼動作才是最合適的保命方法？
①逃到陽台，再對窗戶外面呼救
②逃到父母房間的浴室（衛浴）裡，把浴室的門關起來
③關起自己房間的門，再對窗戶外面呼救
④逃到廚房，再對窗戶外面呼救

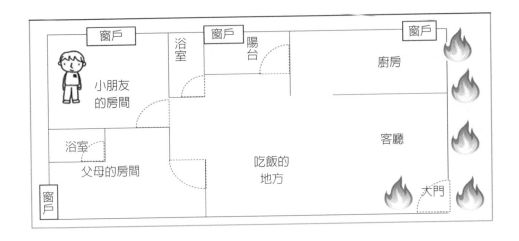

小結

　　基於素養的形塑是「學生運用高層次學習內容在情境中有高層次的表現」之內涵,因此,高層次學習內容、高層次學習表現以及情境背景資訊就需要謹慎思考。策略性知識的高層次學習內容,也是知識技能與情意的整合,高層次學習表現是學習表現達到分析以上的層次,學習內容加上學習表現即是一種高層次的學習目標和評量目標,如同各領綱的學習重點,亦可藉此學習重點呼應核心素養。

　　在評量設計上,策略性知識是指概念、技能和情意因子所連結而成的通則、方法、能力、定律、定理、價值組織等,因此,核心概念、技能和情意因子也要先評量,確認學生是否已經具備基礎知能。之後,再藉由策略性知識發展題目以及情境問題或情境任務。整體而言,素養導向的教學設計之教材結構有核心知能、策略性知識和情境任務等三個層次,在學習評量上,也要針對這三個層次,分別編擬題目或任務進行評量,並且逐一檢視學生在低層次到高層次的學習表現之情形。

　　另外,教師可以從生活經驗、事件現象、閱讀文本和新聞素材中選取情境背景資訊,情境資訊不一定是學生自己生活中遭遇的事,同年齡層的

學生之替代性經驗也可以包含（不過教師要先提示先備知識或提供擬真的經驗），如此，提供學生嘗試解決問題或完成任務的機會。當學生在學習過程中能夠嘗試去面對挑戰，我們就可以期待學生在現代社會和未來生活中面對挑戰時，就能習慣地檢索和運用策略去解決和完成任務。

教師讀書會或師培生讀書會的參考任務

請先分析某一個教材單元內容，選擇核心知能、策略性知識，以及擬定一個情境任務等學習內容：

1. 分別設定評量目標。
2. 根據評量目標編擬題目，至少會有四題：核心知能有兩題、策略性知識會有一題，情境問題或任務也有一題。
3. 提出情境問題或任務的評分標準表。
4. 和其他成員一起討論，並且思考是否需要先補充先備知識。

第十一章

素養測驗題的
命題實例與解說

　　這兩、三年來，隨著各種大型考試題目題型的變化，中小學與大學等教育階段的教師開始知覺素養導向的命題之重要性。根據筆者帶領中小學教師與大學教師進行素養測驗題命題的經驗，已有部分教師知道素養測驗題的命題原則，不過，仍有部分教師在命題上，少考慮一些關鍵因素。本書特別在第二版新增此章節，提供符合素養形塑原理的命題實例，並進行命題的解說。

第一節　素養測驗題的命題原則與自我檢核

　　本書在第一章提及素養導向的教學步驟是根據人們處理情境問題的認知歷程「分析情境→檢索知能→形成策略→解決問題→經驗內化」進行發展，包含先以情境問題為起點，指導相關的基礎知能，引導思考解決情境問題的策略性知識，再提供學生嘗試解決問題的機會，最終以喚起回憶的方式，省思自己的處理過程、解釋與自我調整；而在素養形塑的評量階段，即是評量學生在上述第四階段「解決問題」的歷程表現，教師也可以提供學生另一個類似的情境問題或任務，作為觀察表現的評量設計。然而，素養測驗題是以紙筆測驗為主，少部分會在課堂學習中以具有標準計分的立即性回應題目之形式出現，多數會在期中、期末考或更高階的總結性評量設計上。為了達到測驗計分的公平性以及素養形塑的目的，素養測驗題的編擬有其原則與判斷合宜性的規準。

　　另外，以當前各級教育制度的入學能力檢視而言，臺灣尚無法完全做到以學習歷程檔案或其他外在行為表現紀錄進行入學申請的程度，多數考試仍需要採用標準化紙筆測驗的方式進行；然而，社會愈趨複雜，生活素養與職業素養的形塑具有急迫性，考試用的標準化紙筆測驗也需要進行調整。這也是多數學校教師開始積極了解素養導向的評量設計之原因，特別是參與素養測驗題的命題工作坊，期待學習些許命題原則，在自己教學過程中的形成性或總結性評量中運用。

素養任務題與素養測驗題的異同

　　我們可以初略地說，將素養任務題應用在紙筆測驗的考試上，且設計具有標準答案可立即計算分數的題目形式，即是素養測驗題。由於素養測驗題的設計也包含情境問題、具有問題意識的提問以及解決問題的選項或回應答案，若學生能在素養測驗題中選對或寫出正確的答案，可以推論學生具有解決情境問題的 capability（即是本書在第一章與第二章所提 —— 通則、方法與能力等策略性知識在特定情境中的表現），當未來遭遇生活情境問題時，亦可能檢索先前所學習的知能去面對挑戰與解決問題，具有生活素養或職業素養的形塑樣貌。

　　不過，素養任務題和素養測驗題仍有相同點和不同點。相同點是它們都需要從通則方法等策略性知識發展情境問題，以素養任務題而言，是以某個策略性知識會發生在什麼樣的情境為發想，提出情境事件與問題意識，再要求學生以書面報告或行為表現提出回應；而素養測驗題也有類似的原理，教師將該教材或學習內容中的通則方法等策略性知識提列出來，思考該策略性知識可能會發生的情境，敘述之後再提問與提出選項，兩者均需要提供學生分析思考與策略應用的機會。

　　然而，除了任務題與測驗題有「選項設計」的差別外，兩者的不同點之關鍵在於，素養測驗題的題目需要「充分揭露」情境相關訊息的重要條件，畢竟素養測驗題的使用是在具有時間、地點和功能限制的考試，不像素養任務題那樣，學生還可以另外花時間思考，以及以更多的行動蒐集其他資料，逐漸發展策略。素養測驗題的題目需要「充分揭露」情境事件的內容，請繼續閱讀下一節點。

素養測驗題的情境敘述要充分

　　素養測驗題是把可能面對的情境問題轉為書面上的文字內容。舉例來說，在一位學生站在路口，探討該路口為什麼常會發生車禍的原因之真實

情境中，學生可能需要觀察某個來向的車流車速、紅綠燈秒數、是否有擋住視線的障礙物，甚至區別一家糕餅店大排長龍的隊伍是否影響等要素；若要把這個情境問題書寫成文字成為素養測驗題的情境事件敘述，就需要把重要且可區別相關的現象描述，如果缺乏充分敘述，要以素養測驗題檢測學生思考與解決某個情境事件的能力之目的就無法達到；不過，如果是素養任務題，學生便可以在不同的時間點去路口觀察，甚至去訪談周遭的商家，以獲得更充分的資料。

　　本節點再提出一例，如表 11-1 的實例與解說：

表 11-1　素養測驗題的要素說明與實例解說之一

情境事件	進德國小的校園農場需要用水灌溉，原本用來灌溉的水龍頭系統故障，需要從遠處的水源汲取大量的水。
提問	請問下列哪一個方法最為省時省力，又能達到效果？
選項	1. 拿水桶一桶一桶接到農場 2. 挖土製造高低落差與溝渠，使水流到農場中 3. 買更長一點的水管從更遠處接水灌溉 4. 在土底下埋設地下水管輸送水源
解說	1. 無法從情境事件中判斷哪一個選項是合宜的。可能需要提供該農場與水源的地理距離位置，也需要告訴學生農場有多大，藉以判斷需要多少水源。 2. 該校真的有這樣的農場，負責帶領的教師可能很清楚每一個細節，但以此命題，學生需要回憶經驗，才能形成解決問題的策略，而不是從情境訊息中判斷（雖然可以不需要寫出直接訊息，但至少要能從訊息中間接判斷）。

　　表 11-1 的實例題目是屬於情境訊息不充分揭露的題目，通常這種題目的設計疏漏是教師誤以為學生具有和自己一樣的生活經驗，認為情境描述已經包含所有可以處理問題的資訊；然而，除了學生的經驗可能不同於教師外，也可能認為這是另一個情境問題，而非實際上課時參與的情

境。建議教師可以在命題之後跳脫自己的經驗進行思考，或以另一個類似情境期待學生遷移所學的理念進行命題，如此可能就會認為情境事件資訊是不充分的，進而再度調整。

若刪除情境訊息仍可回答即不是素養測驗題

素養測驗題通常是要求學生解決情境事件上的問題，至少是分析事件的關鍵因素或是根據情境問題提出策略，不過，如果把情境事件的文字刪除，只剩提問，該題目還是可以作答，那該題目便不符合素養測驗題的原理，即不是素養測驗題。如表 11-2 的實例與解說：

表 11-2　素養測驗題的要素說明與實例解說之二

情境事件	根據東方星報的報導，近年來歐洲地區有熱浪的傷害、印度地區有乾旱災害、義大利地區也有洪水災害，種種資訊顯示氣候變遷，影響全球氣候的極端與異常現象，這些現象也與地球暖化有直接關係。
提問	請問地球平均溫度上升造成氣候異常的最大因素是什麼？
選項	1. 人類過度開墾山林，生態失衡 2. 土壤貧瘠的狀況嚴重 3. 不當燃燒，造成溫室氣體增加 4. 各國水汙染與水源浪費之因素
解說	1. 如果把情境事件的文字刪除，學生可以從「提問」思考，再從先前教師在課堂中的教學活動知道氣候異常的現象與原因，或者是選項的內容即是課本或教師教學的內容，此題便可以作答，因此，此題不具有素養測驗題的命題原則。 2. 如果要調整，建議情境事件可以只寫「根據東方星報的報導，近年來歐洲地區有熱浪的傷害、印度地區有乾旱災害、義大利地區也有洪水災害」等現象（也可以再增加課本或教學時不曾出現過卻類似的實例），不需要幫忙學生寫出氣候異常的概念；之後在提問處提出「上述這些現象之最大因素是什麼」。 3. 學生填答時，就需要先從熱浪、乾旱、洪水等現象綜合思考出氣候極端與異常現象之概念。再從選項和提問中建立通則，亦即「溫室氣體增加會影響氣候異常現象」的通則。

　　類似的問題經常出現在學校的考試卷上，有時候命題教師會忽略。本書再舉一實例：「我國舉重國手郭婞淳出生於宜蘭縣，家鄉位於臺東縣馬蘭部落，為阿美族人……在國中期間原是籃球、田徑雙棲選手……去年以總和 236 公斤為東京奧運中華台北代表團獲得第一面金牌……之後被 141 公斤重的槓鈴壓碎大腿內側肌肉……但她將所有的不完美當作未來成功時的養分，讓郭婞淳因而擁有比她舉起數百公斤重的槓鈴更強大的力量，最終獲得奧運的金牌。」而該題目的提問卻是「請問奧運幾年辦理一次」。這個實例相當明顯不符合素養測驗題的原理，所有情境敘述都與提問無關，教師在命題時要多加檢視才是。

　　綜合上述題目以及上一題實例，「情境事件訊息要充分描述」之意並非要直接描述數據、原理等，而是透過訊息的接收，可以進行認知處理，可能是歸納成某個概念或通則進行認知處理，而不是從大腦回憶某個概念或通則後進行認知處理。這兩者的區別在於情境事件訊息是來自於題目文字，不是大腦的記憶。如果是後者，此題目仍可以當作一般題目，只是它不是素養測驗題的範疇而已。

情境事件或問題會發生在生活中

　　早先幾年，筆者發現部分教師對素養測驗題的解讀是高層次思考即是素養測驗題，雖然素養測驗題的認知層次需要達到分析層次或以上，不過，另一個重要條件是素養測驗題的情境事件要符合「會發生在生活中」的要件。最典型的反例是早期數學科的「雞兔同籠」的題目，換句話說，當代生活中應該不會有人把雞和兔子關在一個籠子內。

　　至於「會發生在生活中」的定義，並非僅是生活觀察到的、生活採買遭遇到的事件，閱讀書籍或看新聞時可能會接觸的訊息，是符合「會發生在生活中」的定義。有教師在筆者演講時提問「數學的開根號、平方根」的題目符合「會發生在生活中」的要件嗎？如果是閱讀一篇數學家的文章或者是一個藝術作品的原理，「開根號、平方根」可能是用來解釋的基礎

知能，那可以成爲素養測驗題的學習內容。另外，有教師提問：臺東學生的生活中沒有捷運這個交通工具，捷運可以入題嗎？本書提到的「會發生在生活中」之意義，不受限於自己學生的生活，同年齡層的學生所接觸到的文化資訊，都可以入題；而隨著教育階段的提升，發生在國際上的事件也可以入題，唯一需要注意的是，學生是否具備測驗題的先備知識，若缺乏，教師得要先教導才行。

情境描述與提問要有解決問題的意識

素養測驗題既然是透過情境事件資訊的閱讀，再藉由提問引導對情境事件的理解與後續的處理，情境描述與提問要有解決問題的意識。如表11-3 的實例與解說：

表 11-3　素養測驗題的要素說明與實例解說之三

情境事件	鹿港鎮上有一個店，專門幫客人雕刻。一位師傅每雕刻一尊雕像，包含休息時間需要 3 小時，他一天上班 9 小時。
提問	請計算一週上班五天，總共可以雕刻多少尊雕像？
解說	1. 情境事件中描述一個店一位師傅雕刻一尊雕像的時間，這樣的題目僅是學生數學程序性知識的應用，不具有解決問題的意識。 2. 如果要調整更有問題意識，建議情境事件再加上「不過，一位客人想要加點價錢希望師傅趕工，希望 5 日內交貨 20 尊雕像」，之後在提問處提出「如果你是這個師傅，想要答應客人的要求，但你要想想每天要加班幾個小時，請計算出來」。

這種解決問題的意識，也並非都是在解決一個問題，分析判斷一個現象也具有對一個現象好奇的解釋之解決問題的意識。例如表 11-4 的實例，是日常生活中常見的素養，亦即從多個訊息中判斷一個現象的起源。此題目雖然易於填答出正確答案，但具有問題意識。

表 11-4　素養測驗題的要素說明與實例解說之四

情境事件	雲林縣「崙背鄉」地名的由來，是因為古時候有一座大沙丘，沙丘也稱為沙崙，南面稱為崙前，北面稱為崙背，也就是沙崙的背面。崙背鄉位在濁水溪旁，地勢平緩，適合耕種，以稻米、蔬菜、花生為最主要產物，除外，畜牧業也是崙背鄉的重要產業。
提問	崙背鄉的地名為何叫做崙背，是與下列哪一個內容有關？
選項	1. 生產稻米、蔬菜、花生 2. 各種自然風貌與地形 3. 古時候的人之喜好 4. 兼顧農業與畜牧業
解說	1. 這個題目需要學生先閱讀情境訊息與提問後，把沙丘、沙崙、崙前、崙背等事實歸納成一個地形要素的概念；之後，區別地形、農業、畜牧業與地名的關聯。 2. 其他三個答案都來自於題目所敘述的訊息，略具有誘答效果。

　　另外，先前有教師對筆者詢問「問題意識是否一定要寫成故事情節」，例如：是否要寫出「有一位遠方朋友來訪，問我說為何你們這個地方叫做崙背鄉……」，其實不需要。整體來說，問題意識不單只是看提問的內容，要把情境事件和提問一併檢視看看是否會真的發生在生活中，才能判斷是否有問題意識。而先前提到雕刻師傅那一題不具有解決問題的意識，若要計算可獲得的薪水（情境訊息要再補充），那就可能發生在生活中，就變成一個具有解決問題意識的素養題。

情境描述與提問要達分析以上層次

　　本書在第十章提及素養導向的任務編擬要以策略性知識進行發想與設計，不是以概念或事實設計題目，原因是素養的形塑是面對複雜情境以及採用策略解決，而非僅是一個概念的理解或應用而已。本書第十章也提到提問的層次要達分析以上的認知層次，素養任務題需要如此，素養測驗題也需要如此。不過，仍有部分教師在命題時，尚無法確認是否達到分析或評鑑層次（創造層次很難設計具有標準答案的測驗題，在此不談），此節

點特別說明分析與評鑑層次可以採用的提問方式，提供教師參考。

　　教師可以先參考本書第九章第一節的「學習目標的領域與層次」表9.1中關於認知領域層次的說明，在此，筆者擷取部分內容，再說明之。

　　「分析」是指一個趨近複雜的事件、事務、現象或大觀點的解析，內含許多細節與要素，需要先確認個別細節，也要知道個別細節與其他細節，以及和整體之間的關係。而其認知層次包含區別、組織、歸因等次要層次。

　　「分析的區別」是將該事件或現象的細節要素進行區分，不過區分的類別是屬於概念層級，不是事實感官層級。這對於素養的形塑相當重要，原因是學生需要在日常生活中判斷某些人講的話、看到的文字內容以及所蒐集來的資訊是什麼意義？是否是該事件或現象真正相關？否則可能受到誘導或欺騙。但是區別的訊息不是感官記憶的內容與事實，例如：「指出哪些是紅色、哪些是綠色」，因紅色、綠色是感官上的事實內容，不屬於分析層級的區分。但是，如果是指出哪些訊息是重要或不重要、相關或不相關、卵生動物或胎生動物，學生就先需要設定什麼是重要、相關、理解什麼是卵生動物和胎生動物，這樣才算是區別的層次。因此，區別層次的提問可以採用：哪些是重要或不重要的訊息、相關與不相關的訊息，或者哪些是 A 類，哪些是 B 類的提問形式。

　　「分析的組織」是將該事件或現象的細節要素進行排序、連結或整合，不過如同上一段的區分層次的說明，是針對「概念」層級的內容進行組織，不是事實感官層級，例如：如果要學生把四個看到的圖形，由大排到小，這就是事實感官的層級。例如：地球暖化現象是如何發生的？學生就需要把「燃煤電廠啟用發電、溫室氣體排放量增加、高山冰川消融注入海洋、加速海平面上升」排列出來，因每一個要素都是一個概念或多重概念，因此，可以屬於「分析的組織」的認知層次。另外，「分析的組織」也可以將事件或現象的細節訊息進行整合，進而提出一個整合性的觀

點，國語文領域的文章主旨（從文章中對每個段落的意義進行綜合）、文體結構便是屬於這一類。因此，在設計提問的內容時，可以採用發生的順序、整個事件要描述什麼事等。

「分析的歸因」是從該事件或現象的細節要素中找出因果關係或形成另一類的觀點。也如同上一段的區分層次的說明，是針對「概念」層級的內容進行事件歸因，例如：一個情境事件描述許多細節，最後詢問學生為何會發生某事？學生就需要從情境中找出可以和提問內的細節形成因果關係的另一個細節內容。或者寫了一篇文章在形容一個麵店老闆的作為，最後詢問學生這個老闆做事的態度或風格，以此類推，人生觀、喜好、對某個事件持有的價值觀均是屬於這種題型。因此，在設計提問的內容時，可以採用為何會發生、關鍵因素是什麼、產出什麼觀點、故事的特色、主角的喜好等等。

「評鑑」是針對一個趨近複雜的事件、事務、現象或大觀點先進行解析，如同分析層次，內含許多的細節與要素，需要先確認個別細節，也要知道個別細節與其他細節，以及和整體之間的關係。不過，學生需要再從上述的細節中歸納出一個現象、問題或規準，再以這個現象、問題或規準，發展或評估適當的方案、作法或策略。評鑑層次又包含檢查與評論兩個次要層次。

「評鑑的檢查」是除了從該事件或現象的細節要素中歸納出一個現象、問題或準則外，再以此為準則，判斷或檢查每一個細節的合理、合宜、符合性。因為，要先自行形成準則（非從大腦回憶一個先前已經學習的準則），才能判斷，如果準則形成錯誤，後面的判斷與檢查就會出錯。這也是評鑑層次比分析層次的認知程度還要高的原因。因此，在設計提問的內容時，可以採用哪些數據或細節有問題或矛盾（需要從訊息中形成規準再指出錯誤，而不是從先備知識去指出錯誤）、整體的效果為何（需要從訊息中形成規準再指出效果，而不是從先備知識去指出效果）等。

　　「評鑑的評論」與「評鑑的檢查」之相同點在於，需要先完全了解事件或現象中的細節要素，再從中歸納出一個現象、問題或準則，不過，「評鑑的檢查」是內部訊息判斷，而「評鑑的評論」是外部判斷，也就是從選項所描述的策略一一去對照情境的問題，一一判斷或評論這個策略是否可以解決該問題。簡單來說，情境事件提出許多細節訊息，再從既有情境訊息判斷，或者是藉由一個外在標準去判斷。因此，在設計提問的內容時，可以採用這個（組織）內部有什麼問題、哪一個策略或方案有效、哪一個是可行的做法等。

三段式內容的命題形式

　　本章最初在「素養任務題與素養測驗題的異同」內提到素養測驗題的設計也包含情境問題、具有問題意識的提問以及解決問題的選項或回饋答案，因此，筆者建議教師在命題時，分成三段敘寫，即是：情境事件、提問、選項。例如：把一題來自國中 111 學年度教育會考社會領域的題目分成三段，如表 11-5。

表 11-5　素養測驗題三段式寫作的參考摘要表

情境事件	根據經濟部水利署的統計，截至 2019 年底，臺灣 40 座主要水庫中，淤積率超過 30% 的共有 15 座，例如霧社水庫淤積率達 74.8%、烏山頭水庫達 49.2%，顯示臺灣水庫淤積程度嚴重，影響水庫蓄水功能。
提問	下列何項策略最能有效改善上述現象？
選項	(A) 強化集水區崩塌裸露地的植被復育 (B) 擴大在河川下游種植防風林的面積 (C) 減少都市不透水鋪面，增加雨水入滲 (D) 增加地面水源供應，以取代地下水源

　　三段式的命題寫作方式之好處在於教師可以容易區別情境、提問與選項，但更重要的是，教師可以從提問的文字內容去確認是否已經達到分析以上的認知層次（表 11-5 是屬於評鑑的評論層次）。雖然國中教育會考

還是會寫成一大段，但三段式形式可以培養學生閱讀測驗題目的習慣，亦即閱讀情境事件訊息後和提問之間的對照比較，相互檢核，促進學生對情境事件訊息的判斷。

長文型題目每段呈現一個概念

有些教師會在期中和期末考的試卷中命題長文型的素養測驗題，也可能會以多題題組的方式，由認知層次較低的題目往認知層次較高的題目發展，即使題組中的第一個題目不是屬於素養測驗題，只是協助學生逐步思考用，這樣的命題具有鷹架作用，更可行。不過，為了提供學生閱讀的順暢，也培養學生可以從情境事件中逐一歸納細節，再進行整合連結思考，本書建議長文型題目要分段敘寫，而且每一段只呈現一個概念。例如：筆者從疾管署網站擷取與改編新冠肺炎的文章，如表 11-6 的說明：

表 11-6　素養測驗題長文型題目的分段寫作實例表

第一段：定義	世界衛生組織（ＷＨＯ）將新型冠狀病毒所造成的疾病稱為 COVID-19，我國於 2020 年 1 月 15 日起公告「嚴重特殊傳染性肺炎」（COVID-19）為第五類法定傳染病。
第二段：傳播途徑	目前對新型冠狀病毒的完整傳播途徑，尚未完全了解。從確診個案之流病調查與實驗室檢測得知，藉由近距離飛沫、直接或間接接觸帶有病毒的口鼻分泌物、或無呼吸道防護下長時間與確診病人處於 2 公尺內之密閉空間裡，將增加人傳人之感染風險。
第三段：臨床症狀	目前已知罹患 COVID-19 確診個案之臨床表現包含發燒、乾咳、倦怠，約三分之一會有呼吸急促，另有部分個案出現嗅覺或味覺喪失（或異常）等。患者多數能康復，少數患者嚴重時將進展至嚴重肺炎、呼吸道窘迫症候群或多重器官衰竭、休克等，也會死亡。
第四段：預防措施	個人相關預防措施包含：維持手部衛生習慣、維持社交距離或佩戴口罩、減少探病與非緊急醫療需求而前往醫院、配合 COVID-19 疫苗接種政策按時完成接種。

表 11-6 的左邊欄位可以保留，也可以刪除。這種長文型的命題寫作

方法可以培養學生先從第一段的諸多事實中歸納出一個概念，第二段、第三段和第四段也是如此；之後，再從這四個概念進行重組、比較、對照、綜合等統整提問與思考。

　　教師也可以在考試之後的題目檢討或平時指導閱讀題目時，指導學生每當讀完一個段落，可以用筆先在旁邊記下該段落所呈現的概念，即使國中會考的題目可能不會分段落，但從情境事件內容的敘述中之句點符號也可以初略判斷出來。例如：109 國中會考自然科第 46、47 題，第一個畫底線的字句是第一段，在談水肺潛水的原理；之後開始第二段一直到「中性浮力」，這是潛水員維持在水中的方法；最後一段則是連接數據紀錄表，提供數據資訊。也就是原理、方法與紀錄等三個概念詞句。

　　　水肺潛水是一項由潛水員攜帶氣瓶（內含壓縮空氣的鋼瓶）在海面下所進行的活動，潛水員會穿上一種可充氣或放氣的背心，藉由氣瓶對背心的充放氣來改變背心的體積大小，調整潛水員在海中的浮力大小，在背心內多充入一些空氣，潛水員可在不施力划水的情形下自然向海面浮起，從背心中多放出一些空氣，潛水員可在不施力划水的情形下自然向海底下沉。若背心的充氣量調整適當，潛水員可在不施力划水的情形下於海面下維持同樣的深度，此種調整背心的充氣量而能夠在海面下維持同樣深度的技術，稱為「中性浮力」。

　　　水肺潛水需要找同伴一起進行活動，可以互相照顧，每次潛水前也都要有適當的規劃，潛水後也要做紀錄。

　　　圖（三十一）為一位潛水員的潛水時間與潛水深度的紀錄。

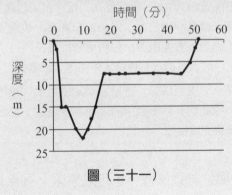

圖（三十一）

素養測驗題的命題之自我檢核

　　根據本章第一節所提到素養導向的命題原則以及先前各章節提到的素養形塑相關要件，本書提列十一個自我檢核的項目，如表 11-7，教師們可以在命題之後，以此檢核表檢視素養測驗題是否符合每一個項目，所有項目都要「是」才符合素養測驗題的命題原則，必要時增補、修改或調整這些項目的內容。如果教師們在各個領域中發現其適用性可以修改，教師也可以在學校社群中討論並且發展屬於自己領域的檢核表。例如數學，可以用程序性知識替代第一個項目的「通則」，或者新增一個項目。

表 11-7　素養測驗題的命題之自我檢核表

檢核項目	檢核情形		
1. 是否以通則進行命題？	□是	□否	□不適用
2. 提問是否是分析以上的認知層次？	□是	□否	□不適用
3. 題目是否三段：情境描述、提問、選項？	□是	□否	□不適用
4. 情境事件是否會發生在生活中？	□是	□否	□不適用
5. 情境事件與提問是否有解決問題的意識？	□是	□否	□不適用
6. 提問是否跟情境事件有關？	□是	□否	□不適用
7. 若把情境事件的描述刪除，是否無法作答？	□是	□否	□不適用
8. 選項若是策略，是否是解決該情境事件問題的策略選項？	□是	□否	□不適用
9. 情境事件的描述是否充足到可以提供學生分析事件的細節至確實可填答的目的？	□是	□否	□不適用
10. 長文題型，是否每個段落一個概念？或以每個句段形成一個概念？	□是	□否	□不適用
11. 長文題型，是否運用到段落間的關係或統整去提問？（非以一個段落之概念進行回答）	□是	□否	□不適用

第二節　具有效度的素養測驗題之編擬

　　上一節雖然提及素養測驗題的命題原則與實例，不過，根據筆者的經驗，部分教師所設計的題目對學生填答可能太難或太簡單。雖然太難或太簡單也涉及到學生的先備知識或情境中的生活經驗，若以符合所教導的學習內容進行素養測驗題的編擬，再包含不同認知層次的問題，所編擬的題目就具有內容效度。教師讀者可以參考本書第九章提到的學習目標設定時採用的雙向細目分析表，將學習目標轉化為評量目標，每一條目標編擬一個題目，如此就不會出現命題內容過偏於某些單元、太難或太簡單的現象。

素養測驗題在整份試卷上的比例

　　除了在職場上進行的職業素養檢測外，若在教育機構進行的教育或訓練，其學習內容就會包含基礎知能、策略性知識以及素養形塑的課程，而一次期中考或期末考的試卷上，也應該包含基礎知能、策略性知識以及素養形塑的題目。因此，本書建議命題時，上述三者要有比例規範，但可以根據學生學習狀況進行比例的調整。根據筆者先前在中小學任教的經驗以及對在職教師進行訪談的研究心得，建議教師們可以在基礎知能、策略性知識以及素養形塑的題目上，採用 50%、30%、20% 的比例，當學生習慣素養測驗題的閱讀與填答後，再逐漸往上調整素養測驗題的比例。

　　另外，當我訪談教師時，有些教師提到部分學生對於素養測驗題完全放棄填答，原因是文字量太多，而且需要花時間思考，可能也不知道如何思考、不習慣這類型的思考。筆者的建議是，教師要在課堂教學時，指導學生閱讀與思考素養測驗題，除了讓學生習慣這些題型外，也需要指導學生閱讀技巧、思考技巧以及生活應用的技巧，這也是屬於經驗內化的範疇。

完整說明素養測驗題的命題過程

　　如果教師要向其他教師、上級或評審說明自己命題的內容與命題理念，不能僅出現情境事件、提問與選項（這樣是給學生看的），這樣無法讓他人了解整個題目的命題脈絡。本書發展一個素養測驗題的命題架構表格，如表 11-8，再進行說明。教師們在參考應用時可以略調整其架構，以符合自己解說的風格。

表 11-8　素養測驗題之命題架構與實例—國語文領域

領域年級			
題目	情境		
	提問		
	選項與誘答說明		
	答案		
取材說明			
核心素養			
學習內容			
學習表現			
命題通則			
命題認知			
評量目標			
試題概念分析			

　　在表 11-8 的架構中，除了學習領域和年級等基本資料外，可以再分成三個大部分，第一部分是題目，包含情境事件、提問和選項（含正確

答案）；第二部分是取材與對應課綱領綱的核心素養、學習內容與學習表現；第三部分是素養測驗題命題原則中最重要的部分，包含以通則（策略性知識）進行命題，認知層次要達分析層次以上，並藉此說明試題的概念。

素養測驗題的命題架構之實例─國語文領域

表 11-9 是二年級國語文領域的命題實例，根據學生的生活經驗，結合教師所教導的學習內容進行命題。

表 11-9　素養測驗題之命題架構與實例─國語文領域

領域年級		國語、二年級	
題目	情境	教室公布欄貼了一張學務處的公告事項 **公告事項** 二年級小朋友好： 　　近日校園中有野狗出沒，如果你有發現牠們，請不要餵食，並通知師長協助處理。和仁的校園，大家一起來維護。 　　　　　　　　　　　　　　　　　學務處　十月十一日	
	提問	這張公告事項的目的是要告訴小朋友什麼事？	
	選項與誘答說明	❶ 看到野狗時，要趕快跑	以自己的意識或經驗解釋訊息
		❷ 看到野狗時，不要吃東西	誤以為吃東西會引來野狗靠近
		❸ 看到野狗時，對牠喊叫	以自己的意識或經驗解釋訊息
		❹ 看到野狗時，請大人處理	正確答案
	答案	❹	
取材說明		教室公布欄貼了一張學務處的公告事項，命題教師蒐集此公告，作為了解學生讀取資訊能力之素材。	
核心素養		國 -E-A2 透過國語文學習，掌握文本要旨、發展學習及解決問題策略、初探邏輯思維，並透過體驗與實踐，處理日常生活問題。	
學習內容		Ac-I-3 基本文句的語氣與意義。	
學習表現		5-1-4 了解文本中的重要訊息與觀點。	

命題通則	文章中的主旨
命題認知	分析（組織成一個事件的意義）
評量目標	能擷取文章中的訊息形成一個主旨
試題概念分析	學校的公告資訊中，有兩個概念：發現野狗不要餵食、通知師長協助處理，此題目是了解學生對公告的訊息是否可以組織成一個事件的意義。

命題者：彰化縣和仁國小黃惠霜老師

　　表 11-9 是以二年級小朋友的生活經驗出發，命題者在指導學生關於一篇簡短文章的主旨之課程後進行素養測驗題的命題發想，看到學校學務處發出的一份公告，藉此取材命題，以檢測學生對生活資訊的閱讀能力，並且嘗試培養學生解決問題的能力。

素養測驗題的命題架構之實例—自然科學領域

　　表 11-10 是四年級自然科學領域的命題實例，該命題教師以單元內容「聲音的傳導」為命題的學習內容，再以奧運項目水上芭蕾運動比賽選手所需要的動作一致性進行取材。

表 11-10　素養測驗題之命題架構與實例—自然科學領域

領域年級		自然科學、四年級
題目	情境	水上芭蕾被稱為奧運中最賞心悅目的競技項目之一，這項兼具力與美的運動，講求成員間動作的一致性與協調性，選手經常需要以聲音傳導作為協調一致性的工具。目前水上芭蕾列入奧運的正式項目為雙人、團體賽，裁判會依據整齊度、動作難度、技術編排做出評分。
	提問	水上芭蕾參賽隊伍有二人及團體組合，請問比賽時選手們如何做到動作同步一致？

	選項與誘答說明	❶ 選手在水中拍打水波進行協調	屬於水的震動與聲音傳導，但震動與聲音太小，傳導不易。
		❷ 選手在水中以說話聲音進行溝通	雖屬於聲音的傳導，但選手在水中不易說話。
		❸ 選手在水中聆聽現場音樂的節拍	正確答案，音樂節奏或鼓聲可以在空氣與水中傳導
		❹ 選手在水中拿響板打節拍協調	雖屬於聲音的傳導，但聲音太小，傳導不易。
	答案	❸	
取材說明		水上芭蕾是奧運競賽之一，表現難度相當高，需要有些技巧，其中一個技巧運用到國小自然領域的知識，聲音的傳導。	
核心素養		自 -E-A2 能運用好奇心及想像能力，從觀察、閱讀、思考所得的資訊或數據中，提出適合科學探究的問題或解釋資料，並能依據已知的科學知識、科學概念及探索科學的方法去想像可能發生的事情，以及理解科學事實會有不同的論點、證據或解釋方式。	
學習內容		INe-II-5 生活周遭有各種的聲音；物體振動會產生聲音，聲音可以透過固體、液體、氣體傳播。不同的動物會發出不同的聲音，並且作為溝通的方式。	
學習表現		po-II-1 能從日常經驗、學習活動、自然環境，進行觀察，進而能察覺問題。	
命題通則		聲音可以透過物質傳遞	
命題認知		分析（解釋某個現象的原因）	
評量目標		藉由聲音透過物質傳遞的原理解釋生活現象	
試題概念分析		學生在自然課中觀察所得：「聲音可以透過氣體、液體、固體來傳播」的概念。結合自身游泳在水中時視線難以清楚觀察事物的生活經驗，延伸到思考觀賞水上芭蕾賽事進行時選手間動作協調如何達成的？進而思考這是否與聲音能透過空氣、液體，作為發號施令使多人同時做出協調動作的媒介有關。	

命題者：彰化縣平和國小吳智淵老師

表 11-10 內的題目可能會讓部分教師認為：如果學生不知道什麼是水上芭蕾運動，可能就無法作答；不過，題目的情境描述中已經提及「講求成員間動作的一致性與協調性，選手經常需要以聲音傳導作為協調一致性的工具」，尚屬可以作答的題目。另外，此題目具有運用所學解釋生活現象之目的，符合素養導向的教學與評量的原理。這類型的題目可以促進學生在生活中或在未來的社會中發覺一些好奇的現象時，可以嘗試檢索大腦內所學習過的知識，進一步解釋與回應。因此，此題目雖然可能還有調整的空間，但本書提列出來，可以引導教師擴大思考命題時的取材廣度。

素養測驗題的命題架構之實例─社會領域

表 11-11 是四年級社會領域的命題實例，該命題教師以社會領域中關於社會政策的內容進行命題，再取自學生生活中隨時可見的政策文宣作為命題的素材。

表 11-11 素養測驗題之命題架構與實例─社會領域

領域年級		社會、四年級
題目	情境	請從下面彰化縣政府的宣傳單，推論回答以下問題：
	提問	上面兩張文宣是彰化縣縣政府製作，這些政策是要因應下列哪個社會現象？

選項與誘答說明	❶ 獨居老人的飲食服務	以左圖部分字句判斷為老人送餐服務	
	❷ 少子化現象	誤以為高齡化社會就是少子化現象	
	❸ 交通便利措施	以右圖部分字句判斷為交通便利措施	
	❹ 高齡社會現象。	正確答案	
答案	❹		
取材說明	彰化縣政府在　　　年　　　月　　　日的宣傳單,透過里長(夾報……),發送到每個家庭。文宣上有許多訊息,都是針對老年人口的政策,符合社會領域該單元的學習內容。		
核心素養	社-E-A2 敏覺居住地方的社會、自然與人文環境變遷,關注生活問題及其影響,並思考解決方法。		
學習內容	Aa-II-2 不同群體應受到理解、尊重與保護,並避免偏見。		
學習表現	2a-II-2 表達對居住地方社會事務與環境的關懷。		
命題通則	多項(文宣)訊息的整合		
命題認知	分析(組織成一個事件的意義)		
評量目標	綜合文宣上的訊息形成一個觀點		
試題概念分析	兩個文宣的訊息各有其細節,學生需要從這些細節去綜合思考,形成一個觀點,再去對照選項上的答案。		

命題者:彰化縣頂番國小陳佳怜主任

　　本書收錄此題目有兩個目的。第一,說明素養測驗題的情境事件敘述不一定要文字量很多的文章,部分教師可能會誤解素養測驗題的題目之文字「一定要」多,根據筆者帶領中小學教師進行命題實作的經驗,只是一張圖、兩張文宣或者甚至僅是一幅畫作與簡要說明,都可以成為情境事件。第二,部分教師認為生活素材不易取得,不過只要教師仔細觀察周遭生活現象,再加上與社群老師相互分享與共同備課,生活中的素材隨處可見。

　　表 11-11 的題目是兩張彰化縣政府的政策文宣,學生需要閱讀文宣中的句子,先解釋句子的意義,再綜合思考整體文宣所要傳達的意念,去選擇正確的選項。這符合素養測驗題的分析以上認知層次的要求,也因為非

長文、且具有生活經驗的特色，此題的命題理念值得推廣、調整與採用。

素養測驗題的命題架構之實例—數學領域

表 11-12 是四年級數學領域的命題實例，該命題教師以到溪頭自然教育園區健行的取材靈感，察覺人們在日常生活中有太多機會結伴同行和集體付費，而這些集體費用的計算是小學四年級學生的學習內容。

表 11-12　素養測驗題之命題架構與實例—數學領域

領域年級		數學、四年級			
題目	情境	溪頭自然教育園區是那些喜歡到山林走走的國人常去之處，在園區入口，張貼該園區的門票收費標準表，如下表：			

溪頭自然教育園區收費標準表			
票別	對象	一般時段	優惠時段
全票	一般成人	200 元	160 元
半票	6-12 歲	150 元	120 元
優待票	12 歲以上學生	100 元	80 元
特惠票	65 歲以上	10 元	10 元

一般時段：周休二日、國定假日、寒暑假
優惠時段：其餘的週一到週五

	提問	1. 進德國小四年級校外教學打算前往溪頭自然教育園區，目前校外教學日訂在 4 月 30 日星期四，參加人員有 4 位老師以及四個班級共 110 位學生，請問負責帶隊的老師要帶多少錢付門票費？ 2. 今年已經是 70 歲的阿公跟同年齡的長青活力班學員共 48 人，五一勞動節打算到溪頭自然教育園區健行，這群學員的班長只帶 1000 元準備付門票費，1000 元夠嗎？少多少？或多多少？
	選項	因是計算應用題，無選項設計。（上述第二題可設計誘答，誘導學生「對 65 歲以上的長者，無論什麼日期時段，門票都只有 10 元」之外的訊息判斷。）

領域年級	數學、四年級
取材說明	這是該命題教師到溪頭自然教育園區健行的取材靈感，察覺日常生活中人們有太多機會結伴同行到某個景點遊玩，需要事先準備該付的費用，而這些費用的計算是小學四年級學生的學習內容。
核心素養	數 -E-A3 能觀察出日常生活問題和數學的關聯，並能嘗試與擬訂解決問題的計畫。在解決問題之後，能轉化數學解答於日常生活的運用。
學習內容	R-4-2 四則計算規律（I）：兩步驟計算規則。加減混合計算、乘除混合計算。在四則混合計算中運用數的運算性質。
學習表現	r-II-4 認識兩步驟計算中加減與部分乘除的規則並能應用。
命題通則	程序性知識：兩個步驟的加減與乘除的整合運用。
命題認知	分析（組織）
評量目標	能先組織兩個訊息後再進行運算
試題概念分析	第一個題目有兩段訊息要處理，包含 4 位老師的票價、110 位學生的票價，都需要以乘法計算；之後，再加總起來。第二個題目是再結合訊息的閱讀理解，知道長者票價無論什麼時段都是 10 元，之後計算人數與費用後，再與 1000 元做比較，進行加減。

命題者：本書作者修改自彰化縣頂番國小蔡佩欣老師

　　表 11-12 的題目非選擇題，不設計選項，若要設計選項，只要有誘答效果的選項設計即可。另外，命題教師的取材相當符合生活要件，我們在日常生活中有太多的機會需要集體付費，這即是四則運算的生活素養之範疇。提供學生運用所學習的知能解決生活問題，正是素養導向的教學與評量設計之目的。

小結

　　素養導向的評量設計是十二年國教課綱實施以來，教師最為關心的一件事，因為它涉及學生的成績，也可能影響學生下一個教育階段的入學

考試成績與機會；然而，在素養測驗題的命題上，有些教師仍有部分的誤解，以為有情境事件的描述、以為跟閱讀素養直接相關而認為文字量要很多，也以為就是比較難的題目。情境、閱讀量以及比較難，只是一些表面上的特徵，教師命題時得要從素養形塑的原理思考。

　　本章特別聚焦在素養測驗題，學校教師在平時的單元檢測或者學期總結性評量需要進行題目的設計時，要先理解素養形塑是提供學生解釋或解決一個複雜情境問題的機會，之後轉化為情境事件資訊描述、提問與選項的命題內容。特別需要留意的是，如果教師寫了一些情境事件資訊，但在提問時，學生無需要從情境事件資訊進行分析、歸納或統整，就可以選擇正確的選項，這不僅不符合素養形塑的原理，也可能造成學生花考試時間在閱讀非關測驗的文字內容上，進而影響學生非關於學習成果的測驗成績。由於多數教師較少這些命題的經驗，本章提出的命題原則與實例可以提供教師參考。

　　不可諱言地，教師的生活經驗會影響素養測驗題的取材，教師除了理解本章提及的素養測驗題命題的原理與設計原則外，可以將自己所教導的單元內容隨時連結到生活中、校園中或是與其他教師討論中，進而產生命題靈感，素養測驗題命題取材的敏銳度就會提升。未來會有愈來愈多題目出現在各學校的期中、期末考試中，教師們也可以從學力測驗、國中教育會考或學測中發現有些題目是符合素養測驗題的原理，從這些題目進行變化調整，也是一種可行的命題方式。

教師讀書會或師培生讀書會的參考任務

1. 請教師或師培生取得中小學某一次期中考或期末考的題目試卷，逐題分析每個題目的學習內容與認知層次；若認為該題目是素養測驗題時，請詳細說明理由，或者針對某些可能是素養測驗題卻缺少某個原則，若要成為素養測驗題，該如何調整，請說明。
2. 以某個或某些單元內容的學習內容，進行素養測驗題的命題。除了說明命題所採用的策略性知識以及說明該題目的認知層次外，再比照本章第二節的命題架構，對社群夥伴進行命題取材的說明與進行概念解析。

第十二章

發展素養導向
教學活動設計

　　本章先以素養導向的教學設計為理念進行統合說明，再發展教案格式與寫作方向，因此，本章有部分內容可能在先前九章曾經提過，教師也可以藉此複習先前看過的內容。或者是當教師閱讀本書以及具備應有的理念後，當需要撰寫素養導向的教案時，直接以本章作為撰寫的對照手冊即可。本書也在附錄中提供「素養導向的教學活動設計表格（可觀課用之版本）」，教師可以參酌與調整使用。另外，本書也在附錄中提供一份教案實例，具有「情境任務→核心知能→策略性知識→情境任務」之流程，教師亦可從中了解素養導向教學設計的脈絡。

　　核心素養的定義是「培養一個人適應現代生活與面對未來挑戰所需的知識、能力和態度。」從「適應現代生活」和「面對未來挑戰」這兩句話來看，核心素養的形塑便有解決情境問題或完成某個任務的傾向；而「所需要的知識、能力和態度」是情境問題或任務中所涉及的知識、能力和態度的「統合」知識。如先前所提，這些知識、能力和態度的知識統合是為了解決情境問題或完成情境任務所需要的策略，因此，本書統稱這些統合知識為策略性知識。簡單來說，素養導向的教學活動設計具有兩個面向：情境問題或任務、策略性知識。

　　素養導向的教學即是提供學生在課堂中可以面對的問題與挑戰，再鼓勵、提示或引導學生分析情境，並以一種或多種策略性知識提出情境分析後的結果、判斷策略的價值，以及可能在學習行動後提出具有創意的思維與作品。然而，核心素養的形塑沒有立即效果，也非一蹴可幾，需要教師從核心知能、策略性知識以及情境問題或任務中逐漸引導。因此，教師需要知道素養導向的教學須進行「核心知能→策略性知識→情境問題或任務」脈絡化的設計，針對不同層次的學習內容擬定不同層次的學習目標，並藉此發展對應目標的教學活動。為了在觀課時可以察覺到學生在素養導向的學習過程中之哪一個階段發現學習困難，教學活動流程的設計需要呈現一系列的教學活動與其清楚的教學活動內容。

　　本書統整先前九章的內容，以圖 12-1 呈現素養導向教學活動設計的

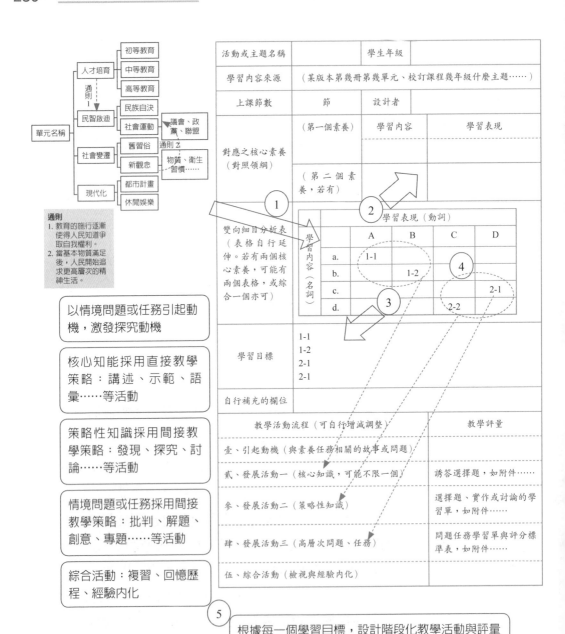

圖 12-1　素養導向的教學活動設計細節對照圖

細節：

1. 進行教材內容分析，再將重點知能轉化爲學習內容。
2. 對照領綱的學習內容與學習表現，必要時調整。
3. 運用雙向細目分析表發展學習目標並標上目標序號。（第 2 步驟和第 3 步驟可以互換）
4. 再根據不同學習目標與情境任務發展不同的教學活動。
5. 再根據每一個學習目標，進行階段化教學活動的流程設計。

　　茲將其重點分別說明於本章三節內容中。

第一節　學習內容與學習目標

　　本書第九章提及學習目標是由學習內容與學習表現所組成的，每一個學習目標都會有一個學習內容（名詞）與學習表現（動詞）。因爲素養導向的教學之教材結構包含核心知能、策略性知識和情境問題或任務等三個層次，而每一個層次的學習內容均有其對應的學習表現（例如：情境問題或任務的學習表現應該會在分析、評鑑與創造層次），因此，以一個可以發展素養導向教學設計的主題或教材單元而言，至少就會有三個不同層次的學習目標。

將核心知能與策略性知識寫入雙向細目分析表

　　教師參考本書第三、四、五章後，便可繪製教材內容分析結構圖，再把核心知能（包含概念、技巧與情意因子）與策略性知識（包含通則、方法、能力等）寫入雙向細目分析表左邊的學習內容欄位內，通常核心知能會寫在上方，而策略性知識則接續核心知能寫在下方。本書建議愈先要教導的學習內容寫在愈前面，如此，便可以有順序地安排教學活動，也可以愈有次序地檢視學生在學習內容的表現情形，若學生在素養導向的任務中表現不佳，還可以察覺是在核心知能、策略性知識、情境問題或任務的哪

一個階段出現問題。

　　教師可以再檢視每個學習內容的範圍，特別是概念或技巧，若僅是提供二、三個事實示例就可以讓學生充分理解，或一、二個動作就可以讓學生熟練操作，本書會建議把這些事實示例或行為動作改寫成高一層次的學習內容（大概念），而原來的事實示例或行為動作的小概念或小技巧只是大概念的內容之一。原因是：既然是學習目標就需要評量，而且評量是需要每個學生都要表現，不可以簡單問答一、二位即認為所有學生都達到學習目標所述的學習內容與表現。但若是範圍很小的學習目標，每一個學生都需要去表現，就可能多花了時間，教師應該把教學時間多花在引導學生在高層次內容的思考上。

　　那學習目標的範圍要多大多小？本書建議一節課最多兩個學習目標，但至少是一個學習目標，太小的學習目標可以合併而以大概念去形成學習目標，太大的學習目標可以分割學習內容去改寫成兩個或多個學習目標。若是小目標合併而形成大目標，一樣可以在上課過程中，以提問的方式逐項檢視學生在小目標或小學習內容的表現情形，由於這些小目標或小學習內容是傾向簡單的內容，透過簡單的提問與觀察即可，教師在升級後的目標上再檢視全部學生的學習表現。不過，教師需要有「一節課（或一次上課，如兩節課連在一起）至少要有一個學習目標」的理念，讓學生在下課前透過評量自我察覺學習結果，教師也可以知道自己在一節課裡的教學成效。

對照領綱的學習內容與學習表現

　　確認學習內容的數量與範圍後，教師可以再對照各學科領域綱要中的學習內容與學習表現。由於學習內容是來自教科書單元的分析，理想上教科書內容應該在審查時已經確認其學習內容符合該教育階段學生的學習所需，但是學習目標的學習表現不一定會在教科書上，教師得要去對照領綱中的學習表現，以確認該學習內容需要讓學生表現到什麼樣的程度。

　　本章再度回應一件教師經常關心的事：許多教師詢問是否表現動詞一定是「記憶、了解、應用、分析、評鑑、創造」（或其他技能和情意上的層次名稱）等詞彙。本書認為這不需要，只要能夠搭配學習內容後呈現的意義是屬於該領域和該層次的意涵即可。例如：教師可以用「能找出颱風與颶風的差異點」，此「找出」是需要分析颱風的細節和颶風的細節，再去對照比較，去找出兩類資料的差異，因此，以整句學習目標而言，是屬於「分析」層次。

　　部分教師可能僅是講述概念，學生也僅是了解概念的意義，然而，這對素養導向的教學設計是不夠的，有些概念需要提供學生應用的機會，學習目標就應該要有「應用」層次；而策略性知識來自於兩個或兩個以上概念所建立的關係，兩個學習內容的關係就至少會有「分析」以上層次的學習目標。教師可以參考領綱中的學習表現去編寫學習內容的表現動詞，再把這些表現動詞寫在雙向細目分析表學習內容與學習表現層次的交叉欄位中。

　　不過，領綱中的學習表現之「表現動詞」很多，有些還有高低層次之分，例如：「1b-III-2 理解各種事實或社會現象的關係，並歸納出其間的關係或規律性。」從這個學習表現來看，至少有「理解」和「歸納」的學習表現動詞，而學習內容是指各種社會現象，因此，在各種社會現象的學習目標設計時，就至少要有「理解各種社會現象」以及「從各種社會現象歸納（或分析、組織、區別、分類等）其關係（規律性、順序、類別、差異等）」。簡單來說，教師需要對照領綱中的學習表現，避免將教科書上提及的各種社會現象僅設定為「了解」層次目標而已。

運用雙向細目分析表寫下學習目標

　　當確認學習內容與學習表現動詞後，學習內容與學習表現交叉對照組合便可以形成學習目標。通常是學習表現（動詞）在先，學習內容（名詞）在後，例如：能分辨古體詩和近體詩的不同。「分辨」是學習表現，

在先；「古體詩和近體詩的不同」是學習內容，在後。

不過，圖 12-1 中的雙向細目分析表需要再解釋。圖中提及「1-1、1-2、2-1、2-2」，那是以具有兩個核心素養的教材單元或教學活動設計為例，第一個核心素養的目標「1-1、1-2」，以此類推，第二個核心素養的目標則是以「2-1、2-2」進行編號，也可以分開成兩個雙向細目分析表。如果僅有一個核心素養的教材單元或教學活動設計，只要用「1、2、3、4……」即可。

而先前提到，表現動詞不一定是「記憶、了解、應用、分析、評鑑、創造」（或其他技能和情意上的層次名稱）這些詞彙，只要能夠搭配學習內容後呈現的意義是屬於該領域和該層次的意涵即可，教師可以把表現動詞寫在編號下面，如表 12-1 的例子。

表 12-1　雙向細目分析表的學習表現動詞與編號的實例摘要

	記憶	了解	應用	分析	評鑑	創造
字的結構	1 認識					
課文內的句段		2 指出				
可替換的相似詞語			3 練習			
轉化擬人的修辭		4 舉例				
文章的主旨				5 推論		
課文中的多個文句				6 重組		
自己家鄉建築物的特色						7 表達
說明文的寫作技巧						8 創作

　　之後，再寫出學習目標。以表 12-1 為例，學習目標分別是：

1. 能利用注音符號，認識字的結構。
2. 能指出課文中閱讀要點的句段內容。
3. 能練習相似詞語的替換。
4. 能舉例說明轉化擬人的修辭技巧。
5. 能推論本課課文的主旨
6. 能重組本課課文中的文句。
7. 能表達自己家鄉建築物的特色。
8. 能應用說明文的寫作技巧創作一篇關於生活情境的文章。

第二節　以情境問題或任務為先的脈絡化設計

　　本書在第三章結語時提及，教師可以將核心知能、策略性知識和情境問題或任務組織成一個教學單元，這也可能需要幾節課才能教完，例如：第一節課教第一個和第二個概念，第二節課教策略性知識的建立，第三節課才進行解決情境問題或任務的嘗試。這種典型作法可以讓初次設計素養導向教學活動的教師，在學習內容與核心素養連結上有清楚的理解。換句話說，在教學設計時，教師可以用該情境問題或任務引導學生求知的動機，再逐步指導處理問題或完成任務所需要的知識，以及完成逐項設定的學習目標，當學生具備該素養任務所需要的策略性知識後，便可以讓學生嘗試解決問題或完成任務。

　　在具體的設計細節上，圖 12-1 的教學活動欄位上有「引起動機、發展活動（核心知能）、發展活動（策略性知識）、發展活動（高層次問題或任務）、綜合活動」等欄位，這些是對應「情境任務→核心知能的發展活動→策略性知識的發展活動→解決情境問題或任務的發展活動→經驗內化的綜合活動」等形塑核心素養的過程。再說明如下：

1. 引起動機

　　傳統作法是教師在此階段提出與教材內容相關的新聞、影片、故事或生活經驗，藉此導入並引發學生學習動機；不過，以核心素養的形塑而言，我們期待學生未來面對問題或挑戰時能檢索曾經學習過的知能，進而去思考與應用，並解決問題或完成任務。以此邏輯而言，我們希望學生先面對問題或任務，再指導他們學習與該問題或任務相關的學習知能，促進他們建立問題與所學知能的關聯。藉此，教師可以在引起動機階段，以學生生活經驗爲基礎，呈現要解決的問題或要完成的任務。

2. 發展活動（核心知能）

　　此階段是核心知能的教學活動，教師可能有兩個或兩個以上的核心知能，各有其學習目標（通常是了解和應用層次的目標），通常需要將概念的屬性細節講述明白以及將技巧的動作和步驟示範清楚，有些概念需要提供事實示例，提出事實示例時也要思考學生是否具有類似的生活經驗。

　　在此階段的教學方法上，教師可以善用媒體、故事、事實示例、圖示等媒介，再以本書第七章第一節提及的以講述、提問、示範、練習等教學法進行教學，之後再進行教學評量，以確認較低層次學習目標的達成程度。

　　如果有兩個以上的核心知能並寫成兩個學習目標，可以分開教學和分開評量，本書建議教師可以將評量題目或簡單操作任務寫在一張學習單上，當第一個核心知能教學後，學生寫學習單上的某些題目，或者是根據題目進行操作，而第二個核心知能教學後，再寫學習單上的另一些題目和操作，以此類推。

3. 發展活動（策略性知識）

　　此階段是策略性知識的教學活動，若教師依本書的建議設計教學活動流程，在此階段時，教師已經分別指導過該策略性知識的核心知能，此時教師便要以設計問題、實驗與記錄數據、資料閱讀與重點註記、兩類資料一併呈現……等方式，促進學生察覺兩個核心知能的關聯。

此階段的教學方法不宜僅用講述或示範教學法，可以運用本書第七章第二節提及的發現、探究或討論教學法。一般來說，教師提供各類資料細節或指導學生實驗與蒐集數據，鼓勵學生發現兩個核心知能之間的關係，也可以善用高層次的問題引導學生思考兩者之間的關聯。教師也可以加入討論活動，讓學生先產出自己的答案或觀點後，再與他人對話，透過對話精煉自己的觀點。

此階段若要讓學生對兩個或以上的核心知能產出關聯，資料屬性細節的並列設計、問題的提問導引相當重要，若要加入討論教學法，則還需要指導學生討論互動的流程與技巧。如果是多個策略性知識，可以分開進行教學活動，也可以在所有核心知能指導完畢後，一併設計教學活動，提供學生建構策略性知識的機會。

如同前述，在策略性知識學習之後也要進行評量，以確認學生是否具備解決問題或完成任務的策略性知識，如此，才能在下一個階段運用。

需要說明的是，教師不一定要把所有的核心知能教完後，再引導策略性知識的學習，教師可以設計「知能1、知能2、策略性知識1、知能3、知能4、策略性知識……」等教學流程。亦即先前提及的發展活動（核心知能）和發展活動（策略性知識）可以反覆出現。全部教學完畢之後，再進行發展活動（高層次問題或任務）。

4. 發展活動（高層次問題或任務）

此階段是學生運用策略性知識面對挑戰的時間，教師可以喚起學生一開始學習的記憶，再根據情境問題或任務的要求，提示相對應的策略性知識，也可以不提示而鼓勵學生解決問題。教師可以思考學生平時的學習動機，給予不同程度的協助。

此階段的教學方法通常是本書第八章提及的批判思考、問題解決、專題本位、創造思考、合作學習等教學法。若情境問題是一個事件的分析判斷，可以採用批判思考教學法；若是提供一個情境問題並鼓勵學生解決問題，則問題解決教學法可以採用；若需要學生對情境中某個議題充分了

解，並且需要提出一篇報告，則專題本位教學法可以運用；當需要改變情境中某種觀點，或因應情境變化而需要產出一份具有創意思維的文章和作品，則可運用創造思考教學法；若情境問題或任務過於複雜，也或者想要培養學生互助合作的能力和情意，則可以再搭配合作學習教學法，一起進行。

　　不管運用上述提及的哪一種教學法，若學生欠缺這種教學法的學習經驗，教師務必要指導流程，也可以提供實例。另外，也需要根據學習目標進行評量，如果是複雜的任務，可以在學生完成任務後再進行評量；如果是趨近於簡單或者是透過課堂中的討論和合作便可以產出的結果，就需要在課堂中進行評量。

　　更重要的是，所有學生通常不會一次就能夠解決問題或完成任務，有些可能達到評分標準表的最高等級，有些可能是中間或初步的等級，教師除了鼓勵學生面對挑戰和培養學生挫折忍受力外，提供訂正性回饋或增益性的回饋是必要的。

5. 綜合活動（複習、回憶認知歷程與省思）

　　在綜合活動階段，已不需要評量，根據學習目標的評量已經在教學過程中進行。在進行高層次任務之前，需要先評量與確認學生是否具備策略性知識；在建構策略性知識之前，需要先評量與確認學生是否理解核心知能。因此，教師應該把綜合活動的時間，花在學生的情境問題或任務與所學知能的「經驗內化」上。

　　教師可以先複習本次上課的重點，再提及一開始上課時所面對的問題或任務，之後將兩者連結起來，也讚美學生在此階段的努力。再引導學生思考具有成效與沒有成效的原因，以達經驗內化的目的。在此有兩個目的，第一，學生可以知覺所學知能與所面對問題的關聯性；第二，培養學生遭遇問題可以檢索知能和建立策略去解決問題的態度。

　　綜合來說，核心素養無法直接教導，是在面對挑戰和解決問題中形塑

的。而協助學生經驗內化的過程，可以促進學生將經驗組織並進入長期記憶中，如此，便可以期待學生在下一次面對問題時願意主動尋找策略，更期待學生在社會生活中或面對未來挑戰時，能夠習慣地、敏捷地和積極地解決問題或完成任務。

　　需要提醒的是，綜合活動時間不是評量時間，任何評量都應搭配學習目標與其教學活動，在「發展活動」時間內完成；另外綜合活動也不是讓學生上臺報告與分享的時間，學生報告與分享也屬於一種評量方式，也應在「發展活動」時間內完成。

第三節　具有標題號的教學活動流程與細節

　　在素養導向的教學設計中，每一個學習目標都需要去安排教學活動，也需要去評量。根據筆者的研究心得，部分教師在學習目標、教學活動與學習評量的連結上經常會疏忽其關聯性。

以學習目標為始的教學活動布局

　　當教師確認學習目標後，需要安排兩個或以上的教學活動，通常每個教學活動會搭配一種教學法，例如：講述活動、示範活動、討論活動……等等，不同教學方法的運用就會有不同的教學活動流程，一節課裡也會有兩個或以上的教學活動的組織安排。

　　表 12-2 是針對一個學習目標所設計出來的教學活動流程，此節課是屬於策略性知識之教學活動（非完整的素養導向教學活動設計），先前的核心知能已經學習且評量過，第一個教學活動僅是複習先前重點。

　　表 12-2 之學習目標是「學生能理解清法戰爭對臺灣現代化的影響」，從學習目標倒推，要確認學生是否「理解」，則先前需要讓學生表現（第四個教學活動是分組上臺報告）；而學生上臺報告前，則先需要學習思考與建立通則（第三個教學活動是學生思考清末戰爭與臺灣現代化的關

聯）；而學生學習思考與建立通則前需要閱讀足夠的資料或資訊（第二個教學活動是學生分組共作與討論臺灣清末戰爭的問題）。

表 12-2　一個學習目標的教學活動流程之實例

教材或活動名稱		學生年級班級	年　　班
學習內容來源			
上課節數	第　　節	設計者	
學習目標	學生能理解清法戰爭對臺灣現代化的影響		

教學活動流程（條列式、可自行增減調整）	觀課者的註記
一、教師複習臺灣早先的事件（5min） 　1-1 複習日、排衝突的牡丹社事件的原因。 　1-2 複習牡丹社事件臺灣現代化的影響。 　1-3 教師提問除了英法聯軍的開港通商，以及日、排衝突的牡丹社事件之外，還有什麼事情影響清政府對臺灣的現代化建設？ 　1-4 教師引導學生思考，上述這些事件可能的關聯。 二、教師引導學生分組共作與討論臺灣清末戰爭的問題（10min） 　2-1 教師給每組學習講義，要求學生閱讀與畫記重點。 　2-2 教師指示學生提出艱難的語詞，學生也相互討論。 　2-3 教師指導分組共作的程序。 　2-4 教師要求學生討論與完成關於臺灣戰爭的細節問題。 三、教師要求學生思考與討論清末戰爭與臺灣現代化的關聯（7min） 　3-1 教師提示學習單上的戰爭問題、臺灣現代化的問題。 　3-2 教師要求學生思考清末戰爭與臺灣現代化的關聯性。 　3-3 教師要求學生於思考後以一句話表達「清末戰爭與臺灣現代化」有何關聯，再透過討論相互分享與調整。 四、教師指導學生上臺報告學習單上的內容（評量）（8min） 　4-1 教師示範報告學習單中提示的閱讀資料重點、討論與關聯性的成果，各組練習。 　4-2 教師讓學生依序上臺報告學習單中臺灣戰爭的各題。 五、教師複習清末對外戰爭與臺灣現代化建設前因後果（5min）	

在教學活動的布局上，是以學習目標倒序思考教學活動與其流程，而

思考後的結果就是根據學習目標所發展的逐項之教學活動。若再加上第一個活動是複習先備知識，最後一個教學活動是複習本課重點知識，整個教學活動依循學習目標發展的教學活動流程舉例如圖 12-2（這是該單元的第三節課，屬於策略性知識建構階段）。

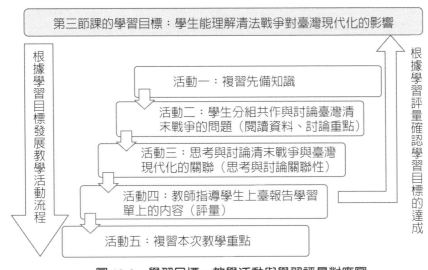

圖 12-2　學習目標、教學活動與學習評量對應圖

善用大標題號小標題號呈現教學活動流程與細節

圖 12-3 說明大標題號和小標題號的寫法。大標題號是教學活動的說明，每個活動要有「教材教法」或者是「教法教材」的表現形式，不能僅寫「討論」（只有教法）或者是「清末戰爭」（只有教材）；再者，每個教學活動安排教學時間，時間安排是以一個教學活動為一個時間，不是以小標題號設計一個時間。另外，小標題號是每個教學活動的細節，也儘量以教材教法敘寫，不過若教師指導學習技巧、討論的程序或者是設備的操作，這些是輔助學習的功能，可以先忽略教材教法的敘寫形式。

在大標題號的教材教法上，教材內容應是概念知能或策略性知識，教法則是要運用的教學方法；在小標題號的撰寫上，教材內容即是概念的屬性或技能的動作，而在教法上，則是教學方法的流程與教師引導細節。

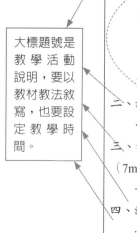

一、教師複習臺灣早先的事件（5min）

　　1-1 複習日、排衝突的牡丹社事件的原因。

　　1-2 複習牡丹社事件臺灣現代化的影響。

　　1-3 教師提問除了英法聯軍的開港通商；日、排衝突的牡丹社事件之外，還有什麼事情影響清政府對臺灣的現代化建設？

　　1-4 教師引導學生思考，上述這些事件可能的關聯。

二、教師引導學生分組共作與討論臺灣清末戰爭的問題（10min）
……

三、教師要求學生思考與討論清末戰爭與臺灣現代化的關聯（7min）
……

四、教師指導學生上臺報告學習單上的內容（評量）（8min）
……

五、教師複習清末對外戰爭與臺灣現代化建設前因後果（5min）

大標題號是教學活動說明，要以教材教法敘寫，也要設定教學時間。

小標題號是每個教學活動的細節，也儘量以教材教法敘寫（除了指導學生學習技巧或設備外，例如合作指導）。

圖 12-3　以大標題號和小標題號敘寫教學活動與細節的實例圖

上述教學活動設計格式也適合觀課用

　　以大標題號呈現教學活動的說明與順序，不僅可以讓觀課者了解教學活動的進行與轉換，也可以呈現或引導學生在素養導向教學時的認知處理順序（核心知能、策略性知識）；而小標題號的功能，除了檢視核心知能的屬性特徵或事實示例的運用外，也可以清楚地呈現課堂中教學的細節。簡單來說，大標題號內是教材內容細節，大標題號間是素養導向教學的活動說明與流程。

　　不過，更重要的是，如此教學活動設計的敘寫方式，可以在教師公開授課時提供觀課者清楚察覺教學者教學活動進行與轉換的對照，亦即具有觀課用的功能。另外，可以在教學活動流程表右邊設計一個空白欄位，欄位名稱可以設定爲「觀課者的註記」或「觀課記錄區」，這個欄位是提供

教學者完成教學活動設計後，若要進行公開授課，可以註記該教學活動的觀課重點，請觀課者協助察覺；也可以提供觀課者在教師課前說課時暫時註記要觀課的重點，或者也可以成為觀課者觀察學生學習表現的記錄欄位。

特別是當作「觀課記錄區」時，觀課者可以將學生學習表現記錄於此欄位中，如此，可以清楚地對照教師教學活動和學生在該活動中的行為表現，呈現具有效度的觀察記錄；而若將所有活動連結對照，觀課者可以發現某個被觀察的對象在哪一個教學活動處不理解教材、合作學習時遭受到同儕的排擠、討論時沒有發言，或者是評量時在哪一些題目產生困難，前後對照，可呈現具有信度的觀察記錄。簡單來說，如此教學活動的欄位設計與敘寫方式，左右提供效度的察覺，前後提供信度的對照。關於觀課的效度與信度之細節內容，可以參閱筆者另外一本書《素養導向的教學實務：教師共備觀議課的深度對話》。

素養導向的教學活動之整體架構

綜合本章的說明，以素養導向教學之教材內容而言，有核心知能、策略性知識和情境任務等三層次。以教學方法而言，有直接教學、間接教學與解決或創新之學習等三種不同類型的教學活動，也要設計不同認知投入程度的評量工具。以每一節課或每一個學習目標的活動安排上，大標題號以教材教法形式呈現教學活動的說明與順序，小標題號呈現每一個教學活動的細節。再以觀課的角度而言，可以提供觀課者清楚察覺教師教學階段與其學生學習表現對照的機會。其對應如圖 12-4。

參考圖 12-4 的說明，再根據圖 12-1 的教學活動設計表格，以情境問題或任務引導，將教材內容與教學方法呈現出來，即可以發展出素養導向的教學設計之教案。

不過，本書內所有的教學設計理念與其參考表格，僅在於提供尚未有充分素養導向教學經驗的教師參考，若教師逐漸掌握素養導向教學的教材

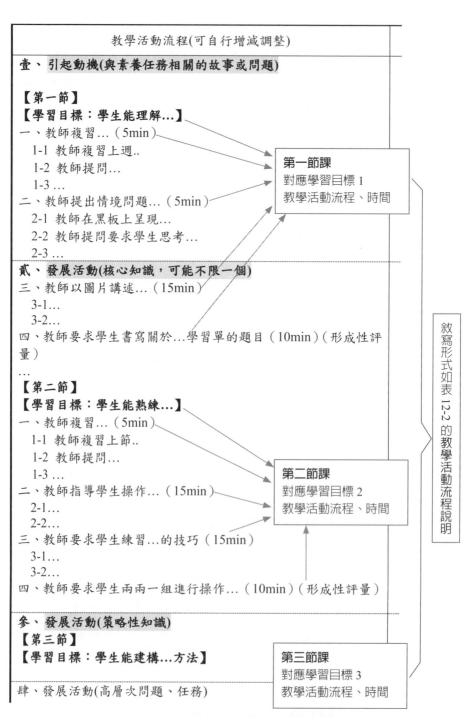

圖 12-4　素養導向的教學活動之整體架構圖

結構層次、教學方法的運用細節，以及學習目標與每節課的教學活動的連結，則可以發展屬於自己課堂教學的模式。

小結

　　素養導向的教學設計會涉及三個面向的內容，包含不同層次的教材內容、不同層次的教學方法、不同層次的評量。以大方向而言，除了兼顧這三個面向的內容對照外，要以情境問題或任務進行脈絡化的教學設計，引導學生連結情境問題或任務與所學習的知能之關係；以小細節而言，一節課的學習目標與教學活動要能呈現系統化，並以大標題號和小標題號的敘寫，清楚呈現每個教學活動的細節，如此作法也適合教師公開授課時的觀課記錄用。

　　本章不斷提醒教師關注學習目標的設計，以一、二節課而言，某個教材內容在學生學習後要表現的程度即是學習目標；以整單元或整學期而言，學習內容和學習表現的組合即是核心素養。換句話說，學習目標與核心素養在學習內容與學習表現的組合上具有類似的原則。

　　另外，教師也要掌握學習目標的教學活動之倒序設計方法，如此才能引導學生逐步學習，達到學習目標的要求。如果再透過觀課者協助，更可以從學生的表現思考教學活動的調整，不僅改善學生的學習成效，也能促進教師的教學品質。

教師讀書會或師培生讀書會的參考任務

請先分析某一個教材單元內容，選擇核心知能、策略性知識，以及擬定一個情境任務等學習內容（或以本書第十章文末之練習結果），設計一份素養導向的教學活動設計（教案），並和其他成員一起共同備課，視情形調整。

附錄一：素養導向的教學活動設計表格（可觀課用之版本）

活動或主題名稱			學生年級	
學習內容來源	（某版本第幾冊第幾單元、校訂課程幾年級什麼主題……）			
上課節數	節		設計者	
對應之核心素養 （對照領綱）	（第一個素養）	學習內容		學習表現
	（第二個素養，若有）			

雙向細目分析表 （表格自行延伸，若有兩個核心素養，可能有兩個表格，或綜合一個亦可）	學習內容（名詞）	學習表現（動詞）			
			A	B	C	D

二重表格，學習表現的細目：

學習內容（名詞）	A	B	C	D
a.	1-1			
b.		1-2		
c.				2-1
d.			2-2	

學習目標	1-1 1-2 2-1 2-2
（自行補充的欄位）	

教學活動流程（可自行增減調整）	觀課者註記或觀課記錄區
壹、引起動機（與素養任務相關的故事或問題） 【第一節】 【學習目標：　　　　　】 …… 貳、發展活動（核心知識，可能不限一個） …… 評量活動 【第二節】 【學習目標：　　　　　】 …… 評量活動	

參、發展活動（策略性知識） 【第三節】 【學習目標：　　　　　　】 …… 評量活動	
肆、發展活動（高層次問題、任務） 【第四節】 【學習目標：　　　　　　】 評量活動	
伍、綜合活動（複習與經驗內化）	

（表格自行設計，表中【第一節】【學習目標】和<u>評量活動</u>的位置僅是參考，請依實際活動安排。）

附錄二:素養導向的教學活動設計實例

一、教材內容分析圖

1. 教材單元:翰林版第四冊第九課〈諫逐客書〉

2. 設計者:莊博慈、謝穎、張元豪、黃渼嘉

   (均於 110 年 6 月畢業於國立彰化師範大學國文系)

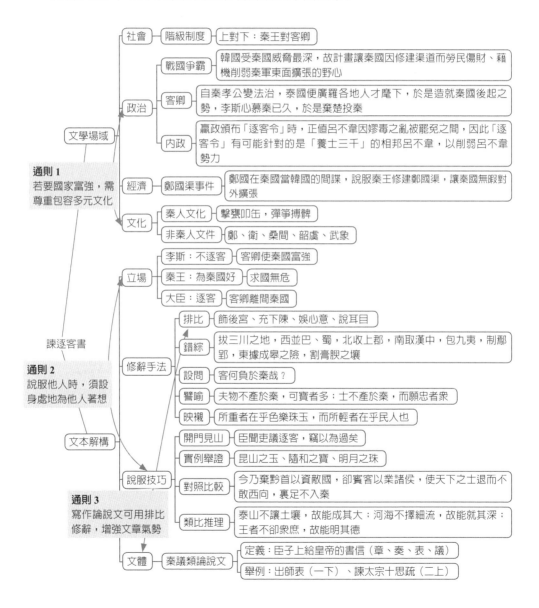

二、素養導向的教學活動設計

單元名稱	諫逐客書	學生年級	高中二年級
學習內容來源	翰林版國文第四冊第九課		
上課節數	6 節	設計者	謝穎、張元豪、黃渼嘉、莊博慈
核心素養 學習內容 學習表現 （對照領綱）	國 S-U-B1 運用國語文表達自我的經驗、理念與情意，並學會從他人的角度思考問題，尋求共識，具備與他人有效溝通與協商的能力。	**學習內容** Ac-V-1 文句的深層意涵與象徵意義。 Ad-V-1 篇章的主旨、結構、寓意與評述。 Bd-V-1 以事實、理論為論據，達到說服、建構、批判等目的。 Ca-V-2 各類文本中表現科技文明演進、生存環境發展的文化內涵。 Ca-V-3 各類文本中物質形貌樣態的呈現方式與文本脈絡的關聯性。 Cb-V-1 各類文本中的親屬關係、道德倫理、儀式風俗、典章制度等文化內涵。 Cb-V-3 各類文本中所反映不同社群間的文化差異、交互影響等現象。 Cc-V-2 各類文本中所反映的矛盾衝突、生命態度、天人關係等文化內涵。	**學習表現** 1-V-2 聽懂各類文本聲情表達時所營構的時空氛圍與情感渲染。 1-V-3 能辨別聆聽內容的核心論點、議論立場及目的，並加以包容與尊重。 2-V-1 以邏輯性語言精確說出各類文本的文體特質、表現形式與題材內容。 2-V-3 鑑別文本中立場相異的評述，說出個人見解，表達其中觀點相異之美。 2-V-6 關懷生活環境的變化，同理他人處境，尊重不同社群文化，做出得體的應對。 5-V-1 辨析文本的寫作主旨、風格、結構及寫作手法。 5-V-3 大量閱讀多元文本，探討文本如何反應文化與社會現象中的議題，以拓展閱讀視野與生命意境。

單元名稱	諫逐客書	學習內容	學習表現
			6-V-4 掌握各種文學表現手法，適切地敘寫，關懷當代議題，抒發個人情感，說明知識或議論事理。

		學習表現（動詞）			
			記憶	了解	分析	創造
雙向細目分析表	學習內容（名詞）	戰國七雄		說明 1		
		鄭國渠事件始末		推論 2		
		章、奏、表、議		分類 3		
		逐客方立場、非逐客方立場			分析 4	
		秦文化與非秦文化的差異		比較 5		
		戰國時代的社會制度		了解 6		
		物質文化對戰國情勢的影響		推論 7		
		設問修辭			分辨 8	
		錯綜修辭		了解 9		
		排比修辭			區別 10	
		說服技巧			判斷 11	
		同理心			表現 12	
		說服技巧與同理心的連結				產出 13

	1. 能說明出戰國時期的政治情勢	（1-V-2 + Ca-V-2）
	2. 能推論鄭國渠事件所造成的影響	（1-V-3 + Cb-V-3）
	3. 能分類章、奏、表、議四種文體	（2-V-1 + Cb-V-1）
	4. 能分析逐客方與非逐客方的立場	（2-V-3 + Ac-V-1）
	5. 能比較秦文化與非秦文化的差異	（5-V-3 + Cb-V-3）
	6. 能了解戰國時代的社會制度	（1-V-2 + Cb-V-1）
學習目標	7. 能推論物質文化對戰國情勢的影響	（5-V-2 + Ca-V-3）
	8. 能分辨設問修辭的不同之處	（5-V-1 + Ad-V-1）
	9. 能了解錯綜修辭的使用原則	（1-V-2 + Ad-V-1）
	10. 能區別排比修辭在各段落中的作用	（5-V-1 + Ad-V-1）
	11. 能判斷文章中表現的說服技巧	（6-V-4 + Bd-V-1）
	12. 能在說服他人時表現同理心	（2-V-6 + Cc-V-2 ）
	13. 能結合說服技巧與同理心產出模擬面試講稿	（6-V-4 + Bd-V-1）
課前準備	教師：面試影片、學習單、投影片 學生：第一節課後瀏覽教師指示的網站內容	

教學活動流程

壹、引起動機（與素養任務相關的故事或問題）

【第一節】設計者：黃渼嘉

一、教師播放學生參與大學面試的影片（4min）

1-1 教師播放影片「高中生參與大學面試」。

1-2 教師提問影片中是在講述什麼的重要性，教師回饋與歸納答案「說服技巧」。

二、教師說明學生學習目標與情境任務（3min）

2-1 教師提問在大學面試中如何強化說服技巧？

2-2 教師回饋學生，並提示可以從古文中了解與學習「說服技巧」的智慧。

2-3 教師提示本課的學習目標，並且告知學生最後一堂課會有模擬面試的情境任務。

2-4 教師要求學生課後先思考自己未來可能會面試的學校科系，瀏覽該科系網站之內容，提出該科系教師與學生的經常性活動，並且猜想該科系教授擔任主考官時的想法。

情境任務：

　　人們的互動與對話包含非語言和語言線索，以非語言線索而言，通常指的是外表、態度，而語言線索即是講話的內容。心理學家指出，大約僅需 40 秒鐘就可以讓他人對你產生第一印象，若在大學面試時，亦即在你們自我介紹過後，教授們的心中已有基本分。外表態度容易訓練，但講話內容就需要一些說服技巧和同理心，你要能知道教授想要招考什麼學生，並藉此說服面試主考的教授可以看見你眼中在此科系著迷不已的熱忱。因此，在大學面試徵選時，能夠讓面試官看見亮點，說服主考官錄取自己，是你們可以嘗試努力學習的內容。

任務需求：

　　先以自己未來的學校科系作為背景，從該科系的網站了解其辦學理念與目標，再運用〈諫逐客書〉中的說服技巧與不同立場的同理心，在大學甄選模擬面試中展現自己、能充分發揮個人能力，說服主考官自己具有適合該系所的特質與能力。

貳、發展活動（核心知識）

【學習目標：1. 能說明出戰國時期的政治情勢】

三、教師複習歷史背景（10min）

　　3-1 教師提問戰國七雄為哪七個國家。

　　3-2 教師提問統一天下的秦國使用哪家思想。

　　3-3 教師提問法家有何代表人物。

　　3-4 教師綜合回饋與複習說明戰國時期的政治情勢。

　　3-5 教師講解李斯的生平、成就、寫作特色。

【學習目標：2. 能推論鄭國渠事件所造成的影響】

四、教師講解鄭國渠事件始末（10min）

　　4-1 教師講解鄭國渠事件的始末。

　　4-2 教師提問鄭國渠事件對李斯可能會有何影響。

　　4-3 教師回饋，並書寫正確所答在黑板，導引學生觀看思考事件細節和效應之關聯。

　　4-4 教師提問與總結鄭國渠事件所造成的影響。

【學習目標：3. 能分類章、奏、表、議四種文體】

五、教師講解章、奏、表、議的定義與演變（10min）

　　5-1 教師提問李斯該用什麼方法告訴秦王自己的想法，教師提示學生本課的篇名。

5-2 教師回饋後，再提問先前學過哪些孔明的文章。

5-4 教師藉由上述再提問表跟書有何差別。

5-5 教師配合圖表綜合講解章、奏、表、議的定義與演變。

六、教師發下學習單（附件一）請學生書寫（形成性評量）（13min）

6-1 教師發下學習單（附件一），並說明評分方式與作答時間。

6-2 教師要求學生完成學習單第一、二大題。

6-3 教師抽點一位同學回答問題。

6-4 教師公布答案並給予回饋。

6-5 教師對於學生有疑惑的地方再次複習。

【第二節】設計者：黃浼嘉（學習目標 4）、莊博慈（學習目標 5）

【學習目標：4. 能分析逐客方與非逐客方的立場】

一、教師講解第一段課文（5min）

1-1 教師要求學生閱讀第一段課文。

1-2 教師講解文義。

1-3 教師提問第一段使用了什麼寫作技巧。

1-4 教師回饋學生並歸納答案。

1-5 教師提問為何李斯寫下「臣聞吏議逐客」，而非「臣聞陛下下令逐客」，教師提示學生以秦王的角度思考。

1-6 教師給予學生回應並歸納答案。

二、教師講解第二段課文（10min）

2-1 教師要求學生閱讀第一段課文。

2-2 教師講解文義。

2-3 教師提問此段用了什麼方式加強論點。

2-4 教師回饋學生並歸納答案。

三、教師引導學生思考雙方立場（5min）

3-1 教師提問逐客方用什麼理由勸說秦王逐客。

3-2 教師提問李斯用什麼理由勸說秦王。

3-3 教師回饋，並將學生所答書寫在黑板。

3-4 教師要求學生思考與回答雙方立場，教師再回饋與總結兩方立場。

四、教師要求學生完成學習單（附件一第三大題）（形成性評量）（10min）

4-1 教師講解配分方式、作答時間。

4-2 教師要求學生開始作答並下場巡視。

4-3 教師隨機抽點同學回答。

4-4 教師給予正確答案並對有誤解的地方再次說明。

【學習目標：5. 能比較秦文化與非秦文化的差異】

五、教師講解第三段課文（17min）

5-1 教師帶領學生閱讀課文並講解生難字詞。

5-2 教師引導學生思考下列問題，並請學生發言。

※ 李斯列舉出秦王所擁有的諸多異國珍寶，其用意為何？

預期答案：

・謂秦王「重物輕人」以此駁斥逐客不當，非「跨海內、制諸侯」的方法。

・借「外物」以喻諸國人才，秦地貧瘠，若無秦王蒐羅各國奇珍異寶充盈國庫，便無今日之盛景。

・李斯列舉之事務多為周室舊時所用，暗示秦王若欲統一天下，則應效仿昔日周天子一樣廣納其中，方能有成就霸業的胸懷。

5-3 教師歸納秦／非秦文化本質之不同是受社會制度與地理位置影響。

5-4 教師發下學習單（附件二）第二頁並告知學生要保留學習單、下一堂課還會繼續使用。

5-5 教師引導學生填寫學習單（附件二）第三題。

5-5 教師提取文本中秦文化相關的知識說明之。

六、教師評量學生學習成效（3min）

6-1 教師引導學生作答附件三第一題。

6-2 教師檢視學生作答結果。

6-3 教師解答學生疑惑之處。

【第三節】設計者：莊博慈

【學習目標：6. 能了解戰國時代的社會制度】

一、教師複習先備知識（3min）

1-1 教師發下學習單附件二並要求學生作答第一題。

1-2 教師檢視學生作答結果。

二、教師引導學生發展前導組織（5min）

2-1 教師指導學生思考和填寫附件二第一和第二題後與鄰座同學簡單討論，並寫下答案。

2-2 教師說明學習單（附件二）的內容在經過本節課的講解後還會進一步擴充。

三、教師講解戰國時代社會制度的概念（15min）

3-1 教師說明春秋時代「世卿世祿」轉向戰國時代的「官僚制度」。

3-2 教師提問此一轉變造成何種影響、讓學生自由舉手發言。

（預期答案：貴族沒落、促進社會流動、商人崛起等）

四、教師評量學生學習成效（3min）

4-1 教師引導學生作答學習單（附件三）第二題。

4-2 教師檢視學生作答結果。

【學習目標：7. 能推論物質文化對戰國情勢的影響】

五、教師帶領學生分組討論秦國的立場（20min）

5-1 教師帶領學生小組分組圍坐。

5-2 教師引導學生參考前幾堂的所學並延伸附件二第二題關於秦國立場的答案，先自行填寫附件二第四題，先不與他人討論。

5-3 教師引導已填寫附件二第四題完畢的學生共同討論，統整出相同／相異的意見，鼓勵學生彼此交流觀點。

5-4 教師給予學生自由討論時間，下場巡視各組討論狀況並適時介入。

5-4 教師引導學生以組別形式將附件二第四題的討論結果轉化填答附件二第五題。

5-5 教師安排各組上臺發表各組的討論結果。

5-6 教師引導各組思考彼此之間有哪些地方不同？並安排小組提問互答時間。

六、教師藉由上述評量學生學習成效與釐清學生疑問（4min）

6-1 教師解析學生填答錯誤的部分。

6-2 教師提供教師的答案供學生參考。

【第四節】設計者：張元豪

【學習目標：8. 能分辨設問修辭的不同之處】

一、教師複習先備知識（2min）

1-1 教師向同學提問，以確認學生的先備知識：第二段李斯舉四位秦君的例子，對文章產生了何種作用？

1-2 教師根據學生回答，適時補充學生的知識盲點。

二、教師引導學生了解文章客觀資料（8min）

2-1 教師請學生圈出第四段不懂的字詞。

2-2 教師逐句講解文句，遇到生難字詞時，帶領學生思考，請學生依照上下文句推敲出正確的意思。

2-3 教師請學生參照課本注釋及補充講義，將不會的字詞解釋寫到課本上。

三、教師將學生分組，開始分析文章內容細節（15min）

3-1 教師將學生進行異質性分組，並說明小組積分方式。

3-2 教師發下學習單（附件四），並說明討論進行方式：

(1) 每一組選出一位小組長，由小組長帶領組員討論。

(2) 討論前，要先針對題目自己思考過。

(3) 討論時，由小組長帶領，輪流指派組員發表意見。

(4) 討論後，組員一起討論出最好的答案，並由小組長彙整出整組的答案。

3-3 教師請學生找出在前四段中有使用設問修辭的文句。

3-4 教師隨機抽點每組各一人，發表一句前四段使用設問修辭的文句：

(1) 由此觀之，客何負於秦哉？

(2) 此數寶者，秦不生一焉，而陛下說之，何也？

(3) 今棄擊甕叩缶而就鄭、衛，退彈箏而取韶虞，若是者何也？快意當前，適觀而已矣。

3-5 教師請學生討論這三句話分別屬於設問修辭中的提問、懸問或激問。

3-6 教師隨機抽點每組各一人，發表各組答案，並說明判斷的原因。

3-7 教師公布答案並說明各句判斷原因：

(1) 由此觀之，客<u>何負</u>於秦哉？

⇨ 激問，因為「何負」屬於反詰語氣。

(2) 此數寶者，秦不生一焉，而陛下說之，<u>何也</u>？

⇨ 懸問，因為本句只提出疑問，並未有做出回答。

(3) 今棄擊甕叩缶而就鄭、衛，退彈箏而取韶虞，<u>若是者何也</u>？快意當前，適觀而已矣。

⇨ 提問，因為本句在疑問之後，有給出答案。

【學習目標：9. 能了解錯綜修辭的使用原則】

四、教師講解錯綜修辭的定義（5min）

4-1 教師提醒學生一邊聽老師講解，一邊完成學習單（附件四）第二大題錯綜修辭的部分。

4-2 教師使用投影片介紹四種錯綜修辭的定義並舉例說明：

(1) 抽換詞面：

①定義：以其他意義相同的詞語取代形式整齊之文句中的某些詞語。

②舉例：「是故謀閉而不<u>興</u>，盜竊亂賊而不<u>作</u>。」（大同與小康）

(2) 交蹉語次：

①定義：將上下兩文句的次序，故意弄得參差不齊。

②舉例：「句讀之不知，惑之不解，或師焉，或不焉。」（師說）

(3) 伸縮文句：

①定義：將字數相等的句子故意弄得字數不等，使長句與短句互相交錯。

②舉例：「春天像一篇巨製的駢儷文，而夏天像一首絕句。」（夏之絕句）

(4) 變化句式：

①定義：把肯定、否定、敘述、疑問等不同句式穿插使用，使文章富有
變化，避免單調呆板的錯綜技巧。

②舉例：「山不在高，有仙則名；水不在深，有龍則靈；斯是陋室，惟
吾德馨。」（陋室銘）

4-3 教師使用投影片講解本課使用的錯綜修辭：

(1) 西取由余於戎，東得百里奚於宛，迎蹇叔於宋，來丕豹、公孫支於晉。
⇨ 抽換詞面，取、得、迎、來都有「招致、得到」之意。

(2) 拔三川之地，西并巴、蜀，北收上郡，南取漢中，包九夷，制鄢郢，東
據成皋之險，割膏腴之壤。
⇨抽換詞面，拔、并、收、取、包、制、據、割都有「併吞、獲得」
之意。

4-4 教師說明作者使用抽換詞面的原因在於 —— 透過替換相近之詞義，使語言
形式富有整齊錯落的音韻美。

【學習目標：10. 能區別排比修辭在各段落中的作用】

五、教師協助學生分辨排比修辭在各段落中之作用（15min）

5-1 教師以問答複習本課論說文之相關知識：本課叫諫逐客書，以「書」為文體
的文章有什麼特色？

5-2 教師根據學生回答，複習奏議類文體的相關知識。

5-3 教師請學生分組找出前四段之排比句。

5-4 教師隨機抽點每組各一人，發表一句前四段使用排比修辭的文句：

(1) 西取由余於戎，東得百里奚於宛，迎蹇叔於宋，來丕豹、公孫支於晉。

(2) 西并巴、蜀，北收上郡，南取漢中。

(3) 致昆山之玉，有隨、和之寶，垂明月之珠，服太阿之劍，乘纖離之馬，
建翠鳳之旗，樹靈鼉之鼓。

(4) 夜光之璧不飾朝廷，犀象之器不為玩好，鄭、衛之女不充後宮，而駿良
駃騠不實外廄。

(5) 飾後宮、充下陳、娛心意、說耳目。

(6) 宛珠之簪、傅璣之珥、阿縞之衣、錦繡之飾。

(7) 泰山不讓土壤，故能成其大；河海不擇細流，故能就其深；王者不卻眾
庶，故能明其德。

5-5 教師請同學分組討論：

(1) 排比修辭可能造成什麼樣的效果？

(2) 課文的七句排比修辭，分別對文章產生了什麼樣的作用？

5-6 教師隨機抽點每組各一人，發表各組答案。

5-7 教師總結各組答案，並向同學歸納如下：

(1)「西取由余於戎，東得百里奚於宛，迎蹇叔於宋，來丕豹、公孫支於晉」、「西并巴、蜀，北收上郡，南取漢中」二句皆使用排比來鋪陳客卿之功，以增強語勢。

(2)「致昆山之玉，有隨、和之寶，垂明月之珠，服太阿之劍，乘纖離之馬，建翠鳳之旗，樹靈鼉之鼓」、「夜光之璧不飾朝廷，犀象之器不為玩好，鄭、衛之女不充後宮，而駿良駃騠不實外廄」、「飾後宮、充下陳、娛心意、說耳目」、「宛珠之簪、傅璣之珥、阿縞之衣、錦繡之飾」藉由四組排比句陳述秦王的喜好，突顯秦王對物及對人才的矛盾態度，論證逐客「非所以跨海內、制諸侯之術」。

(3)「泰山不讓土壤，故能成其大；河海不擇細流，故能就其深；王者不卻眾庶，故能明其德」以排比句來層層推理出帝王有容乃大之德行，勸諫秦王廣納賢士。

六、教師請學生寫學習單（附件四）的隨堂練習（形成性評量）（5min）

6-1 教師請學生寫學習單（附件四）的隨堂練習，說明作答時間為 3 分鐘。

6-2 教師根據學生個人得分，加至小組積分中。

6-3 教師詢問同學答錯的題目，馬上進行概念的澄清。

6-4 教師宣布回家作業，並統計本節課小組積分。

參、發展活動（策略性知識）

【第五節】設計者：謝穎

【學習目標：11. 能判斷文章中表現的說服技巧】

一、教師講解課文第五段（3min）

1-1 教師補充生難字詞的形音義，並請學生筆記。

1-2 教師翻譯第五段課文，請學生注意尚不清楚的部分。

二、教師講解「文章出現的說服技巧」之特色（17min）

2-1 教師用投影片分別說明四個常用的說服技巧：

(1) 開門見山；(2) 實例舉證；(3) 對照比較；(4) 類比推理。

2-2 教師發下學習單（附件五），請學生參考說服技巧之定義，自行閱讀生活情境題的文章。

2-3 教師引導學生自行分辨文章何處運用前述說服技巧，並畫線註明，確定學生了解程度。

2-4 教師請學生分組閱讀課文，並講解李斯如何運用說服技巧分析情勢，引導學生找到課文內運用說服技巧的語句。

三、教師請學生個別回答學習單（附件五第三題）上說服技巧的配合題（形成性評量）（5min）

　　3-1 教師針對錯誤題目釐清觀念。

　　3-2 教師複習說服技巧在文章中的運用。

四、教師複習逐客方與非逐客方之立場（3min）

　　4-1 教師說明要簡單複習逐客方與非逐客方的立場。

　　4-2 教師請學生重新瀏覽一遍課文。

　　4-3 教師向全班同學提問：

　　　　(1) 哪些句子是逐客方的想法？

　　　　(2) 哪些句子是非逐客方（李斯）的觀點？

　　4-4 教師抽點指標性人物，以辨認學生是否喚起記憶。

　　4-5 教師提醒學生部分遺漏的重點，並延續到同理心的主題。

【學習目標：12. 能在說服他人時表現同理心】

五、教師引導學生討論「用同理心說服別人」的實際說法（12min）

　　5-1 教師請學生繼續依照先前的分組討論問題方式（先自己思考，再輪流發表，組長綜合）。

　　5-2 教師請學生根據上半堂所教內容，先自行思考生活情境題的其他推薦方案。

　　5-3 教師引導學生運用前述說服技巧，簡單撰寫方案，暫不與他人討論。

　　5-4 教師確認學生多數已作答完畢，開放各組討論時間，並觀察組別內互動情形。

　　5-5 教師提醒學生將他人想法記錄在學習單上，

　　5-6 教師額外發下一張白紙，引導各組融合組員的方案，寫出完整版（須包含被推薦者的需求及運用到的說服技巧）。

六、教師請各組分別上臺推薦他們設計的方案（10min）

　　6-1 教師請各組派代表分享他們觀察到的需求及對應方案。

　　6-2 教師請其他同學在分享後投票表決方案是否展現同理心。

　　6-3 教師依票數多寡，累計組別分數。

　　6-4 教師針對各組方案做提問，給予修正方案的建議。

肆、發展活動（高層次問題或任務）

【第六節】設計者：謝穎、張元豪、黃湨嘉、莊博慈

【學習目標：13. 學生能夠結合說服技巧與同理心產出模擬面試講稿】

一、教師發下情境任務學習單（附件六）（5min）

　　1-1 教師說明評量目標、情境任務、給分標準。

　　1-2 教師指導學生擬定 1 分鐘面試稿。

二、教師要求學生進行下列學習任務（20min）

評量目標： 能結合說服技巧與同理心產出模擬面試講稿

情境任務：

　　人們的互動與對話包含非語言和語言線索，以非語言線索而言，通常指的是外表、態度，而語言線索即是講話的內容。心理學家指出，大約僅需 40 秒鐘就可以讓他人對你產生第一印象，若在大學面試時，亦即在你們自我介紹過後，教授們的心中已有基本分。外表態度容易訓練，但講話內容就需要一些說服技巧和同理心，你要能知道教授想要招考什麼學生，並藉此說服面試主考的教授可以看見你眼中在此科系著迷不已的熱忱。因此，在大學面試徵選時，能夠讓面試官看見亮點，說服主考官錄取自己，是你們可以嘗試努力學習的內容。

任務需求：

　　先以自己未來的學校科系作為背景，從該科系的網站了解其辦學理念與目標，再運用〈諫逐客書〉中的說服技巧與不同立場的同理心，在大學甄選模擬面試中展現自己、能充分發揮個人能力，說服主考官自己具有適合該系所的特質與能力。

給分標準：

向度級分	認知層次	表現層次
4 分 能實踐	創造	能完全掌握面試科系的屬性與同理主考官的立場，並實踐〈諫逐客書〉中的說服技巧，產出得以說服主考官自己具有適合該科系的特質與能力之模擬面試講稿。
3 分 能表現	分析 ↑ 應用	能揣摩要面試科系的屬性與同理主考官的立場，並運用〈諫逐客書〉中部分的說服技巧，略可產出說服主考官自己具有適合該系所的特質與能力的模擬面試講稿，但同理心和說服技巧兩者結合不夠充分。
2 分 能理解	了解	產出面試模擬講稿時能陳述自我觀點，鮮少使用任何說服技巧或同理心的方法
1 分 能知道	記憶	產出面試模擬講稿時，僅能回憶情境的要件以及提到要發展的任務

三、教師說明模擬面試流程（18min）

3-1 教師說明每人自我介紹時間 1 分鐘。

3-2 教師說明按座號依序上臺面試。

伍、綜合活動（檢視與經驗內化）

四、教師總結本課學習內容與學習過程（7min）

　　4-1 教師指出同學的共同問題。

　　4-2 教師引導學生回顧本課中的說服技巧。

　　4-3 教師請學生結合本課說服技巧修正面試稿問題。

　　4-4 教師請學生反思這個單元從第一節課接受到的情境問題、所學習的文章中之技巧、同理心與說服技巧的結合、以及最後完成任務的歷程與內容。

　　4-5 教師提醒學生未來在生活中面對挑戰時，可以回想所學習過的知能，整合成策略，接受挑戰與解決問題。

【附件一】設計者：黃渼嘉

諫逐客書學習單

班級：＿＿＿＿＿＿ 座號：＿＿＿＿＿＿ 姓名：＿＿＿＿＿＿

一、文章歷史、文化背景

1. 請問中國上古三代夏、商、周中，周朝該如何分期？

＿＿＿＿＿＿＿＿＿＿＿＿＿＿＿＿＿＿＿＿＿＿＿＿＿＿＿＿＿＿＿＿＿＿。

2. 請問戰國七雄爲哪七個國家？

＿＿＿＿＿＿＿＿＿＿＿＿＿＿＿＿＿＿＿＿＿＿＿＿＿＿＿＿＿＿＿＿＿＿。

3. 請將下列中國各家思想學派與其代表人物、主張以直線連接。

儒家 ·	· 墨子 ·	· 以「仁」爲本 ·
道家 ·	· 老子、莊子 ·	· 兼愛、非攻 ·
法家 ·	· 孔子、孟子 ·	· 無爲而治 ·
名家 ·	· 公孫龍、惠施 ·	· 法、術、勢 ·
墨家 ·	· 韓非子、申不害 ·	· 白馬非馬論 ·

4. 請各位同學依據本課所學完成《秦始皇事件回憶錄》。

《秦始皇事件回憶錄》：當年因發生鄭國渠事件，王上下令逐客，客卿李斯以一己之力，使王上收回逐客之旨意，李斯究竟爲何等人物？又有何才能？讓本刊爲您分析到底李斯爲何方神聖。

李斯	基本資料	姓名：李斯　　曾任官職：郡縣小吏、廷尉、秦始皇宰相
	生平／學歷	籍貫：河南上蔡（＿＿＿＿＿＿國人）。 學歷：曾與韓非共同拜（＿＿＿＿＿＿）爲師。 思想：（＿＿＿＿＿＿家）。 政策：（廢＿＿＿＿＿＿）、（行＿＿＿＿＿＿）、 　　　（＿＿＿＿＿＿）。
	成就	其文章爲（＿＿＿＿＿之先聲）、（＿＿＿＿＿之初祖）。
	文章特色	瑰麗排比、氣勢奔放，上承戰國縱橫家的氣勢，下開漢賦。

生平大事記	
鄭國渠事件	韓國派遣鄭國遊說秦王，修築渠道，已耗損秦國國力，而後事跡敗露，秦宗世大臣上書勸諫秦王逐客，李斯上呈（《＿＿＿＿＿＿》）成功令秦王回心轉意。
沙丘政變	秦始皇巡幸沙丘，在歸途不幸崩逝，趙高夥同李斯偽造遺詔賜死皇長子扶蘇，扶持皇幼子胡亥登基。
東門黃犬之嘆	趙高向胡亥進讒言，李斯父子以謀反罪入獄，最終被腰斬於市。臨刑前感嘆地與兒子說：「吾欲與若復牽黃犬，出上蔡東門逐狡兔，豈可得乎？」

二、國學常識 —— 文體

文體簡介：

名稱流變	先秦時上行公文與平行書信都稱為「書」，秦代將「書」改稱為「奏」，漢代按照上行公文的功能分為「章」、「奏」、「表」、「議」，後世則以「奏議」泛稱上行文書，「書」的名稱在後世轉變為指稱一般來往書信。
文體功能	

請根據上方表格完成下方的題目：

1. 請問文體中「書」的功能是？

　　　　　　　　　　　　　　　　　　。

2. 請說明「書」的意義變化。

　　　　　　　　　　　　　　　　　　。

3. 你認為為何上行公文的種類越分越細？

　　　　　　　　　　　　　　　　　　。

說明：
第一題為事實搜索，有看就有分。
第二題為解釋推理。
第三題為鼓勵作答題，希望學生可以產生出個人想法。

三、課文內容分析

1. 請依據課文完成下列表格：

秦國君王	重用之人	帝王成就
繆公	由余、百里奚、蹇叔、丕豹、公孫支	（＿＿＿＿＿＿＿＿＿＿＿＿＿）。
孝公	（＿＿＿＿＿＿＿＿＿＿）	移風俗，民以殷盛，國以富彊，百姓樂用，諸侯親服，獲楚、魏之師，舉地千里，至今治彊。
惠王	張儀	（＿＿＿＿）三川之地，西（＿＿＿＿）巴、蜀，北（＿＿＿＿）上郡，南（＿＿＿＿）漢中，（＿＿＿＿）九夷，（＿＿＿＿）鄢、郢，東（＿＿＿＿）成皋之險，（＿＿＿＿）膏腴之壤，遂散六國之從，使之西面事秦，功施到今。
昭王	范睢	（＿＿＿＿＿＿＿＿＿＿＿＿＿）（＿＿＿＿＿＿＿＿＿＿＿＿＿）。

2. 請問上列表格中秦國君王所重用之人都屬於何種身分？

＿＿＿＿＿＿＿＿＿＿＿＿＿＿＿＿＿＿。

3. 請問你覺得為何李斯要以此四位秦國君王舉例？

＿＿＿＿＿＿＿＿＿＿＿＿＿＿＿＿＿＿。

> **說明：**
> 第一題為事實搜索，有看課文就有分。（惠王的成就部分，配合錯綜修辭教學。）
> 第二題為解釋推理。
> 第三題為鼓勵作答題，希望學生可以產生出個人想法。

【附件二】設計者：莊博慈

一、請填寫正確的戰國七雄地理位置。

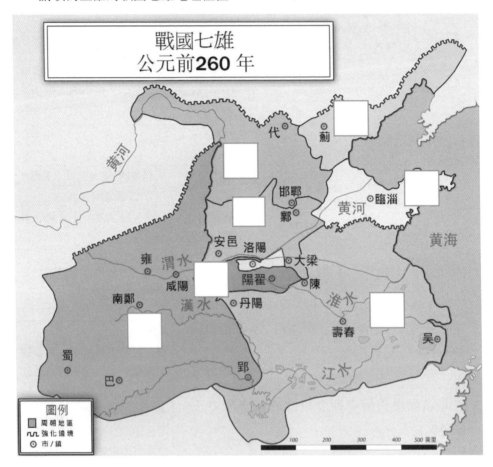

二、請根據此圖並站在秦國的立場思考以何種方式征服其他國家？（至少列出
　　3 點）寫完後再與鄰座的同學交流意見。

我的想法	同學的想法

三、請填入地理位置與社會制度因素對兩大文化的影響：

地理位置	秦	
	非秦	
社會制度	秦	
	非秦	

四、團體討論——請配合填寫 SWOT 分析表：

秦國			
優勢 strength	劣勢 weakness	機會 opportunity	威脅 threat

其餘六國			
優勢 strength	劣勢 weakness	機會 opportunity	威脅 threat

五、團體討論 —— 依據第二題的答案配合 SWOT 分析表，為秦國擬定一份完
　　整的分析策略：

箭頭 1： 百姓的需求是什麼？	
箭頭 2： 秦國學習競爭國家的哪些優勢可以讓秦國更強大？	
箭頭 3： 秦國能夠提供什麼價值給百姓？	

【附件三】設計者：莊博慈

一、請分別選出屬於秦文化與非秦文化的詞彙。概念題（屬性理解）

> a. 彈箏搏髀　b. 太阿劍　c. 宛珠之簪　d. 擊甕扣缶　e. 阿縞　g. 韶虞武項

　　　　秦文化：＿＿＿＿＿＿＿　　非秦文化：＿＿＿＿＿＿＿

> 評量目標：評量學生能否從文本中提取正確對應的文化知識
> 選項：ad 屬於秦文化，兩者是秦地音樂
> 　　　bceg 屬於非秦文化，bce 為六國產物，g 為周舜音樂

二、鐵雄意外穿越回到戰國時代的秦國，下列何者敘述可能是鐵雄遭遇的狀
　　況？＿＿＿＿＿＿＿＿＿＿＿＿＿＿＿＿＿＿＿＿＿＿＿＿＿＿＿＿＿
　　(A) 在諸國之間買賣物資，因此經商致富，還購置了許多田產。
　　(B) 由於鐵雄足智多謀，被貴族招攬為門客。
　　(C) 聽到原本窮困鄰居小張與阿雎應徵求賢令、最後官拜卿相的故事，感
　　　　到十分羨慕。
　　(D) 幸運的出生於士大夫之家，長大後順利繼承了父親的爵位。
　　(E) 童年玩伴阿起告訴鐵雄現在從軍能賺得軍功、可減稅還有田地，讓鐵
　　　　雄心動不已。

> 評量目標：評量學生能否判斷選項情境是否符合戰國時代的社會制度
> 選項：(A)(B)(C)(E) 正確
> 　　　(D) 屬春秋時代的世卿世祿制，於戰國時代式微

【附件四】設計者：張元豪

〈諫逐客書〉學習單

班級：＿＿＿＿＿＿＿　　姓名：＿＿＿＿＿＿＿＿＿　　座號：＿＿＿＿＿＿＿

一、設問修辭

1. 請找出前四段中，使用「設問修辭」的文句：

(1)	
(2)	
(3)	

2. 請判斷這三句話分別屬於設問修辭中的提問、懸問或激問，並說明判斷原因：

(1)		判斷原因：
(2)		判斷原因：
(3)		判斷原因：

二、錯綜修辭

1. 請依據定義及例子，分別填入屬於「交蹉語次、抽換詞面、變化句式或伸縮文句」：

(1)	☞把同一個句子或上下兩句重複出現的詞語抽出，改換成別的同義詞、近義詞的技巧 ☞例如：「是故謀閉而不興，盜竊亂賊而不作。」
(2)	☞將上下兩文句的次序，故意弄得參差不齊。 ☞例如：「句讀之不知，惑之不解，或師焉，或不焉。」
(3)	☞將字數相等的句子故意弄得字數不等，使長句與短句互相交錯。 ☞例如：「春天像一篇巨製的駢儷文，而夏天像一首絕句。」
(4)	☞把肯定、否定、敘述、疑問等不同句式穿插使用，使文章富有變化，避免單調呆板的錯綜技巧 ☞例如：「山不在高，有仙則名；水不在深，有龍則靈；斯是陋室，惟吾德馨。」

三、排比修辭

1. 請找出前四段中，使用「排比修辭」的文句：

(1)	
(2)	
(3)	
(4)	
(5)	
(6)	
(7)	

2. 讀完課文中的七句排比修辭後，你認為排比修辭可能造成什麼樣的效果？

3. 你認為課文的七句排比修辭，分別對文章產生了什麼樣的作用？

文句（請填代號）	對文章的作用

四、隨堂練習

（　　　）1. 下列文句所使用的設問修辭，何者配對 有誤 ？

　　　(A) 由此觀之，客何負於秦哉 —— 激問

　　　(B) 此非所以跨海內、制諸侯之術也 —— 激問

　　　(C) 此數寶者，秦不生一焉，而陛下說之，何也 —— 懸問

　　　(D) 今棄擊甕叩缶而就鄭、衛，退彈箏而取韶虞，若是者何也？快
　　　　　意當前，適觀而已矣 —— 提問

2. 下列有關錯綜修辭的相關敘述，正確的寫「○」，錯的寫「×」

（　　　）2-1 錯綜修辭可藉由文句的變化，避免說話行文過於呆版

（　　　）2-2 抽換詞面是指將上下詞句調動次序，故意安排得參差不齊

3. 請將下列使用排比修辭後所造成的效果，配對到正確的文句中：

備選答案：

(A) 鋪陳客卿之功，增加文章氣勢

(B) 層層推理出帝王有容乃大之德行，勸諫秦王廣納賢士

(C) 陳述秦王的喜好，突顯秦王對物及對人才的矛盾態度

（　　）3-1 飾後宮、充下陳、娛心意、說耳目

（　　）3-2 西并巴、蜀，北收上郡，南取漢中

（　　）3-3 宛珠之簪、傅璣之珥、阿縞之衣、錦繡之飾

（　　）3-4 西取由余於戎，東得百里奚於宛，迎蹇叔於宋，來丕豹、公孫支於晉

（　　）3-5 夜光之璧不飾朝廷，犀象之器不為玩好，鄭、衛之女不充後宮，而駿良駃騠不實外廄

（　　）3-6 泰山不讓土壤，故能成其大；河海不擇細流，故能就其深；王者不卻眾庶，故能明其德

（　　）3-7 致昆山之玉，有隨、和之寶，垂明月之珠，服太阿之劍，乘纖離之馬，建翠鳳之旗，樹靈鼉之鼓

【附件五】設計者：謝穎

〈諫逐客書〉學習單

班級：＿＿＿＿＿＿　姓名：＿＿＿＿＿＿＿＿＿　座號：＿＿＿＿＿＿

★說服技巧

一、請簡單說明下列說服技巧之定義

1. 開門見山：＿＿＿＿＿＿＿＿＿＿＿＿＿＿＿＿＿＿＿＿＿＿＿

2. 實例舉證：＿＿＿＿＿＿＿＿＿＿＿＿＿＿＿＿＿＿＿＿＿＿＿

3. 對照比較：＿＿＿＿＿＿＿＿＿＿＿＿＿＿＿＿＿＿＿＿＿＿＿

4. 類比推理：＿＿＿＿＿＿＿＿＿＿＿＿＿＿＿＿＿＿＿＿＿＿＿

二、生活情境題

1. 以下是一則線上英語口說教學的業配文，請從文章中找出第一大題所列舉之說服技巧，並畫底線註明。

> 　　我想，能夠說一口流利的英文應該是很多人一輩子的夢想（開門見山），而我，也是。
>
> 　　從小，學了好幾十年的英文，似乎也沒有太多長進，那是因為語言是需要有環境的，有了好的學習環境，學英文自然就不是一件難事啦！
>
> 　　還記得以前學英文的時候，一定要到補習班上課，有時候耽誤到一點時間前面的課就沒聽到了（對照比較），漸漸地落掉的部分累積越來越多，學習效果也就大大扣分了！
>
> 　　可是當我接觸 TutorABC 之後，我真的好喜歡線上上課的方式，不僅可以配合自己的時間安排（對照比較），不缺席上課的每分每秒，還可以在我拍戲的空檔就打開筆電視訊上課，不浪費所有空間時間，課後還有講義可以複習，重點是上課方式為外語老師視訊教學，這就是我需要的學習環境，跟外國人說話感覺真的不一樣！
>
> 　　因為外師聽不懂中文，你需要想盡辦法解釋給外師聽懂，外師說話你也必須要很努力地聽（實例舉證），上課很有趣，我也都在跟老師開玩笑，雖然我很常是皺著眉頭在聽課，但是我覺得在這樣的學習環境下，可以很快增強自己的英文能力～
>
> 　　現在疫情期間，大家都害怕到公共場所，能夠在家上課就是可以儘量遠離群聚，讓自己身處安全健康的環境，還可以有效學習，好棒！
>
> 　　TutorABC 讓我對開口說英文有信心，以後出國旅行，我就不害怕跟外國人溝通，還有在工作需要用到的時候，我都可以大聲的說英文了！（類比推理）

2. 除了文章內推薦的原因，你還有想到什麼賣點能夠符合高中生學習英語的需求嗎？請在下方說明。

_____

_____

_____

三、課文文句配合題

A 開門見山　B 實例舉證　C 對照比較　D 類比推理

文句	說服技巧
臣聞吏議逐客，竊以為過矣。	A
今乃棄黔首以資敵國，卻賓客以業諸侯。	C
崑山之玉，有隨和之寶，垂明月之珠，服太阿之劍，乘纖離之馬，建翠鳳之旗，樹靈鼉之鼓。	B
泰山不讓土壤，故能成其大；河海不擇細流，故能就其深；王者不卻眾庶，故能明其德。	D
孝公用商鞅之法，移風易俗，民以殷盛，國以富強。	B
今取人則不然。不問可否，不論曲直，非秦者去，為客者逐。	A
夫物不產於秦，可寶者多；士不產於秦，而願忠者眾。	D

【附件六】設計者：全體

就決定是你了！

班級：＿＿＿＿＿＿＿　姓名：＿＿＿＿＿＿＿＿＿　座號：＿＿＿＿＿＿＿

情境任務：

　　人們的互動與對話包含非語言和語言線索，以非語言線索而言，通常指的是外表、態度，而語言線索即是講話的內容。心理學家指出，大約僅需 40 秒鐘就可以讓他人對你產生第一印象，若在大學面試時，亦即在你們自我介紹過後，教授們的心中已有基本分。外表態度容易訓練，但講話內容就需要一些說服技巧和同理心，你要能知道教授想要招考什麼學生，並藉此說服面試主考的教授可以看見你眼中在此科系著迷不已的熱忱。因此，在大學面試徵選時，能夠讓面試官看見亮點，說服主考官錄取自己，是你們可以嘗試努力學習的內容。

任務需求：

　　先以自己未來的學校科系作為背景，從該科系的網站了解其辦學理念與目標，再運用〈諫逐客書〉中的說服技巧與不同立場的同理心，在大學甄選模擬面試中展現自己、能充分發揮個人能力，說服主考官自己具有適合該系所的特質與能力。

一、請回想一下，〈諫逐客書〉一文中運用哪些說服技巧？

二、請選定自己想要面試的系所，並說明自己具有適合該系所的哪些特質？

（空白作答框）

三、請擬定一篇約 1 分鐘的自我介紹稿，必須運用到〈諫逐客書〉一文中的說
服技巧，並能充分向面試官說明自己具有適合該系所的特質與亮點

（空白作答框）

四、評分標準表

　　在進行模擬面試前，同學可先檢視自己的自我介紹稿，是否有達到以下的
表現層次：

向度級分	認知層次	表現層次
4 分 能實踐	創造	能完全掌握面試科系的屬性與同理主考官的立場，並實踐〈諫逐客書〉中的說服技巧，產出得以說服主考官自己具有適合該科系的特質與能力之模擬面試講稿。
3 分 能表現	分析 ↑ 應用	能揣摩要面試科系的屬性與同理主考官的立場，並運用〈諫逐客書〉中部分的說服技巧，略可產出說服主考官自己具有適合該系所的特質與能力的模擬面試講稿，但同理心和說服技巧兩者結合不夠充分。
2 分 能理解	了解	產出面試模擬講稿時能陳述自我觀點，但鮮少使用任何〈諫逐客書〉的說服技巧或同理心的方法但

向度級分	認知層次	表現層次
1 分 能知道	記憶	產出面試模擬講稿時，僅能回憶情境的要件以及提到要發展的任務。

五、自我評鑑與反思

1. 參加完這次的模擬面試活動後，你給自己的表現打幾分（滿分 10 分）？為什麼？

2. 在這次的模擬面試活動中，認為自己表現最好的部分是什麼？為什麼？

3. 在這次的模擬面試活動中，你最欣賞哪一位同學的表現（請填寫除了自己以外的同學）？你覺得這位同學有哪一點值得你學習？

(1)	
(2)	
(3)	

國家圖書館出版品預行編目資料

素養導向的教學理論與實務：教材分析、教學
　與評量設計／劉世雄著. -- 二版. -- 臺北
市：五南圖書出版股份有限公司, 2023.09
　　面；　公分
　ISBN 978-626-366-395-4（平裝）

1.CST：教學理論　2.CST：教學設計
3.CST：教學法

521.4　　　　　　　　　　112012265

114F

素養導向的教學理論與實務
教材分析、教學與評量設計

作　　者 — 劉世雄（343.4）

企劃主編 — 黃文瓊

責任編輯 — 黃淑真、李敏華

封面設計 — 陳亭瑋

出 版 者 — 五南圖書出版股份有限公司

發 行 人 — 楊榮川

總 經 理 — 楊士清

總 編 輯 — 楊秀麗

地　　址：106臺北市大安區和平東路二段339號4樓

電　　話：(02)2705-5066　　傳　　真：(02)2706-6100

網　　址：https://www.wunan.com.tw

電子郵件：wunan@wunan.com.tw

劃撥帳號：01068953

戶　　名：五南圖書出版股份有限公司

法律顧問　林勝安律師

出版日期　2021年 8 月初版一刷（共二刷）
　　　　　2023年 9 月二版一刷
　　　　　2024年 9 月二版二刷

定　　價　新臺幣480元

經典永恆·名著常在

五十週年的獻禮——經典名著文庫

五南，五十年了，半個世紀，人生旅程的一大半，走過來了。

思索著，邁向百年的未來歷程，能為知識界、文化學術界作些什麼？

在速食文化的生態下，有什麼值得讓人雋永品味的？

歷代經典·當今名著，經過時間的洗禮，千錘百鍊，流傳至今，光芒耀人；

不僅使我們能領悟前人的智慧，同時也增深加廣我們思考的深度與視野。

我們決心投入巨資，有計畫的系統梳選，成立「經典名著文庫」，

希望收入古今中外思想性的、充滿睿智與獨見的經典、名著。

這是一項理想性的、永續性的巨大出版工程。

不在意讀者的眾寡，只考慮它的學術價值，力求完整展現先哲思想的軌跡；

為知識界開啟一片智慧之窗，營造一座百花綻放的世界文明公園，

任君遨遊、取菁吸蜜、嘉惠學子！